Das Kino träumt
Projektion. Imagination. Vision

Winfried Pauleit / Christine Rüffert /
Karl-Heinz Schmid / Alfred Tews (Hg.)

Das Kino träumt

Projektion. Imagination. Vision

BERTZ+FISCHER

Bibliografische Information Der Deutschen Bibliothek
Die Deutsche Bibliothek verzeichnet diese Publikation in der
Deutschen Nationalbibliografie; detaillierte bibliografische Daten
sind im Internet über <http://dnb.ddb.de> abrufbar.

**Gefördert mit Mitteln der nordmedia Fonds GmbH
in Niedersachsen und Bremen, der Universität Bremen, des
Kino 46 / Kommunalkino Bremen e.V., des Instituto
Cervantes Bremen und des Institut Français de Brême**

Redaktion / Lektorat deutsche Fassung:
Bettina Henzler

Lektorat englische Fassung:
Daniel Smith

Übersetzungen ins Englische:
Brian Currid, Renée von Paschen, Alison Plath-Moseley, Henry M. Taylor

Übersetzungen ins Deutsche:
Andrea Kirchhartz, Wilhelm Werthern

Redaktionelle Mitarbeit:
Steffen Hand, Barbara Heitkämper, Ann-Katrin Keller, Isabelle Vonberg

Filmausschnitte und Intro E-Book:
Sebastian Schädler

Realisierung E-Book, Endredaktion und Satz:
Maurice Lahde

Fotonachweis:
Archiv des Verlags (23, 67, 76, 92, 121, 137), Autor/innen (55, 82, 83, 103, 116),
Bibliothèque nationale de France, Paris (13), Freunde der deutschen Kinemathek (131),
Friedrich-Wilhelm-Murnau-Stiftung / Transit Film (128, 130), Internet (91, 146),
Musée National d'Art Moderne, Paris / Centre Pompidou (11), Nova Acta der Ksl. Leop.-Carol.-
Deutschen Akademie der Naturforschung (10), Paris-Musées (17), Sammlung Staatliche
Museen zu Berlin, Preußischer Kulturbesitz (16), VG Bild-Kunst (15).
Alle anderen Fotos: DVD-Prints.

© Photographs: original copyright holders

Alle Rechte vorbehalten
© 2009 by Bertz + Fischer GbR, Berlin
Wrangelstr. 67, 10997 Berlin
Druck und Bindung: druckhaus köthen, Köthen
Printed in Germany
ISBN 978-3-86505-187-5

Inhalt

Vorwort 7
Notizen zur Traumfabrik
Von Winfried Pauleit

Nicht-Denken, Nicht-Wissen 9
Über das visuelle Unbewusste
Von Kathrin Peters

Dream screen? 20
Die Film/Traum-Analogie im
theoriegeschichtlichen Kontext
Von Matthias Brütsch

Ein Albtraum von sich selbst 50
Filmische Selbstporträts zwischen
Dokument und Traum
Von Laura Rascaroli

»Ich fliege!« 65
TraumRaum im chinesischen Gegenwartsfilm
Von Karl Sierek

Das flimmernde Fenster 78
Die realistischen Fantasien des frühen Kinos
Von Paul Young

Zum Frühstück Schrift 96
Traum und Filmvorspann
Von Rembert Hüser

Traum und Film 112
Visuelle Formen im Wissenschafts-
und Experimentalkino
Von Philippe-Alain Michaud

Die Zuschauer und das Höhlenhaus 119
Anmerkungen zu Almodóvars VOLVER
Von Mechthild Zeul

Der Stoff, aus dem die Träume sind 127
Szenenbilder surrealer Traumräume
Von Kristina Jaspers

Traum-Reisen, Traum-Geschichte 145
Lars von Triers Europa-Trilogie
Von Dietmar Kammerer

Über die Autorinnen und Autoren 152

Index 154

Vorwort
Notizen zur Traumfabrik

Ein bezeichnendes Beispiel für die Verbindung von Traum und Kino ist der amerikanische Traum. Dieser umfasst zwei Aspekte: das individuelle Glück, das sich im Motto »Vom Tellerwäscher zum Millionär« spiegelt, und ein Gesellschaftsmodell, das auf diesem Prinzip aufbaut. Gerade der erste Aspekt scheint besonders gut fürs Kino geeignet zu sein. Denn der amerikanische Traum hat Ähnlichkeit mit dem Märchen vom »Hans im Glück« – beide beruhen auf dem Prinzip bürgerlichen Wirtschaftens –, mit dem Unterschied vielleicht, dass der amerikanische Hans (zumindest der Legende nach) sehr hart für sein Glück arbeiten muss (»Tellerwaschen«), während der europäische Hans (der Brüder Grimm) von allen über den Tisch gezogen wird und den Lohn von sieben Jahren Arbeit im Handumdrehen verliert – und sich dennoch als glücklichster Mensch der Welt wähnt.

Nun beruht der amerikanische Traum im Wesentlichen auf einem ökonomischen Erfolg, der von gesellschaftlichem Aufstieg begleitet wird. Dieser lässt sich mit den Mitteln des Kinos besonders leicht darstellen, ja das Kino scheint wie gemacht dafür, um diesen Traum zu »realisieren« und zu nähren: Man nimmt einen Schauspieler und inszeniert ihn zunächst als armen Tellerwäscher, um ihn anschließend mit allen Zeichen von Reichtum und Erfolg auszustatten. Es sind also die Mittel des Kinos, Ausstattung, schauspielerische Performanz, Aufnahme, Schnitt, die dem amerikanischen Traum eine Gestalt geben. (Diese Gestaltung lässt sich ebenso gut umkehren und als Niedergang in Szene setzen.)

In der Regel beschränkt sich die Idee des amerikanischen Traums im Kino also auf Fragen des ästhetischen Spiels. Der »Selfmademan« – und das ist vielleicht die Lehre des Kinos – ist nicht darin »selbstgemacht«, dass sein eigenes ökonomisches Tun (sein Tellerwaschen) ihn zum Millionär macht. Das bleibt tatsächlich ein Wunschtraum. Der Selfmademan des Kinos ist selbstgemacht insofern, als er der Fantasie und dem Können eines Filmteams oder dem »Traum« eines Regisseurs entspringt. Das ökonomische Tun besteht gerade in der spielerischen Verkörperung – oder besser gesagt in der ästhetischen Möglichkeit des »als ob«. Dieses Spiel Hollywoods verschweigt ebenso häufig, dass die (amerikanische) Gesellschaft nicht allein auf dem Leistungsprinzip beruht und den Tüchtigen belohnt, wie es (jenseits des Traums) ihre gesellschaftlichen Organisationsprinzipien der Machtkartelle und Gangstersyndikate beleuchtet.

Das Modell des amerikanischen Traums ist nur ein Beispiel für die Verbindung von gesellschaftlichem Traum und Kino, das bis heute Gültigkeit hat. Die Filmtheoretiker haben dieses Verhältnis sehr unterschiedlich beschrieben. Bereits 1911 feierte Georg Lukács die visuelle Kultur des Films als Befreiung vom Prinzip der Kausalität. Im Kino schien alles möglich, wie im Traum. Hugo von Hofmannsthal stellte das Kino 1921 in den Kontext einer Kritik der Sprache und der logozentrischen Ordnung. Für ihn war es die Stummheit der Kinobilder, die diese mit dem Traum verband. Zudem hegte er die Hoffnung, das Kino könne die Entfremdungserfahrung der Subjekte kompensieren. 1931 bezeichnete Ilja Ehrenburg die Filmindustrie als Traumfabrik. Und Walter Benjamin sah 1936 im Film den Zugang zu einem Optisch-Unbewussten, das er neben das Triebhaft-Unbewusste der Psychoanalyse stellte. Edgar Morin verglich 1958 die Filmwahrnehmung mit den magischen Wahrnehmungsformen. Dem technischen Fortschritt des Flugzeugs und der daran anschließenden Kolonisierung des Himmels stellte er den imaginären Himmel des Kinos gegenüber. Siegfried Kracauer beschrieb 1960 die Kinoerfahrung als Halbwachzustand mit reduziertem Bewusstsein, in dem der Zuschauer träumend eigene Bilder hinzufügt, und implizierte dabei ebenfalls einen gesellschaftlichen Horizont, in dem er seine Theorie des Films in einer Ausführung zur *Family of Man* enden ließ. Und mit Jean-Louis Baudry kamen in den 1970er Jahren nicht nur die räumlichen und psychischen Anordnungen des Kinos als Dispositiv in den Blick, sondern auch ein an Foucault'scher Terminologie geschultes Denken, welches das Kino als Teil gesellschaftlicher Machtkonstellationen untersucht.

Der Horizont dieser unterschiedlichen Bezugnahmen zielt auf kulturhistorische Veränderungen sowohl der Wahrnehmungs- als auch der Produktionsformen und fokussiert mehr als einfache Analogien von Traum und Filmwahrnehmung. Wenn man es so formuliert wie im Titel dieses Buches, so lassen sich zwei gesellschaftsrelevante Fluchtlinien bezeichnen. In der ersten geht es um das Kino. »Das Kino träumt« beschreibt eine Handlung des Kinos und meint: »Das Kino zeigt Filme« – und diese Filme haben einen spezifischen Charakter, sie sind illusionär oder traumhaft. Das ist der klassische Weg, wie man Traum und Kino zusammendenken kann. In der zweiten Bedeutung geht es zuerst um das Träumen. In diesem Fall ist das Kino die bildhafte Übertragung für menschliches Handeln. In dieser zweiten Bedeutung meint der Satz: »Die Menschen träumen« – und um zu träumen, haben sie sich komplexe Apparate wie das Kino gebaut. Wenn man es so formuliert, dann will man nicht vorrangig die traumhaften Filme des Kinos untersuchen. Man will vielmehr etwas über die Menschen des 20. und 21. Jahrhunderts und ihre Filme in Erfahrung bringen.

Der vorliegende Band versucht entlang der zweiten Fluchtlinie dem bereits häufig verhandelten Thema einen neuen Akzent zu geben. Kathrin Peters nimmt die Prägung Walter Benjamins vom »Optisch-Unbewussten« auf und untersucht deren theoretische Verzweigung in den Schriften von Roland Barthes, Rosalind Krauss und Jacques Rancière. Matthias Brütsch gibt einen historischen Überblick über die unterschiedlichen Film-Traum-Analogien. Am Ende seiner Ausführungen kommt er darauf zu sprechen, wie das Kino konkrete Träume der Menschen darstellen kann. Laura Rascaroli thematisiert die unterschiedlichen theoretischen Konzeptionen des Kinos, zum einen das Kino als Apparat zur Wiedergabe von Realität, zum anderen als Instrument traumhafter Einbildungskraft. Am Beispiel von Jonathan Caouettes filmischem Selbstporträt TARNATION (2003) zeigt sie eine Verbindung dieser theoretischen Konzeptionen.

Karl Sierek untersucht das chinesische Gegenwartskino. Sein Ausgangspunkt sind fliegende Gegenstände und Personen oder frei schwebende Sichten, die sich im chinesischen Kino charakteristisch häufen und die es zu einem spezifischen Traumraum werden lassen. Paul Young untersucht an D.W. Griffiths HEARTS OF THE WORLD (1918) die Vorstellungen von einem Realismus des Kinos und unterstellt, dass dieser letztlich auf nichts anderem beruht als auf einer Fantasie – oder einem Traum. Rembert Hüser begreift den Filmvorspann mit Christian Metz als eine *passage rituelle*. Am Beispiel der Titelsequenz von Blake Edwards' BREAKFAST AT TIFFANY'S (Frühstück bei Tiffany; 1961) untersucht er beispielhaft das Verhältnis von Traum und Filmvorspann – und weist zudem nach, dass Freud trotz anderer Beteuerungen ein Kino-Denker war. Philippe-Alain Michaud betrachtet das Verhältnis von Film und Traum ausgehend von der einsetzenden Vertonung des Films zu Beginn der 1930er Jahre. Seiner Auffassung nach geht die Verbindung von Traum und Film mit der Vertonung verloren, und nur in den Randbereichen des Films – im Experimentalfilm, im wissenschaftlichen Film – bleibt die traumhafte Dimension erhalten. Mechthild Zeul stellt das Kino aus der Perspektive psychoanalytischer Praxis und Forschung als »das Höhlenhaus der Träume« dar. Ihr Beispiel für diese spezifische Metaphorik von Traum und Kino ist der Film VOLVER (2006) von Pedro Almodóvar. Kristina Jaspers widmet sich dem »Stoff, aus dem die Träume sind« und untersucht die Arbeit der Visualisierung von Träumen durch Szenenbildner, Kamera- und Tricktechniker in den Filmen GEHEIMNISSE EINER SEELE, (1926; R: G.W. Pabst), SPELLBOUND (Ich kämpfe um dich; 1945; R: Alfred Hitchcock) und LA SCIENCE DES RÊVES (The Science of Sleep – Anleitung zum Träumen; 2006; R: Michel Gondry). Dietmar Kammerer setzt sich abschließend mit den Traum-Reisen und Traum-Geschichten Lars von Triers am Beispiel seiner Europa-Trilogie auseinander und ehrt damit den Träger des 10. Bremer Filmpreises (2008) für seine Verdienste um ein europäisches Filmschaffen.

Winfried Pauleit

Nicht-Denken, Nicht-Wissen

Über das visuelle Unbewusste

Von Kathrin Peters

1.

Das Kino träumt. Der Satz, der der Titel des vorliegenden Buches ist, hat kein Objekt. Ungesagt bleibt mit ihm, wovon das Kino träumt, wo es träumt oder gar: warum. Was dieser Satz hingegen aufruft, ist die Rede vom Kino als einer Fabrik, die Träume produziert; Träume für Zuschauer, die offenbar nicht mehr selbst zu träumen in der Lage sind. In einer kulturkritischen Wendung stellt die Traumfabrik, deren Name zumeist Hollywood ist, am Fließband Filme her, die als Imaginations- und Wunschstützen den Zuschauern ermöglichen, sich aus einer anregungsarmen sowie durch und durch rationalisierten Lebenswelt zumindest für kurze Dauer wegzubewegen, auch wenn es natürlich darum geht, sie mittels dieses Surrogats umso fester in dem, was die Zustände genannt wird, zu verankern. Weniger als entlastender Tagtraum denn als Äußerungen eines kollektiven Unbewussten tritt das Kinoerlebnis in eher kulturwissenschaftlich zu nennenden Analysen auf. Hier wird dem Kino durchaus zugestanden, etwas Unberechenbares, womöglich Unverständliches und Komplexes in Bild und Sprache zu setzen, etwas, das von keiner Industrie vorfabriziert werden kann, weil sich erst nach einer gewissen Zeit der Deutung zeigt, was das Unbewusste eines Kollektivs überhaupt sein könnte. Das Kino wäre dann gerade jene Instanz, die das Unerlaubte und Verdrängte inszeniert.

Beiden dieser sehr unterschiedlichen Kino-als-Traum-Varianten ist gemeinsam, dass sie nicht danach fragen, was *das Kino* träumt, sondern vielmehr, was *seine Zuschauer* in ihm träumen. Gemäß einer alteingesessenen und – wegen des synchronen Auftretens von Freuds *Traumdeutung* (1900) und dem Kinematografen – vielleicht auch epistemologisch zu begründenden doppelten Metapher sind Träume wie Filme und Filme wie Träume. Das wird zumeist so verstanden, dass verworrene Erzählungen und surreale Inszenierungen einem manifesten Trauminhalt vergleichbar wären, den man entschlüsseln kann. Oder umgekehrt, Träume sich wie abstruse Spielfilmhandlungen erzählen ließen. Eine andere Frage aber ist die, ob sich in den Filmbildern selbst, in ihrer Materialität, etwas eingelagert finden könnte, das jenseits von Biografismen, Narrativen und bedeutungsschwangeren Konstruktionen Schichten berührt, die sich mit dem Unbewussten in Verbindung bringen lassen.

2.

Diese Überlegung führt schnell zu einer so bekannten wie erratischen Formulierung Walter Benjamins: »Vom Optisch-Unbewußten erfahren wir erst durch sie (die Kamera, K.P.), wie vom Triebhaft-Unbewußten durch die Psychoanalyse«, schreibt er 1936 in *Das Kunstwerk im Zeitalter seiner technischen Reproduzierbarkeit* [1]. Da dies eine fast wortgetreue Wiederholung eines schon fünf Jahre zuvor in *Kleine Geschichte der Photographie* veröffentlichten Satzes ist, kann man annehmen, dass es Benjamin ernst ist mit dem Optisch-Unbewussten [2]. Wie also lässt sich die Analogie von optischem und psychischem Apparat, von optischem und psychischem Unbewussten verstehen?

Von Benjamins Formulierung in besagten zwei Veröffentlichungen führt eine theoretische Spur zu Rosalind Krauss, Roland Barthes und schließlich zu Jacques Rancière. Zeichnet man diese Spur nach, was ich im Folgenden, sehr schematisch, versuchen möchte, geht unterdessen das Kino immer wieder verloren, weil mal das fotografische Bild, mal die bildende Kunst und mal das Ästhetische im Mittelpunkt der Überlegungen der jeweiligen Autorinnen und Autoren steht. Aber das soll kein Grund sein, diesen Weg nicht anzutreten, denn wenn man es mit Träumen, dem Unbewussten

Kathrin Peters

Das Kino träumt

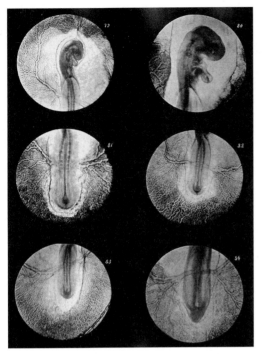

Berthold Benecke: *Hühnerembryonen, Mikrofotografien verschiedener Entwicklungsstadien* (1879)

min kein Anlass für Kulturpessimismus ist (allerdings im Nachwort doch für eine Warnung, nämlich vor der faschistischen Ästhetisierung der Politik). Zwar steht der Film aufgrund seiner Kollektivrezeption in Zusammenhang mit einem Unbewussten des Kollektivs, aber es sind nicht die im Film erzählten Geschichten oder Figuren, die ans Unbewusste rühren, sondern eher einzelne Bilder, Einstellungen und technische Hervorbringungen. Das wird in der Textpassage im *Kunstwerkaufsatz* deutlich, die mit Benjamins bereits zitiertem Satz schließt:

»Und so wenig es bei der Vergrößerung sich um eine bloße Verdeutlichung dessen handelt, was man ›ohnehin‹ undeutlich sieht, sondern vielmehr völlig neue Strukturbildungen der Materie zum Vorschein kommen, so wenig bringt die Zeitlupe nur bekannte Bewegungsmotive zum Vorschein, sondern sie entdeckt in ihnen ganz unbekannte [...]. So wird handgreiflich, daß es eine andere Natur ist, die zu der Kamera als die zum Auge spricht. Anders vor allem dadurch, daß an die Stelle eines vom Menschen mit Bewußtsein durchwirkten Raums ein unbewußt durchwirkter tritt. Ist es schon üblich, daß einer vom Gang der Leute, sei es auch im Groben, sich Rechenschaft ablegt, so weiß er bestimmt nichts von ihrer Haltung im

gar, zu tun hat, sind Um- und Abwege eigentlich schon die Sache selbst.

Ich beginne also beim *Kunstwerkaufsatz*. Sofern man diesen komplexen Text überhaupt zusammenfassen kann, ließe sich festhalten, dass für Benjamin in der Geschichte der Reproduzierbarkeit von Kunst die Fotografie einen signifikanten Einschnitt darstellt, weil sie das Kunstwerk dem Echtheitsanspruch enthoben, einer Kollektivrezeption zugeführt und damit den »Gesamtcharakter der Kunst« verändert habe [3]. Der Film wiederum tritt in ein Szenario kollektiver Wahrnehmungsveränderungen ein, die er nicht zuletzt selbst hervorgebracht hat und auf die hin er sein Publikum, so Benjamin, permanent testet. Damit steht der Film zunächst in der Folge einer vom Auftauchen der Fotografie veränderten Kunst, nämlich von Dada und Surrealismus, allerdings mit sehr viel breiterer Massenwirkung als diese, was für Benja-

Sekundenbruchteil des Ausschreitens. Ist uns schon im Groben der Griff geläufig, den wir nach dem Feuerzeug oder dem Löffel tun, so wissen wir doch kaum von dem, was sich zwischen Hand und Metall dabei eigentlich abspielt, geschweige wie das in den verschiedenen Verfassungen schwankt, in denen wir uns befinden. Hier greift die Kamera mit ihren Hilfsmitteln, ihren Stürzen und Steigen, ihrem Unterbrechen und Isolieren, ihrem Dehnen und Raffen des Ablaufs, ihrem Vergrößern und ihrem Verkleinern ein. Vom Optisch-Unbewußten erfahren wir erst durch sie, wie von dem Triebhaft-Unbewußten durch die Psychoanalyse.« [4]

Der optische Apparat – »die Kamera mit ihren Hilfsmitteln« – bringt also etwas zum Vorschein, von dem man zuvor nichts wissen konnte. Vergrößerungen und Zeitlupen sind es, die einerseits »Strukturbildungen der Materie« und andererseits unbekannte »Bewegungsmotive« auf die Ebene der Sichtbarkeit befördern. In *Kleine Geschichte der*

E.J. Marey: *Chronophotographie sur plaque fixe, pélican* (1886)

Photographie (1931), einer Art Sammelbesprechung von Fotobüchern und fotohistorischen Überblickswerken, die Ende der 1920er Jahre erschienen sind, nennt Benjamin Beispiele für solchermaßen optisch zum Vorschein Gebrachtes: Karl Blossfeldts *Urformen der Kunst* (1928), das Nahaufnahmen von Pflanzen zeigt, die diese wie Architekturen aussehen lassen. Von Zellgeweben schreibt er, die sich im optisch aufgerüsteten Blick der Medizin darbieten [5]. Und der »Sekundenbruchteil des Ausschreitens«, den die Momentfotografie festhält, lässt sofort an fotografische Bewegungsstudien von Étienne-Jules Marey bis Ottmar Anschütz denken, denen in der Geschichte der optischen Medien von jeher – das heißt, seit diese Geschichten überhaupt geschrieben werden – der Status einer Initialzündung zukommt. Wie eine Schicht, die im und jenseits des Sichtbaren lagerte und sich, einmal offenbart, von nun an in alles Gesehene gewissermaßen einzieht, aus dem Gesehenen nicht mehr abzuziehen ist, mutet diese Beschreibung des Optisch-Unbewussten an. Der Film habe, so Benjamin, »unsere Merkwelt« bereichert, wie Freuds *Psychopathologie des Alltagslebens* (1901) die Wahrnehmung von Gesprächen und den in ihnen stattfindenden Fehlleistungen un-

widerruflich verändert habe [6]. Und mit »Merkwelt« ist nicht nur die Speicherfunktion des optischen Mediums gemeint, sondern vor allem die Erweiterung dessen, was überhaupt zu bemerken ist [7]. Das neu Bemerkte scheint sich nun überall bemerkbar zu machen.

3.

Viel später, 1993, nennt die Kunsthistorikern Rosalind Krauss ein ganzes Buch *The Optical Unconscious* und ist gleichwohl mit Benjamins Begriffsverwendung überhaupt nicht einverstanden. Sie findet die Analogie von psychischem und optischem Unbewussten schlichtweg »strange« [8]. Die Überlegung, dass sich in der Erweiterung der »optischen Merkwelt« etwas Unbewusstes zeige, versieht Krauss gleich mit mehreren Fragezeichen. Denn könnte man den Bereich der Sichtbarkeit sinnvollerweise überhaupt als von unbewussten Konflikten oder Verdrängtem durchzogen denken? Ist das Unbewusste nicht an ein Subjekt gebunden? »Can the optical field – the world of visual phenomena: clouds, sea, sky, forest – have an unconscious?« [9] Auf eine derart rhetorische Frage bleibt nur eine Antwort: nein. Benjamin konzipiere, so Krauss, die Kamera als Prothese oder Organerweiterung, die den Raum des Sichtbaren vergrößere, was rein gar nichts mit jenem zwischen Ich, Über-Ich und Es sich ausbreitenden, letztlich sich immer entziehenden Unbewussten zu tun habe, dessen Eigenheit es ist, sich ja gerade mit dem Bewussten in Konflikt zu befinden. Aber die Welt visueller Phänomene habe keine Konflikte mit sich selbst.

Krauss entleiht Benjamin den Begriff des Optisch-Unbewussten dennoch, um ihn auf jene Verfahrensweise bildender Künstler zu beziehen, mit der diese herausarbeiten, dass »human vision can be thought to be less than a master of all it surveys« [10]. Nicht nur ist also das Ich nicht Herr im eigenen Haus, auch der Blick ist nicht Herr dessen, was er sieht. Es ist nicht, wie bei Benjamin, die Welt des Sichtbaren, die Geheimnisse in sich birgt, sondern es sind gerade die Grenzen des Sichtbaren, genauer: Grenzen des sehenden Subjekts, an denen Unbewusstes die Oberfläche des Gesehenen durchschießt. Allein Konstruktionen von Künstlern könnten, so Krauss, das Visuelle an den Rand des Zusammenbruchs und in die Dekomposition treiben. Wenn bei Benjamin die Kamera verborgene Bildwelten herauspräpariert, so kann dies bei Krauss nur das künstlerische Subjekt in einem Akt der Bildkonstruktion tun und nur auf diese Weise augenscheinlich gegebene Wahrnehmungsordnungen in den Ruin führen. Namentlich sind das Künstler wie Piet Mondrian, Man Ray, Max Ernst, Marcel Duchamp, Pablo Picasso, Hans Bellmer und Jackson Pollock.

Es ist klar, dass es Krauss für irreführend hält, Unbewusstes in Bereichen wirksam zu finden, die außerhalb menschlicher Subjektivität liegen. Kurzschlüssig ist es für sie, den visuellen Phänomenen eine unbewusste Schichtung zu geben; höchstens eine des Unsichtbaren wäre denkbar, die, nimmt man die These von Medien als Erweiterung der Sinnesorgane zur Hilfe, mittels einer Kamera sichtbar gemacht werden könnte [11]. Mit einem Vorbewussten hätte man es dann wohl zu tun. In Aufbietung der finalen Autorität vermutet sie, dass auch für Sigmund Freud Benjamins Satz »incomprehensible« gewesen sein müsste [12]. Indessen sind Kommentare von Freud hierzu nicht bekannt.

Bekannt ist jedoch, dass Freud, der der Organprothesen-Theorie gegenüber im Übrigen nicht abgeneigt war [13], sich nie mit jenen Künstlern auf Krauss' Liste beschäftigt hat, die gleichwohl im selben Zeitraum wie er arbeiteten (Man Ray, Ernst, Duchamp und Bellmer). Was wiederum Benjamin tat, der in Dada und Surrealismus Signaturen der Zeit sah, die neue, nicht zuletzt vom Optisch-Unbewussten geleitete Wahrnehmungsformen ins Werk setzten, mit denen sie »eine heilsame Entfremdung zwischen Umwelt und Mensch vorbereiteten« [14].

Es ist wichtig, die beiden Aufsätze, in denen das Wort vom Optisch-Unbewussten aufblitzt, als kunst- oder ästhetiktheoretische Texte zu verstehen [15], denn es geht in ihnen um fotografische und filmische Arbeiten, die zwar an einem Umschlagpunkt künstlerischer Darstellungs- und Rezeptionsweisen stehen, diese aber nicht verabschieden (nur eine bestimmte Auffassung poetischer oder »künstlerischer« Kunst wollen sie verabschieden). Man würde diesen Fokus der Texte völlig unter den Tisch fallen lassen, sähe man in den Aufsätzen Begründungspamphlete einer medialen Technologie des Unbewussten oder ähnliches. Gerade die *Kleine Geschichte der Photographie* ist ein dezidiert surrealismus- und konstruktivismuseuphorischer Text, der auf die Produktionsweisen einzelner Künstler eingeht und deren Verarbeitung fotografischer Bilder, mithin deren Konstruktionen bespricht. So soll es hier zwar nicht darum gehen, eine geheime, womöglich verleugnete Bezugnahme Krauss' aufzudecken – denn diese ist ohnehin augenfällig. Aber ich möchte versuchen, Benjamins Begriff des Optisch-Unbewussten aus einer ihn auf Technisches reduzierenden Lesart herauszulösen, um seine Überlegung, Fotografisches eröffne einer *andere* Dimension von Bildlichkeit und damit eine andere Ästhetik, lesbar werden zu lassen.

4.

Es gehört zu den Grundfesten medienhistorischer Erfolgsgeschichten, dass optische Medien das weite Feld der den menschlichen Augen verborgenen Strukturen dem Sehen zugeführt hätten. Diese Strukturen sind entweder zu klein oder zu weit entfernt oder sie verändern sich zu schnell, um mit

Albert Londe: *La vague* (1903)

dem Auge registriert werden zu können. Das »zu« markiert bereits ein physiologische Ungenügen menschlicher Sehfähigkeit. So treten optische Medien als Erweiterung dieses defizitären Auges auf, um alles, was die Welt oder Natur an Sichtbarem zur Verfügung hat, jetzt oder in Zukunft zur Anschauung zu bringen. Irgendwann, wenn die Technik nur ausreicht, könnte *alles* gesehen werden, nichts in der Natur – von der DNA bis zu fernsten Galaxien – bliebe mehr unsichtbar.

Benjamins Formulierung, dass es eine andere Natur sei, welche zur Kamera als welche zum Auge spricht, scheint allerdings weder ein Kontinuum der Natur noch eine wie auch immer geartete Physiologie des Auges vorauszusetzen; vielmehr ist es ja eine jeweils *andere* Natur, die von Auge und Kamera gesehen wird oder eigentlich: die zu ihnen »spricht«. Ob hier überhaupt von Sichtbarkeit die Rede ist oder nicht von einer ganz anderen Adressierung, legt zwar nicht der Begriff der Optik nahe, aber doch der des Bildes, das von Benjamin immer als ein zu lesendes gedacht wird [16]. Gelesen werden muss ja auch der Traum, der nach Freud ein Rebus ist. Es ist also bei Benjamin nicht einfach so, dass unter Zuhilfenahme geeigneter Apparaturen das Auge *mehr* sehen könnte, vielmehr macht sich je *anderes* geltend; und zwar anderes in zweifacher Hinsicht: Einerseits ist die Grenze zwischen Unsichtbarem und Sichtbarem historisch nicht konstant, was Benjamin sehr dezidiert als »Differenz von Technik und Magie als durch und durch historische Variable« benennt [17]. Eine Formulierung, in der auch deutlich wird, dass Technik nicht als großes Ausleuchtungs- und Aufklärungsunternehmen veranschlagt wird, das alles aus dem Dunkel des Unsichtbaren und Nicht-Wissen herauszerrt, sondern dass eher immer neue Magien, und das heißt Bereiche des Verworrenen und Traumhaften, produziert werden. Andererseits ist eben deshalb die Grenzlinie zwischen Sichtbarem und Unsichtbarem eine sich immer ausbeulende, im Grunde permeable Grenze. Denn unter Bedingungen der Fotografie und ihrem – magischen – Vermögen der Vergrößerung und der Stillstellung der Zeit verliert das bloße Sehen seine Evidenz, es denaturisiert sich, wie Joseph Vogl in einem anderen Zusammenhang schreibt [18]. Wenn Momentaufnahmen zuvor nicht Wahrgenommenes hervortreten lassen, kann man sich fragen: Was sieht man überhaupt? Wo beginnt die optische Täuschung, hört sie jemals auf? Der Raum des Sichtbaren ist deswegen nicht nur mit Bewusstsein durchwirkt, sondern für Benjamin eben auch »unbewußt durchwirkt«; man könnte auch ergänzen: von Erwartungen, von Vorannahmen, von Möglichkeiten des »Versehens« durchzogen. Die Vorstellung einer zu Enthüllungen bereitstehenden Natur verpasst den Umstand, dass Sichtbarmachungen ihre Begrenzung nicht in den Realien einer gegebenen Natur finden, sondern vielmehr in den Wissensordnungen, den ästhetischen Codes und den Instrumenten, die jeweils vorliegen. Das Zellgewebe, das sich auf Mikrofotografien zeigt, ist gleichermaßen entdeckt wie erfunden; es ist in irgendeiner Weise mit einem realen Ding verbunden, aber zugleich ein Medien-Effekt; es ist zum Bild geworden und verbleibt doch unsichtbar. Dem »Triebhaft-Unbewußten« ist das »Optisch-Unbewußte« nämlich auch darin ähnlich, dass sich über Substanz und Wahrheit dessen, was in Bild oder Traum erscheint, keine Aussage machen lässt. Mehr noch, kann der Trieb sich überhaupt nie außerhalb von Bildern oder Affekten, also Übersetzungen, zeigen; Freud: »Ein Trieb kann nie Objekt des Bewußtseins werden, nur die Vorstellung, die ihn repräsentiert. Er kann aber auch im Unbewußten nicht anders als durch die Vorstellung repräsentiert sein. Würde der Trieb sich nicht an eine Vorstellung heften oder nicht als ein Affektzustand zum Vorschein kommen, so könnten wir nichts von ihm wissen.« [19]

5.

Aber zugegeben, Technik nimmt bei Benjamin einen wichtigen Platz ein. Er sieht in ihr einen Generator neuer Wahrnehmungsordnungen und eines veränderten Verhältnisses von, wie er in seinem Aufsatz mit dem schönen Titel *Der Sürrealismus. Die letzte Momentaufnahme der europäischen Intelligenz* (1929) schreibt, Bild- und Leibraum. *Der Sürrealismus*, schon als Text eine Momentaufnahme, scheint in der *Kleinen Geschichte der Photographie* gewissermaßen weitergeschrieben worden zu sein, so wie Passagen aus dieser dann in den *Kunstwerkaufsatz* eingegangen sind. Die surrealistische Literatur und Fotografie [20], in der Dinge und Umgebungen von allem Repräsentativen bereinigt als Bild erscheinen und die »das Alltägliche als undurchdringlich, das Undurchdringliche als alltäglich erkennt« [21], grundiert noch den *Kunstwerkaufsatz*. Das Optisch-Unbewusste bringt sich erst in der Verschränkung von Körper, Bildraum und Technik zur Geltung, nicht ohne dass zuvor schon von ihm zu ahnen war. Wenn nämlich vor der Fotografie und dem Film die »Bildwelten, welche im Kleinsten wohnen, deutbar und verborgen genug [waren], um im Wachtraum Unterschlupf zu finden« – als Imagination –, so sind sie nun »groß und formulierbar« geworden. Diese Bildwelten machen sich besonders an der für Benjamin so wichtigen Schwelle zwischen Schlaf und Wachen breit, wo zwischen bewusst und unbewusst nicht klar unterschieden werden kann und wo Sinn nicht auf der Hand liegt. Die fotografischen Vergrößerungen und filmischen Dehnungen erweitern daher nicht den Raum der sichtbaren Welt, sondern stellen eine nach außen gestülpte Traumwelt dar; es handelt sich bei ihnen gewissermaßen um Materialisierungen von Traumbildern und Fantasien [22]. Das ist kein Technikdeterminismus und auch keine Adaption falsch verstandener Psychoanalyse, sondern vielmehr eine Übertragung psychoanalytischer Theorie auf Räume, Bilder und die Position des Subjekts. Das Subjekt ist nicht länger Zuschauer, sondern vielmehr Teil dieser *zugleich* materiellen wie imaginären Bilder. Insofern ist auch keine subjektlose Raumtheorie am Werk, die unterstellt, Wolken, Himmel und Wälder hätten ein Unbewusstes. Das wahrnehmende Subjekt ist vielmehr gar nicht zu trennen von den Bildern, die es sieht, und von den zu Bildern geronnenen Dingen und Räumen, mit denen es um-

 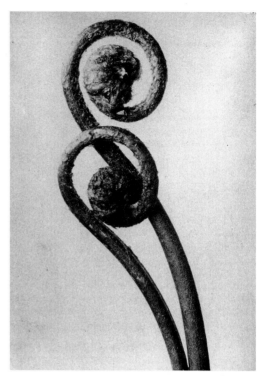

Karl Blossfeldt: *Bärentraubenstengel. 40fache Vergrößerung* (o.J., links); *Haarfarn. Junge gerollte Wedel* (o.J.)

geht. Bildlichkeit ergibt sich Benjamin zufolge im plötzlichen Zusammentreten von Gewesenem und Jetzt, was auch erklärt, warum er die Fotografie der Frühzeit in und mit der Bildlichkeit der 1920er Jahre liest und im *Passagen-Werk* die Pariser Passage und andere Gebäude als, wie es heißt, »Urgeschichte des 19. Jahrhunderts« entziffert [23].

Hier kommt ein weiterer Aspekt ins Spiel: Im traumwandlerischen Zustand zwischen Schlaf und Wachen tritt eine bestimmte Form des plötzlichen Erinnerns auf, ein »noch nicht bewußtes Wissen vom Gewesenen« [24]. Benjamin knüpft diese Erinnerungsspur abermals an das Optisch-Unbewusste und damit an die Fotografie. In *Kleine Geschichte der Photographie* geht folgender Satz dem von der je anderen Natur voraus:

»Aller Kunstfertigkeit des Photographen und aller Planmäßigkeit in der Haltung seines Modells zum Trotz fühlt der Beschauer unwiderstehlich den Zwang, in solchem Bild das winzige Fünkchen Zufall, Hier und Jetzt, zu suchen, mit dem die Wirklichkeit den Bildcharakter gleichsam durchsengt hat, die unscheinbare Stelle zu finden, in welcher im Sosein jener längstvergangenen Minute das Künftige noch heut und so beredt nistet, daß wir, rückblickend, es entdecken können. Es ist eine andere Natur, welche zur Kamera als welche zum Auge spricht [...].« [25]

Kein Abbild kann hier Wirklichkeitsstatus reklamieren, und auch einer Vergegenwärtigung von Geschichte wird nicht das Wort geredet. Vielmehr geht es um ein »dialektisches Bild«, in dem Gewesenes und Heutiges im Blick des Betrachters in eins fallen. Vergleichbar einer Assoziation weist das »Fünkchen Zufall« auf das Gewesene, wie ein Traumdetail auf das Unbewusste weist, das seinerseits niemals eine kohärente (Lebens-)Geschichte enthält, sondern nur Fragmente, Fetzen, Splitter,

Eugène Atget: *Hôtel du Marquis de Mascarani, rue Charlot, 83* (1901)

die je neu zu Erinnerungen zusammengesetzt werden. Dieses Detail, welches das fotografische Bild mit Wirklichkeit »durchsengt« hat, ist alles, was man von der Vergangenheit, dem »Sosein jener längstvergangenen Minute« zu sehen bekommt (manchen ist das schon zuviel). Das Sosein des Vergangenen entfaltet sich darüber hinaus nur dann, wenn man sich in das Bild *vertieft*, sich also als Betrachterin oder Betrachter in das Bild *einlässt*, wenn eine Korrespondenz zwischen Bild und Körper entsteht.

Unschwer sind hier Roland Barthes' fototheoretische Anschlüsse zu erkennen. Barthes hat die »Kunstfertigkeit des Photographen« und die »Planmäßigkeit in der Haltung seines Modells« als das zusammengefasst, was durch das »Studium« einer Fotografie zugänglich werde. Wohingegen die – für Barthes sehr viel entscheidendere – Lektüre des »punctum« von jenem »Fünkchen Zufall« seinen Ausgang nimmt, das »ich dem Photo hinzufüge und *was dennoch schon da ist*« [26]. Eine unlösbare Verkopplung von Spuren also, die das Fotobild zur Verfügung stellt, mit den Imaginationen, die der Betrachter hinzufügt. Und auch bei Barthes ist ein dialektisches Bild, ein gewissermaßen doppelter Zeitpfeil wirksam, der zurück in die Vergangenheit und zugleich ins Jetzt, auf den Betrachter selbst verweist, ihn regelrecht berührt – »das Zufällige an ihr, das *mich besticht* (mich aber auch verwundet, trifft)« [27]. Meines Wissens schreibt Barthes an keiner Stelle von einem Unbewussten des Fotografischen, stattdessen von einer »Unruhe« und von der »Unfähigkeit etwas zu benennen« [28]. Anders als Benjamin verortet er diese Unruhe nicht in den Dingen, die als Bilder des Gewesenen stillstehen, sondern in seinem Familienroman, das heißt bezeichnenderweise in dem unmöglich vorzeigbaren Foto- oder eigentlich Erinnerungsbild seiner Mutter. Ob man diese angetippte Sphäre, die sich zwischen Betrachter und Bild aufspannt, nun ein Unbewusstes, ein Unbenennbares, eine Magie, ein Nicht-Wissen oder einen Traum nennt, ist womöglich nicht ausschlaggebend. Wichtig ist vielmehr, diese von psychischen *und* optischen Apparaten hervorgerufene Sphäre überhaupt zu konzedieren.

6.

Noch ein Einspruch gegen Benjamin: Jacques Rancière wirft ihm vor, in seinen Überlegungen zu Ästhetik und Politik (im *Kunstwerkaufsatz*) einer Onto-Technologie anzuhängen, weil er fotografische und filmische Techniken zur Triebfeder neuer ästhetischer Praktiken erkläre. »Meiner Ansicht nach sollte man die Dinge von der anderen Seite betrachten«, schreibt Rancière [29]. Nicht Technik sei der Wegbereiter eines neuen Verständnisses von Kunst, vielmehr gingen Literatur und die Kunst dem Technischen immer voraus. Schon Honoré de Balzac oder Victor Hugo zum Beispiel hätten die Literatur als Verfahren der Registratur des Alltags, des Banalen ausgelotet, lange bevor mittels Fotografie eine »profane Erleuchtung« in die Welt kam. Anders gesagt: Die veränderte Wahrnehmung sei nicht optisch-technisch implementiert, sondern beruhe auf einer »ästhetischen Revolution« – die sich Rancière zufolge um 1800 ereignete –, in der Literatur und Malerei antraten, »die Symptome einer Epoche, einer Gesellschaft oder einer Kultur in den winzigen Details des Alltagslebens zu entdecken, die Oberfläche von den unsichtbaren Tiefenschichten her zu erklären und ganze Welten auf der Basis einiger weniger Spuren zu rekonstruieren« [30].

Wohlgemerkt, auch Rancière sieht ein Unbewusstes sich äußern – sein Vokabular lässt daran keinen Zweifel –, allerdings eines, das nicht optisch, das heißt für ihn wohl: technisch und physiologisch, sondern ästhetisch sei. *Das ästhetische Unbewußte* ist denn auch ein schmaler, 2001 erschienener Band betitelt, in dem Rancière den interessanten Versuch unternimmt, die Psychoanalyse selbst als eine Theorie zu fassen, die sich erst in Folge der ästhetischen Revolution hat bilden können. Denn Ästhetik ist gemäß Rancière keine Kunsttheorie, sondern bezeichnet ein »Denken, das nicht denkt« oder einen Bereich des Nicht-Denkens. Die Wirksamkeit des Nicht-Denkens in den Blick und in die Sprache gerückt zu haben, sei das Verdienst der Psychoanalyse, und dennoch bleibe, so Rancière, ausgerechnet Freud in seinen kunsttheoretischen Schriften hinter diesem Paradigma zurück. Er analysiere nämlich immer wieder den Künstler, dessen »Phantasma-Matrix« hinter dem Kunstwerk (ausnahmslos klassische Werke, niemals zeitgenössische), anstatt »die unbewußte figurale Ordnung der Kunst« herauszuarbeiten [31]. Das ist durchaus überzeugend, sowie auch Rancières Aufforderung gewissermaßen Folge zu leisten ist, mittels ästhetischer Analyse oder einer ästhetischen Symptomatologie Geschichten (in der Literatur) und Kompositionen (in der bildenden Kunst) auf Reste des Unartikulierbaren, auf ihre, ja, Wahrheit abzusuchen. Eine solche Lektüre nähme ihren Ausgang vom gleichermaßen für die Psychoanalyse wie für die ästhetische Analyse zentralen unbedeutenden oder unpassenden Detail, das »als Partialobjekt [...] die Anordnung der Darstellung stört, um der unbewußten Wahrheit zu ihrem Recht zu verhelfen, die nicht die Wahrheit einer individuellen Geschichte ist, sondern die Entgegensetzung einer Ordnung gegen eine andere: das *Figurale* unter dem *Figurativen* oder das *Visuelle* unter dem dargestellten *Sichtbaren*« [32].

Man könnte meinen, das sei eine Beschreibung von Rosalind Krauss' kunstwissenschaftlichen Un-

Eugène Atget: *Intérieur d'un employé aux magasins du Louvre, rue St. Jacques* (1910)

tersuchungen, und sie trifft letztlich auch die Stoßrichtung Walter Benjamins sehr genau, zumindest die, die ich zu rekonstruieren versucht habe. Dennoch halte ich es für keine produktive Intervention, die Dinge einfach »von der anderen Seite zu betrachten«, was hier darauf hinausläuft, den Determinismus schlicht umzudrehen. Ob nun das Ästhetische oder das Technische am Anfang steht, wird letztlich keine beantwortbare Frage sein (die sich Benjamin nicht mal gestellt hat). Vielversprechender scheint es mir zu sein, von Dispositiven auszugehen, in denen gemäß Foucault heterogene Elemente und deren Vernetzung untereinander neue ästhetische und epistemische Ordnungen auftreten lassen [33]. Das würde bedeuten, den Positivismus des 19. Jahrhunderts für die Literatur Balzacs für ebenso konstitutiv zu halten wie diese wiederum für Freuds Traumdeutung; die optischen Apparate der Frühzeit für ebenso elementar für die Durchsetzung der Fotografie zu halten wie diese für die Fundstück-Ästhetik des Surrealismus – und umgekehrt. Vor dem Hintergrund einer sich wechselseitig bedingenden wie hervorbringenden Konstellation von Ereignissen ginge es in ästhetischen Analysen, die das Nicht-Denken bedenken, schließlich weder um eine Psychoanalyse von Filmfiguren noch um eine des Künstlers, sondern um die Betrachtung einzelner filmischer Einstellungen [34], fotografischer Bilder und künstlerischer Produktionsweisen, die Schichtungen und Erinnerungsspuren, Verschiebungen und Verdichtungen aufspürt und diesen nachspürt – durch ein Subjekt, was sonst?

Anmerkungen

1 Walter Benjamin: Das Kunstwerk im Zeitalter seiner technischen Reproduzierbarkeit [1936]. In: W.B.: Gesammelte Schriften I, 2. Frankfurt/Main 1990 (3. Aufl.), S. 471-508, hier S. 500.
2 Walter Benjamin: Kleine Geschichte der Photographie [1931]. In: W.B.: Gesammelte Schriften II, 1. Frankfurt/Main 1989 (2. Aufl.), S. 368-385.
3 Benjamin 1990, a.a.O., S. 486.
4 Ebenda, S. 500.
5 Benjamin 1989, a.a.O., S. 371.
6 Benjamin 1990, a.a.O., S. 498.
7 Vgl. Burkhardt Lindner: Das Optisch-Unbewußte. Zur medientheoretiscdhen Analyse der Reproduzierbarkeit. In: Georg-Christoph Tholen / Gerhard Schmitz / Manfred Riepe (Hg.): Übertragung – Übersetzung – Überlieferung. Episteme und Sprache in der Psychoanalyse Lacans. Bielefeld 2001, S. 271-289. Lindner exemplifiziert seine konzise Begriffsarbeit von Benjamins Optisch-Unbewusstem an Filmen Hitchcocks und Chaplins. In Anlehnung an sprachliche Fehlleistungen, die im Gespräch analytisch rekonstruiert werden könnten, sieht er das Optisch-Unbewusste in – letztlich von Regisseuren gesteuerten – visuellen Fehlleistungen aufscheinen, die die Betrachter in tragik-komischer Weise auf allgemein verdrängte Erfahrungen (zum Beispiel Verlassensein) stoßen. Dass bestimmte Einstellungen übersehen werden, lässt sich allerdings nur, wie Lindner einräumt, durch wiederholtes Betrachten oder den Videorecorder aufdecken. Mir geht es hier indessen um eine Lektüre Benjamins, die weniger in Filmverlauf als in einzelnen Einstellungen und künstlerischen Bildern das Optisch-Unbewusste am Werk sieht.
8 Rosalind E. Krauss: The Optical Unconscious. Cambridge/Mass., London 1993, S. 179.
9 Ebenda.
10 Ebenda, S. 180.
11 Explizit von Organprojektionen die Rede ist schon bei Ernst Kapp: Grundlinien einer Philosophie der Technik. Zur Entstehungsgeschichte der Kultur aus neuen Gesichtspunkten. Braunschweig 1877. Medien als Extensionen des Körpers verstanden hat dann vor allem Marshall McLuhan: Die magischen Kanäle. Understanding Media (1964). Dresden, Basel 1994.
12 Krauss 1994, a.a.O., S. 179.
13 »Die Hilfsapparate, welche wir zur Verbesserung oder Verstärkung unserer Sinnesfunktionen erfunden haben, sind alle so gebaut wie das Sinnesorgan selbst oder Teile desselben (Brille, photographische Kamera, Hörrohr usw.).« Sigmund Freud: Notizen über den »Wunderblock« [1925]. In: S.F.: Das Ich und das Es. Metapsychologische Schriften. Frankfurt/Main 2003 (10. Aufl.), S. 311-318, hier S. 314.
14 Benjamin 1989, a.a.O., S. 379.
15 Vgl. Burkhardt Lindner: Das Kunstwerk im Zeitalter seiner technischen Reproduzierbarkeit. In: B.L. (Hg.): Benjamin-Handbuch. Leben – Werk – Wirkung. Stuttgart, Weimar 2006, S. 229-251, hier S. 231.
16 Vgl. Sigrid Weigel: Entstellte Ähnlichkeit. Walter Benjamins theoretische Schreibweise. Frankfurt/Main 1997, S. 119.
17 Benjamin 1989, a.a.O., S. 371f.
18 Vgl. Joseph Vogl: Medien-Werden: Galileis Fernrohr. In: Archiv für Mediengeschichte. Mediale Historiographien. Hg. v. Lorenz Engell / Joseph Vogl. Weimar 2001, S. 115-123.

19 Sigmund Freud: Das Unbewußte (1915). In: S.F.: Das Ich und das Es. Metapsychologische Schriften. Frankfurt/Main (10. Aufl.) 2003, S. 129.
20 Benjamin interessiert sich nicht für jenen Surrealismus, der Traumwelten aufbaut, wie zum Beispiel die surrealistische Malerei dies tut (Giorgio de Chirico, Max Ernst oder Dalí), sondern für jene Texte Aragons und Bretons und die diesen beigegebenen Fotografien, die sich am Konkreten, Berichthaften, Dokumentierenden abarbeiten: Jacques-André Boiffard, Man Ray, Brassaï, die Benjamin zwar nicht im *Sürrealismus*-Aufsatz, dafür in den beiden nachfolgenden explizit erwähnt. Als Vorläufer dieser Fotografie des Profanen hatten sich schon die Surrealisten selbst Eugène Atget angeeignet, auf den auch Benjamin emphatisch rekurriert. Vgl. Rosalind E. Krauss: Die photographischen Bedingungen des Surrealismus [1981]. In: R.E.K.: Das Photographische. Eine Theorie der Abstände. München 1998, S. 100-123. Krauss lässt ihre überaus luzide Lesart der surrealistischen Fotografie als Strategie der Verdoppelung und Verräumlichung irritierenderweise wieder in die These der Kamera als Prothese münden. Vgl. auch zur Eigenständigkeit der Bildstrategien in surrealistischen Zeitschriften Ines Lindner: Demontage in *Documents*. In: Stefan Andriopoulos / Bernhard Dotzler (Hg.): 1929. Beiträge zur Archäologie der Medien. Frankfurt/Main 2002, S. 110-131.
21 Walter Benjamin: Der Sürrealismus. Die letzte Momentaufnahme der europäischen Intelligenz [1929]. In: W.B.: Gesammelte Schriften II, 1. Frankfurt/Main 1989 (2. Aufl.), S. 295-310, hier S. 307.
22 Vgl. Weigel 1997, a.a.O., S. 118.
23 Vgl. Benjamin 1989, a.a.O., S. 299, und selbstverständlich Walter Benjamin: Das Passagen-Werk. In: W.B.: Gesammelte Schriften V, 1 und V, 2. Frankfurt/Main 1983. Die Passage ist in Benjamins Lektüre eine materialisierte Traumwelt des Kollektivs.
24 Benjamin, zit. nach Weigel 1997, a.a.O., S. 32.
25 Benjamin 1989, a.a.O., S. 371.
26 Roland Barthes: Die helle Kammer. Bemerkungen zur Photographie [1980]. Frankfurt/Main 1989, S. 65 (Herv. i. Orig.).
27 Ebenda, S. 36 (Herv. i. Orig.).
28 Ebenda, S. 60.
29 Jacques Rancière: Die Aufteilung des Sinnlichen. Die Politik der Kunst und ihre Paradoxien [2000]. Berlin 2006, S. 51.
30 Ebenda, S. 53f.
31 Jacques Rancière: Das ästhetische Unbewußte [2001]. Zürich, Berlin 2006, S. 47.
32 Ebenda, S. 46 (Herv. i. Orig.). Untersuchungen dieser Art hätten Louis Marin und Georges Didi-Huberman vorgemacht.
33 Vgl. Vogl 2001, a.a.O.
34 Vgl. Ute Holl: »Wohin man blickt, entsteht ein dunkler Fleck.« Raum, Licht und Blick in Filmen Josef von Sternbergs. In: Claudia Blümle / Anne von der Heiden (Hg.): Blickzähmung und Augentäuschung. Zu Jacques Lacans Bildtheorie. Zürich, Berlin 2005, S. 289-316. Holl analysiert die »Rätselhaftigkeit« von Sternbergs Kino nicht über Figuren und Narrative, sondern allein über Verstellungen und Verschleierungen in den Bildern.

Dream screen?

Die Film/Traum-Analogie im theoriegeschichtlichen Kontext

Von Matthias Brütsch

Der Traum wurde schon so oft als Vergleichspunkt oder Metapher für den Film und das Kinoerlebnis herbeigezogen, dass man ihn als einen der Schlüsselbegriffe der Filmtheorie bezeichnen kann [1]. Umso erstaunlicher ist es, dass die Film/Traum-Analogie in theoriegeschichtlichen Untersuchungen bisher nur punktuell behandelt wurde. Zwar wird in Darstellungen einzelner Theoriebewegungen oder Denkschulen bisweilen auch deren Auffassung von Traum und Film reflektiert [2], wegen ihrer Fokussierung auf einzelne Epochen oder Theorieströmungen bleibt die Perspektive dieser Monografien jedoch eingeschränkt. Versuche, einen Überblick zu liefern, gibt es nur wenige, und sie vermögen selten zu überzeugen [3]. Fast mehr noch als das Defizit in der theoriegeschichtlichen Aufarbeitung überrascht allerdings, dass lange Zeit weder der Erklärungswert der Analogie noch die zahlreichen Thesen, die den Analogiebehauptungen zugrunde liegen, hinterfragt wurden, und zwar auch dann nicht, wenn sie äußerst spekulativen Charakter annahmen.

Im Folgenden möchte ich die wichtigsten Film/Traum-Analogien theoriehistorisch situieren und gleichzeitig der Frage nachgehen, welche Aspekte von Traum und Film als analog betrachtet werden. Besonderes Augenmerk wird auf den ideengeschichtlichen Kontext und die Traumtheorien gerichtet sein, die den Vergleichen zugrunde liegen. Danach werde ich die Aussagekraft der Analogie kritisch beleuchten und auf Noël Carrolls Position näher eingehen, der die Legitimität von *film/mind analogies* ganz allgemein bestreitet [4]. Schließlich stellt sich die Frage, wie die verschiedenen Analogiediskurse mit der Tatsache umgehen, dass der Film, abgesehen davon, dass er möglicherweise als »Ganzes« – in seiner Erscheinungsweise, als Wahrnehmungsmodalität oder Erlebnisform – wie ein Traum wirkt, auch konkrete Träume darstellen kann.

Die Literaten und der Reiz des neuen Mediums

Eigenheiten von Film oder Kino mit Verweis auf das Traumerlebnis zu erklären ist eine Argumentationsstrategie, die beinahe so alt ist wie der Diskurs über Film überhaupt. Allein im deutschen Sprachraum erscheinen ab den frühen 1910er Jahren, also noch in der Frühzeit der Filmpublizistik, mehrere Artikel und Essays, die entsprechende Analogien herstellen [5]. Zwar steht der Vergleich mit dem Traum zu dieser Zeit noch nicht prominent im Vordergrund, er wird jedoch an verschiedenen Stellen dazu benutzt, einzelne Facetten des Kinos zu erhellen. Erst Hugo von Hofmannsthal rückt in seinem einflussreichen Aufsatz *Der Ersatz für die Träume* (1921) die Analogie ins Zentrum seiner Überlegungen [6].

Wie ist der Rekurs auf den Traum in diesen frühen Texten motiviert? Und wie lassen sich die Beiträge im Zusammenhang der damaligen Kinodebatte situieren? Ein Merkmal des neuen Mediums, das in den ersten Dekaden weithin für Irritationen sorgte, war der im Vergleich zur Theateraufführung viel stärkere Realitätseindruck, den der Film zu vermitteln imstande war – und dies, obwohl lediglich Licht und Schatten auf eine weiße Leinwand geworfen werden, während auf der Bühne Menschen aus Fleisch und Blut auftreten. Mit dieser Beobachtung verbunden war nicht selten eine große Faszination für die Technik der filmischen Reproduktion und insbesondere das Dispositiv der Kinoprojektion.

Das erstaunliche Maß an »Lebensechtheit«, das die bewegten Bilder – obwohl stumm und oft farblos – hervorzurufen vermochten, war eine neuartige Erfahrung, die etwas Magisches an sich hatte. Alfred Polgar war der Auffassung, der starke Wirklichkeitscharakter des visuellen Eindrucks sei imstande, unsere Fantasie anzuregen und weitere Sinne in Schwingung zu versetzen. Die Analogie zum Traum liegt für ihn in der daraus resultierenden Wahrnehmungsqualität, die die Realitätswahrnehmung an Fülle und Reinheit übertrifft: »Die Wiese im Kinematographentheater duftet besser als die auf der Bühne, weil ja der Kinematograph eine wirkliche, echte Wiese zeigt, der ich den Duft ohne weiteres zutraue und ihn nun so vollkommen, als die durch nichts gestörte Phantasie sich ihn erträumt, meiner Nase suggeriere. Sie duftet aber auch besser als die natürliche, lebende Wiese, weil diese niemals so lieblich und unvermischt duften kann wie meine blühende Wiese, die ist und doch nicht ist ... Nur im Traum und im Kinematographen gibt es eine Wirklichkeit ohne Schlacken.« [7]

Der scheinbare Widerspruch zwischen überwältigendem Realitätseindruck und fehlender materieller Wahrnehmungsgrundlage führt auch Heinrich Theodor Mayer dazu, Überlegungen zur Filmrezeption anzustellen. Für ihn steht jedoch die komplexe Wechselbeziehung von Präsenz und Absenz, tatsächlichen Sinneseindrücken und inneren Vorstellungen, realer Wahrnehmung und Illusion im Zentrum, die zu einem – vorsichtig formulierten – Vergleich nicht mit dem Nacht-, sondern dem Tagtraum führt: »Wir setzten also etwas nicht Bestehendes für bestehend, um bei etwas wirklich Geschautem, von dem wir wissen, dass es nicht lebt [...], die Illusion des Lebens zu erwecken. Wir sehen das Bild als solches wirklich, das ›Leben‹ aber nur als Bewegung. [...] Tatsächlich Vorhandenes und Unwirkliches verbinden sich hier zu einem eigentümlichen Komplex, für den es keinen bezeichnenden Namen gibt, der aber einem ganz leisen Hinträumen mit offenen Augen noch am nächsten kommt.« [8]

An diesem Zitat lässt sich bereits eine Funktion der Film/Traum- oder Film/Tagtraum-Vergleiche ablesen: Sie dienen dazu, eigentümliche, faszinierende und gleichzeitig schwer erklärbare Phänomene annäherungsweise zu fassen, indem diese mit etwas in Beziehung gesetzt werden, das zum eigenen Erfahrungsschatz gehört. Gerade in der Frühzeit des Kinos bot sich diese Vorgehensweise an, denn nicht nur waren die mit der Filmwahrnehmung verbundenen Erfahrungen und Wirkungen noch neu und ungewohnt, auch hatten sich viele – gerade unter den Gebildeten, die am ehesten als Adressaten des Diskurses impliziert waren – noch nie herabgelassen, ein Kino zu besuchen.

Weitere »Berührungspunkte mit Traumerscheinungen« sieht Mayer auf der physiologischen Ebene: Die Filmprojektion verursache wegen der ständigen Bewegung und des Flimmerns der Bilder »ein leises Verträumen«. Und auch die Programmstruktur – damals noch eine Abfolge von Kurzfilmen – wirke »einträumend« [9]. Das Augenmerk liegt hier auf der Wirkung des visuellen Reizangebotes, das ständig wechselt, gleichzeitig aber stark repetitiven Charakter aufweist. Dadurch gewinnt es für Mayer hypnotischen Einfluss, der die Zuschauer in einen traumartigen Trancezustand versetzt.

Mayers Äußerungen führen vor Augen, dass auf der Filmwirkung basierende Traumanalogien immer auch im Kontext der historisch sich ändernden Rezeptionsbedingungen zu betrachten sind. So war in den Anfangsjahren das Flimmern der Bilder tatsächlich ein technisch noch unbewältigtes Problem. Und der Hinweis auf die fortlaufende Abfolge von Filmen im Kurzfilmprogramm bezieht sich ebenfalls auf ein epochenspezifisches Phänomen.

Dasselbe gilt für das von verschiedenen Autoren vorgebrachte Argument, die Lautlosigkeit der Bilder sei eine elementare Gemeinsamkeit von Film und Traum. Abgesehen davon, dass die Behauptung, Träume seien »stumm«, in dieser absoluten Form nicht stimmt [10], zeigt sie einen typischen Mechanismus des Film/Traum-Vergleichs, der schon bei diesen frühen Autoren wirksam wird. Er besteht darin, dass infolge der Grundannahme, Film und Traum seien analoge Phänomene, Eigenschaften des besser zugänglichen und genauer beschreibbaren Films auf den schwer fassbaren und kaum reflektierten Traum projiziert werden. Anders kann man es sich nicht erklären, dass nach der Einführung des Tonfilms die angebliche Stummheit der Träume und nach der Ausbreitung des Farbfilms die »bekanntlich ganz außerordentlich geringe Farbenintensität der Traumvorstellungen« [11] nicht mehr als analoge Eigenschaften ins Feld geführt werden.

Die frühe Filmpublizistik setzte sich in erster Linie mit dem Kino als kultureller Institution und neuer Erlebnisform auseinander. Es ist daher kein Zufall, dass die bisher ermittelten Vergleichspunkte allesamt auf die Rezeptionssituation, die Wahrnehmungsqualität oder das Reizangebot des neuen Mediums Bezug nehmen. Einige der hier besprochenen frühen deutschsprachigen Autoren sehen jedoch auch Parallelen auf der Ebene der Gestaltung von Film- und Traumwelt. Für Polgar sind beide dadurch charakterisiert, dass »die Naturgesetze aufgehoben, die Schwerkraft erloschen, das Dasein ohne Bedingtheit« ist [12]. Mayer sieht eine Analogie im »lückenlos aufeinanderfolgenden, allerdings unmotivierten Wechsel der Szenerie« [13]. Und auch Georg Lukács setzt die filmische Welt mit der des Traums gleich, da in ihr die Ordnung der Realität – physikalische Gesetze, Kausalität der Ereignisse, Einheit von Raum und Zeit – außer Kraft gesetzt seien.

Analogien im Bereich der psychischen Funktion von Film und Traum sind ein letzter Punkt, den es im Zusammenhang der hier untersuchten frühen Schriften zu erörtern gilt. Für Friedrich Kayssler liegt in der Tatsache, dass wir genauso leicht und gerne ins Dunkel eines Kinos eintauchen und uns den Bildern hingeben, wie wir in Träume versinken, »etwas Entscheidendes, und zugleich die Brücke zu einem Gebiet des Reizes von schon höherer Art, den die Gröberen wie die Feineren teils bewusst, teils unbewusst als etwas eigenartig Anziehendes empfinden« [14]. Zwar führt er den Gedankengang nicht weiter aus, in seiner Formulierung kommt aber die Vermutung zum Ausdruck, dass Verbindungen zwischen Traum- und Filmerlebnis auch im unbewussten psychischen Bereich vorhanden sein könnten.

Von den hier besprochenen Texten ist es jedoch *Der Ersatz für die Träume*, der am deutlichsten in diese Richtung argumentiert.

Im ersten Teil seines Aufsatzes beschreibt Hofmannsthal von zivilisationskritischer Warte aus die negativen Auswirkungen der Industriegesellschaft auf das psychische Befinden der arbeitenden Massen in den Großstädten. Weder Bildung noch Politik vermögen aus der Leere und Ohnmacht hinauszuführen, denn im Vortragssaal wie auf der Parteiversammlung werde ausschließlich mit Sprache operiert, die den Massen abstrakt und fremd vorkomme. Die Verkümmerung der Erfahrungs- und Erlebniswelt in den Industriebezirken wirke umso bedrückender, als »sie alle eine andere Macht [kennen], eine wirkliche, die einzig wirkliche: die der Träume. Sie waren Kinder und damals waren sie mächtige Wesen. Da waren Träume, nachts, aber sie waren nicht auf die Nacht beschränkt; sie waren auch bei Tag da, waren überall: eine dunkle Ecke, ein Anhauch der Luft, das Gesicht eines Tiers, das Schlürfen [sic!] eines fremden Schrittes genügte, um ihre fortwährende Gegenwart fühlbar zu machen«. [15]

Im erwachsenen Dasein des Industriearbeiters, dem kindliche Abenteuerfantasien nur noch als vage Erinnerung geblieben sind, biete einzig das Kino – mit seinen starken Bildern und ohne verwirrende Sprache – »Ersatz für die Träume« und somit eine Zufluchtsstätte, um der »Öde des Daseins« vorübergehend zu entfliehen. Gleichzeitig vermittle das Filmerlebnis ein Gefühl der Herrschaft und Macht, das den geknechteten Arbeitern im realen Leben vorenthalten bleibt: »Aber es ist nicht bloß die Beschwichtigung der quälenden, so oft enttäuschten Neugier: wie beim Träumenden ist hier einem geheimeren Trieb seine Stillung bereitet: Träume sind Taten, unwillkürlich mischt sich in dies schrankenlose Schauen ein süßer Selbstbetrug, es ist wie ein Schalten und Walten mit diesen stummen, dienstbar vorüberhastenden Bildern, ein Schalten und Walten mit ganzen Existenzen.« [16]

Das Kino, diese »Kiste mit zauberhaftem Gerümpel, die sich auftut«, erfüllt demnach eine kompensatorische Funktion: Es gleicht – genau wie die Fantasie im Kindesalter – Defizite des Gefühls- und Erlebnisreichtums aus [17]. Hofmannsthal betont mehrmals, dass sich die Massen über die Gründe für die starke Anziehungskraft der bewegten Bilder nicht im Klaren seien. Es sind somit *unbewusste* Bedürfnisse, die das Filmerlebnis – da die Träume und Fantasien des erwachsenen Industriearbeiters dazu nicht mehr in der Lage sind – zu befriedigen hat.

Wie lassen sich die frühen Film/Traum-Vergleiche im Kontext der damaligen »Kino-Debatte«

Das Kino träumt Dream screen?

Brückenschlag ins Unbewusste: Buñuels und Dalís surrealistisches Meisterwerk UN CHIEN ANDALOU (1929)

situieren [18]? Es ist kein Zufall, dass alle besprochenen Texte von Repräsentanten der literarischen Szene stammen, während die »Filmgegner« in der »Kinoreformbewegung« den Vergleich mit dem Traum nicht heranzogen. Zwar war es keineswegs so, dass alle Literaten dem Kino und seinen kulturellen Auswirkungen positiv gegenüberstanden; die Stellungnahmen waren durchaus kontrovers, und bei Einzelnen dominierte eine skeptische oder gar verächtliche Haltung – Ausdruck des verbreiteten Unbehagens gegenüber dem neuen Medium, das durch seinen Massencharakter und seine Orientierung an populären Unterhaltungsstoffen tradierte Kunstvorstellungen herausforderte. Trotz der offensichtlichen Diskrepanz zum eigenen Kulturverständnis übte der »Kinematograph« mit seiner dynamischen Wahrnehmungsform und großen Wirkmacht aber auch starke Faszination auf breite Kreise der literarischen Intelligenz aus. Und genau an dieser – durchaus ambivalent gefärbten – Faszination über die neuartige Erfahrung mit einer fremden Welt scheint sich die Traumanalogie entzündet zu haben. Für die Kinogegner – Juristen, Lehrer, akademische und kirchliche Würdenträger –, die die guten Sitten und kulturellen Werte der Gesellschaft in Gefahr sahen, war das neue Medium hingegen ein klar einzuordnendes Phänomen, das es zu bekämpfen galt. Zwar wurde in diesem Lager ebenfalls die starke Suggestivkraft und Wirkung der bewegten Bilder betont, man sah darin jedoch nicht einen Reiz, sondern eine Gefahr für die Psyche der Zuschauer. Deshalb zog man als Vergleich nicht den Traum heran, der ein »selbstbestimmtes«, natürliches Phänomen darstellt, sondern den Alkohol- und Drogenrausch oder die

Eine Form von Irrationalität, wie sie sonst nur im Traum zu finden ist: ...

Hypnose – von außen beeinflusste, abnorme oder krankhafte Zustände also, die im Gegensatz zum Traum negative Assoziationen auslösen. Für die bildungsbürgerlich geprägten Kinoreformer konnte auch das Fehlen des Wortes im Stummfilm nur als Defizit erscheinen. Ein Vergleich mit dem Traum durch den Bezug auf die Visualität, wie er beim sprachkritisch eingestellten Schriftsteller Hofmannsthal vorkommt, hätte deshalb genauso wenig in die Argumentationsstrategie der Kinoreformer gepasst.

Die bisher besprochenen Schriften aus der frühen deutschsprachigen Filmpublizistik weisen bereits verschiedene Merkmale des Analogiediskurses späterer Epochen auf: Die Vergleiche beziehen sich – je nach Argumentationsweise – auf ganz unterschiedliche Aspekte von Traum und Film. Der Begriff »Traum« wird zum Teil sehr weit gefasst und schließt mitunter – etwa bei Hofmannsthal oder Mayer – den Wunschtraum oder die Wachfantasie genauso mit ein wie den eigentlichen Traum. Zudem entstammen die bisher erwähnten Film/Traum-Vergleiche Zeitungs- oder Zeitschriftenartikeln von relativ kurzem Umfang. Die Autoren verstehen sich als Beobachter eines kulturellen und gesellschaftlichen Phänomens, das sie von der Warte des Kinozuschauers aus beschreiben. Ihre Ausführungen stellen also keine ausgearbeiteten Theorien dar, umso weniger, als sie sich sowohl in Bezug auf den Traum als auch auf den Film ausschließlich von intuitiven Vorstellungen leiten lassen. Dies erstaunt nicht weiter, wenn man berücksichtigt, dass in dieser Zeit filmtheoretische Entwürfe erst im

Das Kino träumt
Dream screen?

... Louis Feuillades düsteres Serial LES VAMPIRES (1915) versetzte die Surrealisten um Breton in Begeisterung

Entstehen waren und sowohl die empirische Traumforschung als auch Freuds Traumtheorie (1900) noch keine große Verbreitung gefunden hatten. Wir werden jedoch sehen, dass eine impressionistische, subjektiv-intuitive Herangehensweise auch bei vielen späteren Film/Traum-Analogien vorherrscht.

Die Surrealisten und der »psychische Automatismus«

Trotz einzelner früher Stimmen nimmt der Film/Traum-Vergleich in Frankreich erst ab Beginn der 1920er Jahre klare Konturen an. Allen voran sind es die Surrealisten und Personen aus deren Umfeld, die Film und Traum immer wieder in Beziehung setzen. Um ihre Äußerungen richtig einordnen zu können, ist es wichtig zu verstehen, welchen Stellenwert sie dem Traum beimaßen und welche Rolle Film und Kino für sie spielten [19]. Die Surrealisten begriffen sich nicht als literarische Bewegung, die lediglich eine neue Stilrichtung oder Ästhetik etablieren wollte; Surrealismus wurde vielmehr als eine revolutionäre Einstellung verstanden, die es ermöglichen sollte, die Gesellschaft zu verändern. Surrealistische Aktionen richteten sich gegen Grundwerte der bürgerlichen Ordnung. Die beengenden Gesetze von Logik, Verstand und Funktionalität sollten aus den Angeln gehoben werden, um der befreienden Wirkung von Unordnung, Zufall und Absurdität Platz zu machen. Herkömmliche Vorstellungen von Moral, Pflicht und Verantwortung wurden herausgefordert, und die klare Trennung und einseitige Wertschätzung von normal versus verrückt, rational versus irrational, bewusst versus unbewusst vehement in Frage gestellt.

Der Traum war für die Surrealisten eine Erfahrung, die diese Richtung vorgab. Sie waren begeistert von seiner Inkohärenz und fehlenden Logik, seiner Missachtung von Moral und Anstand, seinen Absurditäten und Überraschungsmomenten. Der Traumzustand wurde so zu einem Modell, das die Realitätswahrnehmung bereichern, ja verändern sollte. Er entsprach zudem ihren Vorstellungen einer neuen Art künstlerischen Ausdrucks, denn er stellte eine authentische, persönliche Produktion dar, bei der jedoch die Kontrolle des Verstandes ausgeschaltet war. In ihren künstlerischen Erzeugnissen versuchten sie denn auch immer wieder, durch traumverwandte Bewusstseinszustände ähnliche Resultate zu erzielen. Die berühmte Methode der *écriture automatique* zum Beispiel kann als Versuch gewertet werden, durch Beschleunigung des Schreibtempos die kontrollierende Instanz von Intellekt und Vernunft auszuschalten, um einen »psychischen Automatismus« zu erreichen, wie er nach Auffassung der Surrealisten in der Traumproduktion vorherrscht.

Für den Film hatten die Surrealisten schon früh eine große Leidenschaft entwickelt. Ein Hauptgrund dafür war die Überzeugung, dass seine Struktur und Gestaltungsmittel – ähnlich denen des Traums – Wirkungen ermöglichen, die genau dem surrealistischen Geist entsprachen. Die amerikanischen Burlesken oder die populären Serials von Louis Feuillade verkörperten für sie eine Form der Spontaneität und Irrationalität, wie sie sonst nur im Traum anzutreffen war. Mit regelmäßigen Streifzügen durch verschiedene Kinos, ohne Beachtung von Programm oder Anfangszeiten, versuchten sie, den (traumhaften) Charakter des Unberechenbaren, Zufälligen und Fragmentarischen noch zu steigern [20]. Und zum Eindruck der Inkohärenz und fehlenden Kausalität kamen die Wunder der Fantastik hinzu, zu denen das neue Medium gerade dank seiner realistischen Technik fähig war. André Breton spricht im Rückblick denn auch vom *pouvoir de dépaysement* als größtem Reiz des damaligen Kinos [21].

Nicht nur Inhalt und Struktur der Filme, auch die Rezeptionssituation – der dunkle Kinosaal mit den flimmernden Bildern – hat die Surrealisten zu Vergleichen mit dem Traum angeregt. Ruft man sich ihre zahlreichen Experimente mit traum- und hypnoseähnlichen Zuständen während der *période de sommeil* in Erinnerung, so überrascht ihr diesbezügliches Interesse nicht weiter [22]. Sowohl André Breton als auch Benjamin Fondane vergleichen das Eintauchen in die Fiktion mit dem Übergang vom Wach- in den Schlafzustand [23]. Jacques Brunius setzt das Verdunkeln des Kinosaals mit dem Schließen der Augenlider und dem Absinken der Gedanken in die »Nacht des Unbewussten« gleich [24]. Robert Desnos beschreibt – Jahre vor Roland Barthes – das Auftauchen aus der Fiktion und Verlassen des Kinos analog zum Erwachen aus traumerfülltem Schlaf [25]. Und für Luis Buñuel gerät der Zuschauer in einen hypnoseähnlichen Zustand, in dem er einen hohen Prozentsatz seines Begriffsvermögens verliert [26]. Die prognostizierte Verfassung – vermindertes Bewusstsein und reduziertes Urteilsvermögen – war für die Surrealisten im Gegensatz zu den »Filmgegnern« jedoch nicht negativ konnotiert. Ein Bestreben des Surrealismus bestand ja gerade darin, eine Brücke zu schlagen zwischen Schlaf- und Wachrealität, Bewusstem und Unbewusstem. Und der Film sollte, genauso wie der Traum, dazu beitragen.

Die Surrealisten waren, ähnlich wie Hofmannsthal, äußerst sprachkritisch eingestellt. Sprache, zumindest wie sie gemeinhin eingesetzt wurde, war für sie der Inbegriff von Logik, Vernunft und Konvention, die es zu bekämpfen galt. Die Stummheit des Films war für sie folglich einer seiner großen Reize. Sie waren der Überzeugung, dass eine Abfolge von Bildern besonders geeignet sei, das vordiskursive, prälogische Denken und insbesondere die Mechanismen des Traums in einer Art *automatisme visuel* [27] direkt wiederzugeben.

Nicht nur die Negation der überkommenen Sprachlogik, auch die Schnelligkeit, mit der sich die Bilderfolgen auf der Leinwand jagen, und die Unmittelbarkeit ihrer Wirkung führten zur Überzeugung, im Film könne sich der *automatisme psychique pur* verwirklichen, wie ihn Breton im »Manifest« als Wesensmerkmal des Surrealismus festgelegt hatte [28].

Die Impressionisten und die Möglichkeiten der Kameratechnik

Zweifelsohne war die surrealistische Bewegung die intellektuelle Strömung im Frankreich der Zwischenkriegszeit, in der die Film/Traum-Analogie am vehementesten verfochten wurde. Es gab jedoch auch unter den Impressionisten eine Sensibilität für die Verwandtschaft von Film und Traum, die sich einerseits in ihrer Filmpraxis niederschlug und die andererseits – oft allerdings erst in späteren Jahren – in ihren Schriften reflektiert wurde.

Die Impressionisten erachteten den Film als eine eigenständige Kunstform mit spezifischen Ausdrucksmitteln, über die die herkömmlichen Künste nicht verfügen. Im Vordergrund standen für sie die Möglichkeiten der Kameratechnik, die dem mechanischen Prozess der Aufnahme einen Gestaltungsspielraum eröffneten, der den persönlichen, künstlerischen Ausdruck erst ermöglichte. Das Schlagwort *photogénie*, mit dem der spezielle Reiz des Films erfasst werden sollte, wurde denn auch oft für Effekte verwendet, die auf der Gestaltung oder auch Verfremdung des Bildes durch den Aufnahmeapparat basierten. Eingriffe im profilmischen Bereich – die Möglichkeiten der Inszenierung oder die Gestaltung von Kostümen und Dekor – wurden hingegen als sekundär gewertet, da sie vom Theater übernommen, also nicht filmspezifisch seien.

In diesem Zusammenhang ist die folgende Äußerung von Jean Epstein aus dem Jahr 1955 zu sehen, in der er die Auffassung der Impressionisten in den 1920er Jahren rückblickend wiedergibt: »Wir waren beeindruckt von der großen Ähnlichkeit zwischen Traum und Film: ihre gemeinsame Macht, eine irreale, fantastische Welt zu entwerfen. Dieser primitive Irrealismus des Kinos hatte seinen Ursprung jedoch noch fast gänzlich außerhalb des kinematographischen Aufnahmeapparats. Es handelte sich um eine Phantasmagorie der Kulissen, eine Opernmaschinerie. Was es also zu begreifen und umzusetzen galt, war die Tatsache, dass das Potential zur Transformation und Überwindung der Realität in den Mechanismus und die Optik der Kamera integriert werden konnte.« [29]

Die Ähnlichkeit von Film und Traum erschöpfe sich nicht in der Tatsache, dass beide die Realität überwinden und ein fantastisches Universum kreieren können. Wichtig sei vielmehr, dass sie dies mittels derselben Techniken erreichen. In *L'Intelligence d'une machine* schreibt Epstein unter der Überschrift *Le cinématographe, machine à rêver*: »In Prozessen und Verfahren, deren sich der Traumdiskurs bedient und die ihm eine grundlegende Aufrichtigkeit ermöglichen, finden sich Analogien zum filmischen Stil.« [30]

Noch ausgeprägter formuliert Paul Ramain die Analogie der Darstellungstechniken: »Die Filmtechnik [ist] eine Traumtechnik. *Alle visuellen und expressiven Mittel des Kinos finden sich auch im Traum.* [...] Die Gleichzeitigkeit von Handlungen, Unschärfen, Überblendungen, Doppelbelichtungen, Verzerrungen, Zeitlupen, geräuschlose Bewegungen – sind diese Verfahren nicht *die Seele des Traums?*« [31]

Die gestalterischen Möglichkeiten der Kameratechnik waren für die Impressionisten keineswegs Selbstzweck. Sie wurden mit dem Ziel eingesetzt, die vom Objektiv erfassten Gegenstände in neuem Licht erscheinen zu lassen, ihnen durch Veränderung der visuellen Erscheinung eine neuartige Bedeutung zu geben. Der Traum mit seinen Metamorphosen und symbolischen Transformationen bot sich auch in diesem Punkt als Vergleichsgröße an. Und angesichts ihrer Vorstellung vom Film als rein visueller Kunst erstaunt es nicht, dass auch sie in seiner Stummheit eine Analogie zum Traum erblickten.

Die Auffassungen der Impressionisten und der Surrealisten unterscheiden sich in vielen Belangen diametral. Die Impressionisten waren bestrebt, den Film als Kunstform zu etablieren, und verabscheuten die kommerzielle, auf reine Unterhaltung ausgerichtete Produktion. Sie sahen in der Bildgestaltung durch die Aufnahmetechnik die Möglichkeit für den Filmkünstler, einen persönlichen Stil zu entwickeln und gleichzeitig den Film ästhetisch zu legitimieren. Die Surrealisten wandten sich gegen eben diese Bestrebungen, den Film

Matthias Brütsch — Das Kino träumt

»Unschärfen, Überblendungen, Doppelbelichtungen ... sind diese Verfahren nicht die Seele des Traums?« ...

in die hohe Sphäre der herkömmlichen Künste einzureihen und ihn so durch Traditionen und Konventionen zu belasten. Der visuelle Stil der Impressionisten erschien ihnen gekünstelt und dazu angetan, den Film seiner Unmittelbarkeit und revolutionären Kraft zu berauben. Dass trotz dieser

Das Kino träumt   **Dream screen?**

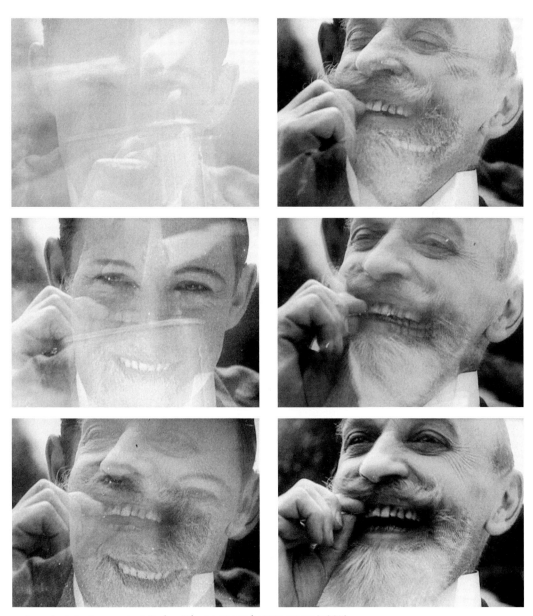

... Jean Epsteins impressionistischer Film LA GLACE À TROIS FACES (1927)

unterschiedlichen Standpunkte Vertreter beider Bewegungen im Traum ein dem Film analoges Phänomen sahen, zeigt, dass der Film/Traum-Vergleich ganz unterschiedlichen ästhetischen und filmtheoretischen Auffassungen als Argumentationsstrategie gedient hat.

Psychoanalytische Ansätze: Realitätsillusion und narzisstische Regression

Die bisherigen Ausführungen haben gezeigt, dass die Annahme einer engen Verwandtschaft von Film und Traum bereits in den ersten Jahrzehnten des 20. Jahrhunderts in unterschiedlichen Denktraditionen verankert war. Dass Sigmund Freuds 1900 erschienene *Traumdeutung* und mit ihr das psychoanalytische Gedankengut zu weiteren Film/Traum-Vergleichen anregen würde, erstaunt aus heutiger Sicht kaum. Erklärungsbedürftig erscheint vielmehr die Tatsache, dass es Jahrzehnte gedauert hat, bis erste ausdrücklich psychoanalytisch argumentierende Film/Traum-Analogien formuliert wurden [32]. Und dies, obwohl die psychoanalytische Theorie schon früh und von ihrem Gründer selbst nicht nur zur Therapie pathologischen Verhaltens, sondern auch zur Analyse künstlerischer Produkte herangezogen wurde. Ein möglicher Grund für diese Zurückhaltung dürfte in bildungsbürgerlich motivierten Vorurteilen vieler Psychoanalytiker gegenüber der »vulgären« neuen Unterhaltungsform gelegen haben. Gepaart mit Unkenntnis über das neue Medium führten sie dazu, dass psychoanalytische Erkenntnisse zwar immer wieder für Interpretationen traditioneller Kunstwerke herangezogen, zunächst jedoch kaum auf Film und Kino angewandt wurden [33]. Gleichzeitig dauerte es auch geraume Zeit, bis das psychoanalytische Gedankengut eine gewisse Verbreitung fand.

Gegen Ende der 1930er- und im Verlauf der 1940er Jahre unternahmen schließlich verschiedene praktizierende Psychoanalytiker den Versuch, Eigenheiten der Filmwirkung mit Rekurs auf den Traumzustand und Freuds Traumtheorie zu erklären [34]. Von Bedeutung war in diesem Zusammenhang auch die in Frankreich Ende der 1940er Jahre entstandene Filmologie-Bewegung, die die Psychoanalyse explizit als eine für die wissenschaftliche Erforschung von Film und Kino hilfreiche Disziplin anerkannte [35]. Unter diesem Vorzeichen erschienen in den ersten Nummern der *Revue Internationale de Filmologie* verschiedene Artikel von praktizierenden Psychoanalytikern aus Frankreich und Italien, die Film und Traum in Verbindung brachten [36].

Nachdem eine explizit psychoanalytische Position im Analogiediskurs lange Zeit ausgeblieben war, wurde sie Ende der 1940er Jahre also gleich mehrfach artikuliert, wobei die *Revue de Filmologie* eine herausragende Stellung einnahm [37]. Danach dauerte es mehr als zwei Jahrzehnte, bis sie von Jean-Louis Baudry und Christian Metz wieder aufgenommen wurde. Die beiden Mitte der 1970er Jahre in der Zeitschrift *Communications* erschienenen Aufsätze *Le dispositif* und *Le film de fiction et son spectateur* stellen bis heute zweifellos die bekanntesten Film/Traum-Vergleiche dar [38].

Weitere Stationen im psychoanalytisch inspirierten Analogiediskurs sind schließlich: Robert Eberweins *Film and the Dream Screen* (1984), Gertrud Kochs *Traumleinwand* (2002) und Mechthild Zeuls *Bausteine einer psychoanalytischen Filmtheorie* (2003) – alle drei (wie schon Baudrys Überlegungen) auf Bertram Lewins *dream screen*-Theorie Bezug nehmend –; außerdem Richard Allens *Projecting Illusion* (1995), ein Versuch, nach Carrolls Fundamentalkritik den Film/Traum-Vergleich in modifizierter Form neu zu lancieren [39].

Dieser kurze chronologische Abriss zeigt unter anderem Folgendes: Die ersten Überlegungen stammen von praktizierenden Psychoanalytikern und werden in psychoanalytischen Fachzeitschriften veröffentlicht. Schon bald darauf erscheinen Aufsätze in Filmzeitschriften, die jedoch nach wie vor von Psychoanalytikern verfasst sind. Mit Baudry und insbesondere Metz wird der Analogiediskurs sodann von Filmtheoretikern übernommen, die selbst keine Erfahrung als Psychoanalytiker aufweisen, sondern sich psychoanalytische Konzepte für ihre filmtheoretischen Überlegungen zunutze machen [40].

Trotz dieser sprunghaften Entwicklungen sind sich die wichtigsten Grundannahmen der psychoanalytischen Film/Traum-Analogie in etwa gleich geblieben. Im Folgenden wird deshalb mehr Gewicht auf das Gemeinsame der Positionen denn auf kleinere Differenzen gelegt.

Allen psychoanalytischen Film/Traum-Analogien liegt die Annahme zugrunde, dass das Filmerlebnis eine menschliche Aktivität darstellt, die in ähnlicher Weise mit unbewussten Prozessen verknüpft ist wie die Traumerfahrung. Sowohl Kino-als auch Traumsituation führen einen speziellen Zustand herbei, der unbewussten Regungen und Trieben Vorschub leistet. Um diese Behauptung zu stützen, wird meist als erstes auf die ähnlichen Bedingungen verwiesen, in denen sich Kinozuschauer und Träumer befinden. Der Kinosaal reproduziere eine Umgebung und versetze den Zuschauer in eine Lage ähnlich der des schlafenden Menschen: Dunkelheit, Abschirmung gegen störende Umwelteinflüsse, bequeme Körperhaltung, Immobilität und Passivität. Damit einher gehe eine Reduktion des Wachheitsgrades, der sich dem Schlafzustand annähere.

Nach Freud kann der Schlafzustand als eine Form von Regression in eine frühkindliche oder gar pränatale Entwicklungsphase bezeichnet werden [41]. Und auch die Traumaktivität fasst Freud als einen psychischen Vorgang auf, der im Gegensatz zur bewussten Verstandestätigkeit von regredienten Strömungen bestimmt wird [42]. An diese Überlegungen anknüpfend, sehen die meisten psychoanalytisch argumentierenden Autoren eine der Hauptparallelen zwischen Film und Traum darin, dass beide auf ähnliche Weise regressive Tendenzen begünstigen. Der dunkle Kinosaal versetze den Zuschauer, ähnlich wie der Traum den Träumer, in einen Zustand, der stärker als das normale Wachbewusstsein in vergangene Stadien der psychischen Entwicklung zurückgreift. Gemeint ist eine ganz frühe Phase, in der das Subjekt nach psychoanalytischer Auffassung noch nicht zwischen sich selbst und seiner Umwelt, zwischen innerer Vorstellung und äußerer Wahrnehmung unterscheiden gelernt hat, in der seine motorische Fähigkeit noch sehr eingeschränkt, seine visuelle Wahrnehmung hingegen bereits entwickelt ist.

Verschiedene Vergleichspunkte zwischen Film und Traum, denen wir bei anderen Autoren bereits begegnet sind, erhalten vor diesem Hintergrund neue Bedeutung. So zum Beispiel der vorwiegend visuelle Charakter beider Wahrnehmungsformen: Er wird nun als Vorherrschen derjenigen Sinnesmodalität gedeutet, die am Ursprung der psychologischen Entwicklung anzusiedeln ist und gleichzeitig unbewussten, infantilen Regungen auch im Erwachsenenalter noch Ausdruck verleiht. Oder die starke Identifikation mit Figuren im Traum respektive Film: Sie wird nun zurückgeführt auf frühkindliche Formen der Identifikation mit den ersten Bezugspersonen. Film und Traum sind in dieser Sichtweise nicht mehr nur deshalb vergleichbar, weil einzelne Aspekte ähnlich erscheinen, sondern vor allem deshalb, weil sich für zahlreiche Merkmale ein gemeinsamer psychischer Ursprung finden lässt.

Am ausgeprägtesten manifestiert sich diese Argumentation bei den Ausführungen zur Realitätsillusion. Die Analogie von Kinosituation, Schlafzustand und frühkindlichem Entwicklungsstadium besteht für einige Autoren nämlich auch im kognitiven Bereich. Aufgrund der fehlenden Mobilität und der Abschirmung jeglicher Umgebungsreize sei es – so behaupten insbesondere Baudry und Eberwein – dem Kinozuschauer nicht mehr (oder nur noch sehr bedingt) möglich, die auf ihn einströmenden Bilder und Töne einem Realitätstest zu unterziehen. Genauso wie der Träumer, der seine nächtlichen Fantasiegebilde für real hält, und das Kleinkind, das noch nicht zwischen äußerer Wahrnehmung und mentaler Vorstellung zu unterscheiden weiß, erliege auch der Filmzuschauer einer Täuschung und nehme die zweidimensionalen filmischen Bilder als reale und gegenwärtige Ereignisse wahr: »Filme erscheinen auf dieselbe Art und Weise ›real‹ wie Träume. Ihre Fähigkeit, uns glauben zu machen, dass wir Teil der Handlung sind, stellt für viele eine der wichtigsten Errungenschaften des Films als Kunstform dar. [...] Das Filmerlebnis erlaubt uns, in ein Stadium der undifferenzierten Wahrnehmung zurückzukehren, das wir erstmals als Kleinkind erlebt haben und das wir als Träumende erfahren können.« [43]

Dass das Kino eine Erfahrung ermöglichen kann, die dem erwachsenen Menschen ansonsten nur im Traum erhalten geblieben ist, erscheint aus dieser Perspektive freilich nicht als Zufall. Es sei nämlich genau das Verlangen nach einem solchen Erlebnis gewesen, das die Erfindung und technische Entwicklung des kinematografischen Dispositivs überhaupt erst motiviert habe: Film und Traum sind also schon allein deshalb vergleichbar, weil hinter der Entwicklung der filmtechnischen Apparatur der unbewusste Drang vermutet wird, ein frühkindliches Erlebnisdispositiv künstlich nachzubauen, für das im Erwachsenendasein einzig die Traumsituation als Modell dienen kann [44].

Um die Verwandtschaft von Film und Traum zu untermauern, wird von psychoanalytischer Seite neben den bereits genannten Punkten oft auch der sogenannte *dream screen* ins Feld geführt. Freud hat in seiner *Metapsychologischen Ergänzung zur Traumlehre* den Traum mitunter als eine *Projektion* bezeichnet [45]. Der Terminus wird von Freud im psychoanalytischen Sinn verwendet und bezeichnet einen unbewussten Abwehrmechanismus, mithilfe dessen das Subjekt unerträgliche Vorstellungen und Ängste durch Projektion auf andere Personen oder Objekte zu verdrängen sucht. Für Baudry schwingt bei der Freud'schen Verwendung des Begriffs die filmtechnische Bedeutung trotzdem mit [46]. Und auch Musatti bringt den von Freud erwähnten und im Traum wirksamen Abwehr- und Projektionsmechanismus mit dem Kinodispositiv in Verbindung [47].

Viel stärker noch als Freuds Konzept der »Projektion« haben indes Bertram Lewins Spekulationen über einen vermeintlichen *dream screen* psychoanalytische Autoren dazu veranlasst, die psychische und kinematografische Apparatur auch in Bezug auf die Form ihres »Bildträgers« in Analogie zu setzen. In zwei einflussreichen Aufsätzen stellte Lewin die These auf, Träume würden im Wahrnehmungsapparat des Menschen wie Filme auf eine innere Leinwand projiziert [48]. Lewins Ausführungen boten sich nicht nur dazu an, die Angleichung von psychischem und kinematografischem Apparat argumentativ weiter voranzutreiben, sie erschienen auch geeignet, die Regressionsthese zu stützen. Denn in seiner ebenso abenteuerlichen wie fragwürdigen Argumentation steht die weiße Leinwand für die Mutterbrust, die das visuelle Feld des Neugeborenen beim Säugen und somit vor dem Einschlafen – und das heißt vor den ersten und konstitutiven Traumwahrnehmungen – ausgefüllt hat. Die Leinwand wird nach dieser Überzeugung zu einem weiteren gemeinsamen Element von Traum und Kino, das auf einen frühkindlichen Ursprung zurückgeht.

Die bisher aufgeführten Vergleichspunkte betreffen allesamt die Anordnung des Wahrnehmungsdispositivs und den damit verbundenen psychischen Zustand des Zuschauers respektive Träumers. Einige Autoren richten ihr Augenmerk jedoch auch auf die Darstellungsformen und Ausdrucksmittel von Film und Traum. Nach psychoanalytischer Auffassung ist der Traum zu großen Teilen ein Erzeugnis des Unbewussten, in dem die befremdende »Logik« primärprozesshafter Mechanismen stärker als sonst zum Tragen kommt. Die Szenen, die wir nachts erleben, sind lediglich ein Endprodukt, dem komplexe »Darstellungstechniken« zugrunde liegen (die zensurbedingt meist auch der Entstellung dienen). Bevor ein Traum überhaupt wahrgenommen wird, müssen die ihm zugrundeliegenden latenten Traumgedanken erst in den manifesten Trauminhalt umgewandelt werden, was mit Prozessen der Verschiebung und Verdichtung, der Umwandlung von Gedanken in Bilder und sekundärer Bearbeitung verbunden ist.

Verschiedene Autoren sehen in diesen Gestaltungsmitteln der Traumarbeit enge Parallelen zu bestimmten filmischen Darstellungstechniken, insbesondere Formen der Montage. Diese führten dazu, dass die Raum- und Zeitkonstruktion sowie die kausale Verknüpfung der Ereignisse sprunghafter, inkohärenter und somit traumähnlicher würden. Und dies bewirke, dass im Film eine Logik vorherrsche, die stärker den Prinzipien des Unbewussten als denen der bewussten Verstandestätigkeit folge.

Mit der psychoanalytischen Variante hat die Film/Traum-Analogie ohne Zweifel ihre Blütezeit erreicht, sowohl in quantitativer Hinsicht als auch bezüglich der Erklärungsmacht, die ihr zugeschrieben wurde. Anders als bei den deutschen Literaten oder den französischen Impressionisten ging es nicht mehr nur darum, den Vergleich mit dem Traum punktuell zur Erhellung einzelner besonders auffälliger Aspekte der Kinoerfahrung oder der Filmgestaltung herbeizuziehen; vielmehr sollte er nun nichts weniger leisten, als der Funktionsweise und Wirkmacht des Kinos ganz allgemein auf den Grund zu gehen. Es ist jedoch nicht zu übersehen, dass das Forcieren des Vergleichs und das Hochschrauben seiner Tragweite bei verschiedenen Autoren nur auf Kosten der argumentativen Sorgfalt gelang. Der Boom des Analogiediskurses hat nicht nur interessanten, sondern ebenso fragwürdigen und spekulativen Behauptungen Vorschub geleistet.

Diese Kritik trifft allerdings nicht alle Autoren in gleichem Maß. Insbesondere Metz ist sich der Gefahr einer undifferenzierten Angleichung von Film und Traum, zu der die Psychoanalyse verleiten konnte, durchaus bewusst gewesen. So insistiert er denn auch bei mindestens drei der zentralen Vergleichspunkte – der Realitätsillusion, dem Wachheitsgrad und der Primärprozesshaftigkeit – zuerst auf der grundsätzlichen *Differenz* zwischen Film und Traum.

Daran anschließend versucht er zu zeigen, dass diese Unterschiede in speziellen Momenten der Film- und Traumerfahrung, an bestimmten Stellen des Film- und Traumtextes oder auch mit Seitenblick auf die Realitätswahrnehmung stark reduziert erscheinen. So erkennt er eine Annäherung im Grad der Wachheit und des Bewusstseins, wenn er Momente intensiver affektiver Anteilnahme am Filmgeschehen mit der Erfahrung eines Klartraums vergleicht. Oder er sieht die Primärlogik des Unterbewusstseins an einzelnen Stellen des filmischen Textes durchschimmern, sodass sich dort das Ausmaß der sekundären Bearbeitung nicht mehr ganz so stark von dem der Traumerfahrung unterscheidet. Die Tatsache, dass sein Parcours möglicher Affinitäten zwischen Film und Traum neben grundlegenden Unterschieden immer nur partielle Übereinstimmung hervorbringt, veranlasst Metz schließlich, den Tagtraum als dritte Vergleichsgröße einzuführen. Dadurch fallen wichtige Differenzen weg und vergrößern sich die Gemeinsamkeiten: Sowohl die Filmwahrnehmung als auch das Tagträumen sind Wachaktivitäten. Bei beiden bleibt das Bewusstsein erhalten, dass es sich »nur« um einen Film respektive Tagtraum handelt. Es kommt also nicht wie beim Traum zu einer Realitätsillusion, sondern lediglich zu einer *pseudo-croyance*, einer *simulation consentie*, die jedoch einen ähnlichen Grad der Wunscherfüllung und affektiven Befriedigung zulässt [49]. Und auch im Ausmaß der sekundären Bearbeitung sieht er größere Übereinstimmung zwischen Film und Tagtraum als zwischen Film und Traum.

Metz ist in seinen Ausführungen stets bestrebt, den genauen Platz zu eruieren, der der Filmwahrnehmung im Vergleich zum Traum, zum Tagtraum und zur aktiven Wachhandlung zuzuordnen ist. Das Spezifische und Außergewöhnliche des Filmerlebnisses sieht er darin, dass es in mancher Hinsicht genau am Schnittpunkt zwischen Wachen und Schlafen, Bewusstsein und Illusion, primärer und sekundärer Logik anzusiedeln ist, in einer Zwischenregion zwischen Traum und Realität, nicht weit von der Stelle, wo auch der Tagtraum zu verorten ist.

Neurophysiologische Hypothesen: Der Faktor Zufall und die kreative Syntheseleistung des Gehirns

Die im vorangehenden Kapitel analysierten Film/Traum-Analogien beruhen allesamt nicht nur auf einer ganz bestimmten Konzeption der menschlichen Psyche, sondern – damit verbunden – auch auf präzisen Vorstellungen über Entstehung und Funktion der Träume. Neben der Psychoanalyse hat sich im Verlauf des 20. Jahrhunderts jedoch auch die neurophysiologisch ausgerichtete Schlafforschung dem Phänomen Traum zugewandt. 1977 stellten Allan Hobson und Robert McCarley, zwei führende Wissenschaftler am Harvard Medical School Department of Psychiatry in Boston, eine neue Traumtheorie zur Diskussion. In ihrem Aufsatz *The Brain as a Dream State Generator* vertreten sie die Ansicht, es seien primär *neurophysiologische* – und nicht psychologische – Faktoren, die die Traumentstehung bestimmen [50]. Der REM-Schlaf sei ein automatisch ausgelöster, stereotyp ablaufender und dynamisch kontrollierter Prozess, der für den Organismus wichtige Funktionen erfülle. Da Träume vor allem während dieser Schlafphase nachgewiesen werden könnten, müssten Beginn, Länge und Auftretenshäufigkeit biologisch bedingt und physiologisch gesteuert sein.

Damit jedoch nicht genug: Die Autoren stellen darüber hinaus die These auf, dass auch dem Geheimnis verschiedener *formaler* und *inhaltlicher* Traumcharakteristika am ehesten mit neurophysiologischen Erklärungsversuchen beizukommen sei. Ihre Argumentation stützt sich auf folgendes Modell der Traumentstehung (das ich hier stark vereinfacht wiedergebe): Während des REM-Schlafs ist das Gehirn äußerst aktiv, insbesondere im visuellen Zentrum des Gehirnstamms. Die gemessenen elektrischen Impulse – namentlich die sensorischen und motorischen Signale – erscheinen jedoch sehr willkürlich und ungeordnet. Es kommt häufig zu zeitgleichen Aktivierungen von Wahrnehmungs- und Bewegungsmustern, die im Wachen nicht üblich sind. Das Gehirn ist somit gezwungen, eine Vielzahl unzusammenhängender Informationen zu einer Einheit zu verarbeiten. Erschwerend wirkt sich dabei ein komplexer Koordinationsmechanismus zwischen Gehirn, Wahrnehmungs- und Bewegungsapparat aus, der für das Wachleben unabdingbar ist: Um sicherzustellen, dass die Einschätzung der eigenen Körperposition und die räumliche Orientierung stimmen, muss das Gehirn ständig die »Bewegungsbefehle«, die es an Augen, Kopf und Körper ausgibt, mit den Daten abgleichen, die über die Wahrnehmungskanäle hereinkommen. Drehen sich zum Beispiel die Augen nur leicht zur Seite, hat das eine markante Änderung des Netzhautbildes zur Folge, und nur dank der Tatsache, dass das Gehirn diese Veränderung mit der Bewegung des Auges gegenrechnet, entsteht nicht der falsche Eindruck, der Raum bewege sich. Im REM-Schlaf bewegen sich die Augen zwar noch heftiger und willkürlicher als im Wachzustand, und das Gehirn sendet auch fortlaufend und ungeordnet Aktivierungssignale an den Bewegungsapparat. Da die Augen aber geschlossen sind und die Körperbewegungen aufgrund des unterdrückten Muskeltonus nicht ausgeführt werden, fehlen die zu erwartenden Informationen über Veränderungen in der Außenwahrnehmung. Dadurch entsteht für das Gehirn eine Differenz, die es als Bewegung oder räumliche Veränderung interpretiert.

Somit lassen sich gemäß Hobson und McCarley traumtypische Elemente wie Raumsprünge, abrupte Szenenwechsel, unlogische Übergänge, disparate Sinneswahrnehmungen, Identitätsverschiebungen und bizarre Bilder dadurch erklären, dass das Gehirn im REM-Schlaf mit einer Vielzahl ungeordneter und widersprüchlicher Signale konfrontiert wird – insbesondere bezüglich Körperbewegung und Raumwahrnehmung –, die unter Zuhilfenahme gespeicherter Daten (Erinnerungen) so gut wie möglich zu einem Ganzen synthetisiert werden. Komplizierte psychologische Erklärungsmodelle – etwa die von Freud postulierten Mechanismen der Zensur und Traumarbeit – könnten fallengelassen werden zugunsten einer viel einfacheren Auslegung, die wesentliche Gründe für die spezifische Gestalt der Träume in den physiologischen Bedingungen sieht, unter denen das Gehirn während des Traumstadiums zu arbeiten hat.

Hobson und McCarley bestreiten nicht, dass bei der Traumentstehung auch *psychologische* Faktoren eine Rolle spielen. Nach welchen Prinzipien zum Beispiel Erinnerungen mobilisiert werden, können sie nicht erklären. Klar scheint den Autoren jedoch, dass der Prozess viel direkter und konstruktiver ablaufen muss als von Freud postuliert.

Die neuen Hypothesen zur Traumentstehung sind in unserem Zusammenhang vor allem deshalb interessant, weil sie Hobson zur Lancierung einer eigenen Variante der Film/Traum-Analogie animiert haben [51]. Diese stützt sich auf die Überlegung, dass Filmschaffende aufgrund der spezifischen Techniken und Darstellungsmittel, die ihnen zur Verfügung stehen, in der Lage sind, die oben beschriebenen Mechanismen der Traumgenerierung nachzuahmen und Bildfolgen zu entwerfen, die der tatsächlichen Gestalt der Träume sehr nahe kommen. So ermögliche das Mittel der Montage die willkürliche Anordnung unzusammenhängender Einstellungen oder auch abrupte Wechsel von Schauplätzen und Personen; *jump cuts*, Flashbacks, Flashforwards oder Parallelmontagen könnten räumliche und zeitliche Diskontinuitäten zum Ausdruck bringen; Zeitraffer und *freeze frame* entsprächen Formen der unvorhersehbaren Beschleunigung oder Immobilisierung im Traumgeschehen; und das Verhältnis von Bild- und Tonspur könne die Disparitäten zwischen unterschiedlichen Wahrnehmungsformen wiedergeben. Filmschaffenden steht eine unbegrenzte Anzahl von Bildern und Tönen zur Verfügung, die sie in beliebiger Art und Weise kombinieren können. Gelingt es, dem Faktor Zufall, der bei der Traumgenerierung eine wichtige Rolle spielt, genügend Spielraum zu lassen und sich zu lösen vom Zwang zur kohärenten, logisch nachvollziehbaren Spielhandlung, so ist gemäß Hobson der Weg frei

Das Kino träumt   **Dream screen?**

Simulation der Hirnaktivität im REM-Schlaf? Bilder aus der Anfangssequenz von Bergmans PERSONA (1966)

für experimentelle Filmwerke, die die wirre Gestalt und Bizarrheit der Träume überzeugend nachzeichnen.

Während Hobson erwartungsgemäß die meisten Filme oder Filmpassagen, die sich explizit an Traumstrukturen orientieren, als zu kohärent und zu stark in einen narrativen Rahmen eingebettet erscheinen, entspricht die Eröffnungssequenz von PERSONA (1966; R: Ingmar Bergman) genau seinen Vorstellungen einer »radically new treatment of dream imagery« [52] (vgl. Film clip no. 01). Das Aneinandermontieren kurzer Einstellungen verschiedener Gegenstände, Lebewesen und Szenerien, abrupte Szenenwechsel, Ansichten, die fragmentarisch bleiben, Zeitrafferaufnahmen, ungewohnte Bilder, die jähe Stimmungsumschwünge bewirken: All dies lasse in der Kompositionsarbeit ein Spiel mit dem Zufall erkennen und zeige, dass hier mit filmtechnischen Mitteln – insbesondere Formen der Montage – die Art und Weise simuliert wird, wie das Gehirn während der REM-Phase Traumbilder generiert.

Hobson siedelt die Parallele zwischen Film und Traum also hauptsächlich im Bereich ihrer *Entstehung* an. Eine direkte Verbindung zwischen beiden ist möglich, da das Gestaltungsmaterial dem Filmkünstler erlaubt, auf ähnliche Weise kreativ zu werden, eine ähnliche Kompositions- und Syntheseleistung zu erbringen wie das traumgenerierende System im Gehirn.

Obwohl verschiedene Aspekte von Hobsons Thesen Anlass zur Kritik bieten (etwa der hohe Stellenwert, den er dem Physiologischen beimisst, seine Einschätzung der Funktionsweise einzelner filmischer Techniken oder seine eher naiv anmutende Auffassung vom Entstehungsprozess experimenteller Filmwerke) – die Tatsache, dass sich ein Neurophysiologe auf filmwissenschaftliche Äste hinaus wagt, bleibt bemerkenswert.

Hobsons Überlegungen sind nicht ohne Resonanz geblieben. Seine Thesen wurden nicht nur im Tagungsband *Film and Dream. An Approach to Bergman* [53], sondern auch in *Dreamworks* publiziert, einer interdisziplinär ausgerichteten Zeitschrift, die 1980 mit dem Ziel gegründet worden war, das Verhältnis des Traums zu verschiedenen Kunstformen zu untersuchen, und die in der editorischen Einleitung die *neurophysiologische* Perspektive als annehmbare Herangehensweise erwähnt [54]. Zudem haben einzelne Autoren und Autorinnen, etwa Marsha Kinder, die Herausgeberin von *Dreamworks*, oder John Michaels in der Folge Versatzstücke aus Hobsons Thesen in ihre eigenen Überlegungen aufgenommen [55]. Und sowohl Vlada Petric (der Organisator der Tagung *Bergman and Dreams*) als auch Bruce Kawin waren bestrebt, zusätzliche neurophysiologische Verbindungslinien zwischen der Film- und Traumwahrnehmung zu etablieren: Petric, indem er behauptete, der menschliche Wahrnehmungs- und Verarbeitungsapparat werde im Kino dank der angeblich stroboskopisch wirkenden Vorführtechnik und spezifischer Darstellungsmittel (wie dynamische Kamerabewegungen und Montageformen) unterschwellig auf ähnliche Weise erregt wie während des Träumens [56]; Kawin, indem er spekulierte, dass Filme wie Träume bei ihrer Erschaffung und Verarbeitung vorwiegend die rechte Hirnhälfte in Anspruch nähmen [57].

Wie aussagekräftig ist die Analogie?

Die bisherigen Ausführungen haben gezeigt, wie vielfältig die Formen sind, die der Film/Traum-Vergleich annehmen kann, und wie unterschiedlich zugleich die theoretischen Fundamente – sofern vorhanden – aussehen, auf denen er aufbaut [58]. Zudem hat der theoriegeschichtliche Streifzug punktuell bereits verschiedene Probleme zu Tage gefördert, die die Analogiebildung oft zweifelhaft erscheinen lassen. Im Folgenden möchte ich die Schwierigkeiten der Analogie noch etwas systematischer darstellen, als dies in den historisch ausgerichteten Abschnitten möglich war.

Eine wichtige Voraussetzung für die Aussagekraft einer Analogie ist die zutreffende Charakterisierung der in Beziehung gesetzten Phänomene. Sind schon die wichtigsten Vergleichsmerkmale ungenau gefasst, so erscheint die Analogie fragwürdig. Im Folgenden möchte ich deshalb mein Augenmerk zunächst darauf richten, wie der Film respektive Traum beschrieben wird. Dabei ergibt sich allerdings das Problem, dass die meisten Autoren die beiden Komplexe gar nicht erst differenziert darstellen. Auch dort, wo einer Analogiebehauptung ganz spezifische Film- und Traumerlebnisse zugrunde liegen, ist oft weiterhin pauschal von »dem Kino« und »dem Traum« die Rede.

Zuerst zum Film: Hier stellt sich zum Beispiel die Frage, welche *Art* von Film vorausgesetzt wird.

Einzelne Autoren wie etwa Baudry, die vornehmlich auf die Anordnung der Kinoapparatur und die Wirkung dieses Dispositivs fokussieren, scheinen eine Traumverwandtschaft als gegeben zu erachten, die völlig unabhängig von Art, Form und Inhalt der projizierten Filme existiert. Kommen in den Vergleichen aber konkrete Aspekte wie die Gestaltung der fiktionalen Welt, spezifische Darstellungstechniken, die Immersion der Zuschauer in die Leinwandereignisse oder die Nähe zur Wunschfantasie zur Sprache – und dies ist mitunter auch bei Baudry der Fall –, so wird schnell klar, dass die entsprechenden Überlegungen, auf trockene Lehr- oder abstrakte Experimentalfilme angewendet, ihren Sinn größtenteils verlieren. Eine erste Einschränkung besteht also darin, dass viele der Parallelen zwischen Film und Traum, denen wir begegnet sind, nur für den Spielfilm Gültigkeit beanspruchen können [59].

Aber auch in Bezug auf den Spielfilm stellt sich die Frage, ob nicht weitere Differenzierungen nötig wären. Die Verminderung von Wachheit und kritischem Bewusstsein, das vollständige Eintauchen in die Fiktion erscheint in dem behaupteten Ausmaß zumindest bei Filmen fraglich, die den Artefaktcharakter bewusst ausstellen und durch selbstreflexive oder ironische Elemente neben der erzählten Welt immer auch den Erzählvorgang selbst in den Vordergrund rücken, mitunter auch die Zuschauer direkt adressieren. Somit drängt sich der Verdacht auf, dass mit »Film« in der Regel nicht nur eine bestimmte Gattung (der Spielfilm), sondern innerhalb dieser Gattung eine ganz bestimmte Variante gemeint ist, die gemeinhin mit dem Label »klassisch« oder »illusionär« bezeichnet und meist mit Hollywood in Verbindung gebracht wird.

Weiter kann den pauschalisierend formulierten Analogien vorgehalten werden, dass sie auch im Bezug auf historisch, kulturell oder geografisch bedingte Unterschiede in der Praxis des Kinobesuchs und der Art der Anteilnahme am Filmgeschehen eine ganz bestimmte – eher moderne, westlich, städtisch und intellektuell geprägte – Form des Zuschauerverhaltens in den Vordergrund rücken. Wer je in einem nordafrikanischen oder asiatischen Land im Kino war oder sich im eigenen Land in ein vornehmlich von Teenagercliquen frequentiertes Vorort-Multiplex gewagt hat, weiß, dass es andere Rezeptionsmodi gibt als das stille und gebannte Versinken in die Fiktion [60].

Dass das komplexe und vielgestaltige Phänomen Filmerlebnis oft nur einseitig beleuchtet wird, zeigt sich auch daran, dass vor lauter Betonung des Bildcharakters (in Analogie zur Visualität des Traums) der Ton als zweites konstitutives Element, über das der Film seit Ende der 1920er Jahre verfügt, völlig in Vergessenheit gerät. Die systematische Vernachlässigung der auditiven Dimension wurde zweifelsohne durch das Konzept der Schaulust und die generelle Vorliebe psychoanalytischer Ansätze für visuelle Metaphern begünstigt. Sie stellt allerdings ein Defizit dar, das nicht nur Film/Traum-Analogien, sondern die Filmtheorie insgesamt kennzeichnet, die den Ton lange Zeit sehr stiefmütterlich behandelt hat [61].

Die meisten Film/Traum-Analogien beziehen sich also, ohne dies transparent zu machen, auf eine quantitativ zwar weit verbreitete, qualitativ aber ganz bestimmte Form des Filmerlebens. Hinzu kommt, dass die Charakterisierung dieser Erfahrung nicht in allen Punkten über jeden Zweifel erhaben ist. Insbesondere die Behauptung, das Publikum verliere im Kino jegliches Bewusstsein seiner Zuschauerposition und erliege einer kompletten Realitätsillusion, ist in ihrer absoluten Form unhaltbar. Aber auch andere, damit verknüpfte Auffassungen, die die Psychologie der Filmrezeption betreffen, erscheinen zumindest anfechtbar. So wird etwa die Ansicht, die Filmwahrnehmung gehe mit Passivität und einem stark verminderten Wachheitsgrad einher, von der kognitiven Filmtheorie vehement in Abrede gestellt. Und die Analogie mit der Unbeweglichkeit des unter motorischer Hemmung stehenden Träumers wird dahingehend relativiert, dass der im Kinosessel versunkene Zuschauer diese Haltung im Gegensatz zum Träumer zwecks Aufmerksamkeitsfokussierung bewusst und absichtlich eingenommen hat und jederzeit davon abweichen kann [62].

Noch ausgeprägter als beim Film erscheint die Undifferenziertheit der Autoren allerdings in Bezug auf den Traum. Viele Autoren stützen sich in ihrer Argumentation fast ausschließlich auf eigene Traumerlebnisse, die sie bedenkenlos verallgemeinern, oder auf verbreitete Annahmen, die sie kritiklos übernehmen. Dort, wo versucht wurde, das Traumverständnis theoretisch abzustützen, diente fast immer die psychoanalytische Konzeption als alleinige Referenz. Die in der experimentellen Psychologie angesiedelte *empirische Traumforschung* hingegen (die mit den Arbeiten von Alfred Maury und Marquis d'Hervey de Saint-Denys bereits in den 1860er Jahren ihren Anfang genommen und sich seit Mitte der 1950er Jahre stark entwickelt hat) wurde kaum zur Kenntnis genommen [63]. Dies führte dazu, dass beim Vergleich mit dem Film immer wieder zweifelhafte Traumeigenschaften ins Spiel gebracht wurden, die in keiner Weise empirisch abgestützt waren.

Vermutlich hat die Tatsache, dass jeder Mensch privilegiert und scheinbar problemlos Einblick in seine eigene Traumwelt erhält – während die wissenschaftliche Erforschung des Traums stets mit dem Problem des Zugangs zu kämpfen hat –, bei vielen Autoren des Film/Traum-Vergleichs eine unreflektiert introspektive Haltung begünstigt.

Vor diesem Hintergrund erscheint es weniger erstaunlich, dass verschiedene Autoren immer wieder Behauptungen aufstellen – etwa: Träume seien stumm, schwarzweiß oder einfarbig, Traumbilder erschienen zweidimensional und wie auf eine innere Leinwand projiziert, das Traum-Ich sei eher distanzierter Beobachter (eine Art Zuschauer) als direkt involvierter Akteur –, deren Verallgemeinerung durch empirische Erkenntnisse der experimentellen Forschung nicht gestützt werden. Dass praktisch alle fragwürdigen Charakterisierungen der Traumwahrnehmung tatsächlich auf die *Filmwahrnehmung* (der jeweiligen Epoche) zutreffen, kann dabei kaum Zufall sein und liegt – wie ich bereits ausgeführt habe – vermutlich daran, dass im Analogiediskurs Eigenschaften des Films über Gebühr auf den Traum projiziert werden.

Die Film/Traum-Analogie krankt also häufig schon daran, dass die beiden Phänomene nur ungenau erfasst werden. Nicht weniger problematisch erscheint sodann oft auch die Art und Weise, wie Film und Traum miteinander in Beziehung gesetzt werden. Meist bleibt unklar, ob eine stringente Argumentation intendiert ist, die stichhaltige Analogieschlüsse ermöglichen soll, oder ob die Traumerfahrung eher als (mehr oder weniger vage) Metapher gedacht ist, die gar nicht den Anspruch erhebt, argumentativer Sorgfalt und Logik zu gehorchen. Das implizite Ziel der Analogie scheint in den meisten Fällen eher, Denkanstöße zu vermitteln als einen Sachverhalt genau zu beschreiben.

Ein Schwachpunkt verschiedener Beiträge ist ferner, dass sie zwar diverse Parallelen zwischen Film und Traum herstellen, jedoch nicht reflektieren, dass sich diese zum Teil auf unterschiedliche Aspekte beziehen. So werden auf der Seite des Traums oft Merkmale in einem Atemzug genannt, die sich auf den – dem Subjekt nicht bewussten – Schlafzustand (Dunkelheit, motorische Inhibition), die Situation des Traum-Ichs (Traumerlebnis) oder aber des wachen Subjekts (Traumerinnerung) beziehen.

Carroll bringt noch einen weiteren Kritikpunkt ins Spiel, der ebenfalls die Logik der Analogiebildung betrifft. Der Erkenntnisgewinn einer Analogie beruht auf einer Art Wissenstransfer: Kenntnisse über ein Phänomen sollen helfen, ein anderes, ähnliches zu erhellen. Voraussetzung für den »Erfolg« einer Analogie ist also, dass das als Hilfskonstrukt beigezogene Phänomen besser bekannt und erforscht ist als das, welches es erhellen soll. Für Carroll scheint klar, dass bei jeglicher *film/mind analogy* – und somit auch bei der Analogie zwischen Film und Traum – genau diese Voraussetzung nicht erfüllt ist: »Damit eine Analogie etwas auszusagen vermag, sollten wir mehr über das Objekt wissen, das wir zur Erhellung beiziehen, als über das Objekt, das wir erhellen möchten. Wir sollten also zum Beispiel mehr über Träume als über Filme wissen. Dies ist grundlegend für die Logik der Analogie. Ich bin jedoch nicht sicher, ob diese Bedingung bei der Film/Traum-Analogie erfüllt ist. Vielmehr vermute ich, dass wir mehr über das Funktionieren des Films als über das Funktionieren mentaler Prozesse wissen. [...] Dass Filme für uns nicht rätselhaft sind, liegt natürlich daran, dass wir sie machen. Wir konzipieren sie so, dass sie auf eine bestimmte Art und Weise funktionieren, und in der Mehrzahl der Fälle funktionieren sie auch wie beabsichtigt. Generell verstehen wir unsere eigenen Werkzeuge und Erfindungen besser als das, was wir nicht selber kreiert haben.« [64]

Das Kino träumt

Autoren aus dem psychoanalytischen Lager könnten Carroll entgegenhalten, Freuds Theorie habe die Mechanismen der Psyche und die Bedeutung der Träume sehr genau erforscht und es deshalb ermöglicht, nun endlich Aspekte des Filmerlebnisses zu erhellen, die für die herkömmliche Filmtheorie unerklärlich geblieben sind [65]. Berücksichtigt man diese Vorzeichen, unter denen die psychoanalytische Filmtheorie operiert hat, so kann ihren Vertretern nicht vorgeworfen werden, sie hätten die Bedingungen missachtet, nach denen der Wissenstransfer funktioniert. Die Kritik muss an einem früheren Punkt ansetzten – Carroll tut dies an anderer Stelle auch – und schon die Grundannahmen in Zweifel ziehen, dass es einerseits der psychoanalytischen Theorie gelungen sei, den unbewussten Bereich der menschlichen Psyche aufzuklären, und dass andererseits wesentliche Aspekte des Filmerlebnisses nach wie vor einer schlüssigen Erklärung harren. Gerade letztere Behauptung samt ihrer Begründung (wir verstünden, was wir selber hergestellt haben) erscheint jedoch relativ gewagt. Sie verneint, dass menschliche Produkte bedeutende Effekte haben können, die bei der Konzeption weder beabsichtigt waren noch auf Anhieb kontrolliert und verstanden werden können.

Trotz dieser Einschränkungen erscheint Carrolls Einwand für einige Film/Traum-Analogien grundsätzlich berechtigt. Gleichzeitig wird aber auch klar, dass seine Kritik in einer rein analytisch-theoretischen Perspektive gründet, die den theoriegeschichtlichen Kontext der verschiedenen *film/mind analogies* bewusst ausblendet. Wie ich anhand der Texte aus den 1910er- und frühen 1920er Jahre zu zeigen versucht habe, war eine wichtige Funktion des Film/Traum-Vergleichs in dieser Zeit ja gerade, den eigentümlichen und schwer fassbaren Reiz eines völlig neuen Mediums dadurch annäherungsweise zu ergründen, dass man ihn mit der nächtlichen Erlebniswelt in Verbindung brachte – also mit etwas, das zu jedermanns Erfahrungsschatz gehörte und sich doch in genügendem Ausmaß von der Realitätswahrnehmung unterschied, mit der der Film durch seine Gegner immer wieder abwertend in Verbindung gebracht wurde. In der damaligen Zeit, als man gerade erst begann, ernst-

Dream screen?

haft über den Film nachzudenken, und gleichzeitig viele Gebildete und Intellektuelle dem Kino aus einer vorurteilsbehafteten Abneigung heraus fernblieben, konnte der Verweis auf Mechanismen des Traums oder auch bewusster Gedankentätigkeit (wie in Hugo Münsterbergs Theorie) [66] die in Sachen Film völlig unkundigen Leser zumindest anregen, die Filmbilder anders zu denken denn nur als mechanische Reproduktion der Realität.

Undifferenziertes Filmverständnis, fragwürdige Traumcharakterisierungen, Vernachlässigung empirischer Befunde, unreflektiertes Vorgehen bei der Analogiebildung, Ausblenden wichtiger Unterschiede, schwammige Formulierungen – stellt der Film/Traum-Vergleich in Anbetracht der langen Liste von Beanstandungen ein fehlgeleitetes Unterfangen ohne jeglichen Nutzen für die Filmtheorie dar? Für Carroll ist klar, dass die Traumanalogie keinerlei Erkenntnisgewinn ermöglicht. Liest man seine Abrechnungen mit Münsterberg, Metz und Baudry aufmerksam, so machen allerdings einzelne Aussagen wie etwa die folgende zur Rezeptionssituation stutzig: »Filme können, *ohne dass dies ihre Wirkung vermindern würde*, im Stehen geschaut werden; Zuschauer gehen zwischendurch oft im Saal nach hinten oder stehen im Gang, um eine Zigarette hervorzuholen oder ihren Hintern zu entlasten. Solche stehenden Zuschauer sind auch nicht unbedingt immobil. Schaut man eine Szene, während man den Gang entlanggeht, so geht die Wirkung nicht unbedingt verloren. Ich habe selbst die Erfahrung gemacht, dass ich, die Leinwand im Auge behaltend, den Saal verlassen und vom Getränkestand zurückkehren kann, ohne dass mein Filmerlebnis ein anderes wäre, als wenn ich im Sessel säße.« [67]

An anderer Stelle relativiert er die Bedeutung des dunklen Vorführsaals mit der Bemerkung: »And movies can be viewed in well-lit circumstances« [68]. Macht es für das Filmerlebnis tatsächlich keinen Unterschied, ob die Zuschauer in bequemen Sesseln sitzen, im Gang stehen oder im Kino umherlaufen, ob sie still und gebannt nach vorne schauen oder mit ihren Sitznachbarn interagieren und das Leinwandgeschehen lautstark kommentieren? Oder ob der Saal in Dunkelheit gehüllt

»Zu gut ausgedacht, um authentisch zu sein« ...

Schlüsse aus narrativen *cues* zu ziehen, wie dies frühe Vertreter der kognitiven Filmtheorie vornehmlich taten, so scheinen Differenzierungen der genauen Umstände der Rezeption tatsächlich zweitrangig. Will man aber Phänomenen auf die Spur kommen, die sich durch diesen Ansatz nicht restlos erklären lassen – etwa die starke emotionale Wirkung und immersive Kraft vieler Spielfilme –, so scheint es unumgänglich, auch die genauen Bedingungen der Rezeption in Rechnung zu stellen. Und geht man davon aus, dass der still und gebannt im dunklen Saal und bequemen Sessel versunkene Zuschauer eine spezifische Haltung einnimmt, die gewisse Rezeptionsprozesse begünstigt, so kann es durchaus angemessen sein, die Traumwahrnehmung im Sinn einer Denkhilfe als – eine mögliche – Vergleichsgröße beizuziehen [69]. Ebenso kann es sinnvoll sein, Untersuchungen zur Wirkung der Montage und raumzeitlichen Organisation filmischer Narrationen mit einem Seitenblick auf Formen der Gedankenassoziation und Traumkonstruktion anzureichern. Und auch wenn sich die Fragen um filmische Realitätseffekte, Zusammenspiel der Sinnesmodalitäten oder künstlerische Kreativität drehen, kann sich der Verweis auf den Traumprozess als hilfreich erweisen.

Voraussetzung ist freilich, dass das Abwägen von Ähnlichkeiten und Unterschieden tatsächlich zum genaueren Erfassen der filmischen Phänomene und nicht zu einer Verzerrung durch unbedachte Gleichsetzungen führt. Ferner gilt es, das Augenmaß im Bezug auf die Aussagekraft der Analogie zu wahren. Psychologische Prozesse der Filmwahrnehmung und -verarbeitung sind so vielschichtig, dass ein Vergleich mit dem – nicht weniger komplexen – Traumerlebnis allenfalls einzelne Facetten zu erhellen vermag. Mangelnde Bescheidenheit ist ein fast ebenso großes Problem vieler Film/Traum-Analogien – insbesondere der psychoanalytischen – wie unsorgfältige Vorgehensweisen.

Ein besseres Verständnis des Filmerlebnisses vermag die Traumanalogie also nur bedingt zu erzielen. In gewissen Punkten scheint sie dieses sogar behindert zu haben. So kann man sich fragen, ob sie nicht mitverantwortlich war für die lange Lebensdauer der Illusionsthese oder den häufigen Gebrauch des Schlagworts der »Identifikation«, die

oder hell erleuchtet ist? Betrachtet man die Filmwahrnehmung lediglich als Problemlösungsprozess, bei dem es darum geht, Hypothesen zu testen und

beide einer differenzierteren Untersuchung der genauen Rezeptionshaltung abträglich waren. Unbestritten scheint mir jedoch, dass der Analogiediskurs interessante Einblicke in die jeweilige Auffassung von Film und Traum ermöglicht. In meinen Ausführungen stand denn auch von vornherein die *theoriegeschichtliche* Perspektive im Vordergrund. Der Traum als eine der großen Metaphern der Filmtheorie, als Ort, wo sich Überlegungen diverser Autoren kreuzen, bietet die Gelegenheit, Denkschulen unterschiedlichster Provenienz einander gegenüberzustellen und in einen Dialog treten zu lassen, der in den Texten selbst allzu selten stattfindet.

Der Vergleich hat Autoren inspiriert, die sich in puncto Film (Surrealisten und französische Impressionisten) wie auch in puncto Traum (Psychoanalytiker und Neurophysiologen) zum Teil diametral widersprechen. Und auch in der Frage, ob die Nähe zum Traum eher positiv oder negativ zu werten ist, gibt es sehr verschiedene Ansichten: Während bei den frühen Literaten der Reiz einer neuen Wahrnehmungsform im Vordergrund stand, der je nach Autor durchaus zwiespältig erscheinen konnte, sahen euphorische Kommentare der Surrealisten im Film wie im Traum befreiende Kräfte mit revolutionärem Potenzial am Werk. Psychoanalytische Theoretiker werteten die Nähe zum Traum hingegen als Beweis für die psychische Determiniertheit des Zuschauersubjekts, eine Einschätzung, die eher negativ konnotiert erscheint, in ihren nuancierteren Varianten allerdings – zumindest bei Metz – ihren Reiz und ihre Ambivalenz zurückgewinnt. Die neurophysiologische Variante griff sodann den Determinismus der Psychoanalyse direkt an und sah im filmischen Gestaltungsprozess – analog zur Traumentstehung – wiederum kreative Kräfte freigesetzt, die es, auch wenn sie teilweise auf zufälligen Konstellationen beruhen, positiv zu werten und auszuschöpfen gilt. Dass es schließlich Vertreter der kognitiven Filmtheorie – allen voran Noël Carroll – waren, die den Film/Traum-Vergleich erstmals vehement in Frage stellten, ist ebenfalls kein Zufall. Sie sahen die Filmwahrnehmung in erster Linie als rationalen Prozess, wandten sich vehement gegen psychoanalytische Positionen und hegten generelle Skepsis

... Der »Sargtraum« in WILDE ERDBEEREN (1957)

gegenüber Metaphern und Analogien – insbesondere, wenn sie als allumfassende Erklärungsmodelle daherkamen.

Die größte Gemeinsamkeit von Film und Traum besteht vielleicht darin, dass beide in vielen Aspekten nach wie vor so komplex und unergründlich sind, dass sie ganz unterschiedliche Einschätzungen zulassen und immer wieder neue Erklärungsversuche provozieren – mitunter auch solche, die genau in der Zusammenführung der beiden unfassbaren Phänomene ihre Chance sehen.

Das Problem der Traumdarstellung: Film als Traum versus Traum im Film

Wie beurteilen Verfechter der Film/Traum-Analogie die Möglichkeiten der filmischen Traumdarstellung? Die Frage erweist sich als komplexer, als es auf den ersten Blick den Anschein hat, denn: Wie können Filme konkrete Träume einzelner Figuren wiedergeben, wenn sie kraft ihrer Gestaltung, Struktur und Wirkweise angeblich von vornherein schon traumhaft erscheinen? Müssen die entsprechenden Sequenzen noch traumähnlicher wirken als der Rest des Films? Oder tut sich der Film genau aus diesem Grund schwer, Träume darzustellen? Vereinfacht ausgedrückt: Hat der Traum noch Platz im Film, wenn angenommen wird, der Film als Ganzes sei schon wie ein Traum? In Anbetracht der relativ hohen Zahl von Traumsequenzen in den meisten Genres, Ländern und Epochen erstaunt es, dass die Frage, wenn überhaupt, meist nur am Rande gestreift wird. Es scheint Mühe zu bereiten, die konkrete Gestaltung einzelner Traumsequenzen mit der generellen Annahme einer filmischen Traumverwandtschaft sinnvoll in Beziehung zu setzen. Ausdruck dieser Schwierigkeit ist die Tatsache, dass Autoren wie Hobson oder Petric immer wieder das eine mit dem anderen vermischen.

Eine genaue Lektüre der diversen Film/Traum-Analogien lässt in dieser Frage zwei Positionen erkennen: Auf der einen Seite sprechen psychoanalytisch argumentierende Autoren wie Metz, Pratt oder Baudry dem Film grundsätzlich die Fähigkeit ab, Träume überzeugend darzustellen, wie die folgenden Zitate zeigen: »Der Film tut sich schwer damit, die echte Absurdität, die reine Unverständlichkeit zu erreichen, eben das, was der gewöhnlichste unserer Träume in gewissen Sequenzen auf Anhieb und ohne Mühe erreicht. Dies ist zweifellos auch der Grund, weshalb ›Traumsequenzen‹, die in Spielfilmen vorkommen, fast immer so wenig glaubwürdig erscheinen.« [70] »Natürlich kann die Montage für zahlreiche andere Zwecke verwendet werden, etwa um einen Traum oder eine geistige Verwirrung darzustellen. Ich kann mich jedoch an kein einziges überzeugendes Beispiel erinnern, außer vielleicht von Letzterem.« [71] »Es handelt sich hier um eine Verwandtschaft [zwischen Film und Traum], die die Filmemacher zum Glauben verleitete, das Kino sei nun endlich das geeignete Werkzeug für die Darstellung von Träumen. Das Scheitern ihres Versuchs muss erst noch verstanden werden. [...] Es gibt nichts Lächerlicheres als diese wolkigen Unschärfen, die Träume darstellen sollen.« [72]

Auf der anderen Seite vertreten verschiedene Autoren, die dem surrealistischen Umfeld angehören (Brunius, Kyrou, Desnos) oder der neurophysiologischen Traumtheorie zuneigen (Hobson, Petric), die Meinung, der Film sei durchaus in der Lage, Träume zu simulieren – vorausgesetzt, die richtigen Techniken und Gestaltungsmittel kämen zum Einsatz. Allerdings wird auch von diesen Autoren bedauert, dass es wenig geglückte Versuche gebe, und gegenüber herkömmlichen, konventionellen Formen der Traumdarstellung, wie sie insbesondere im kommerziellen Erzählkino gang und gäbe seien, kommt die gleiche Geringschätzung zum Ausdruck wie bei denjenigen Autoren, die Traumsequenzen generell skeptisch gegenüberstehen. Hobson spricht in diesem Zusammenhang von »[...] stereotypen und schwachen idiomatischen Etiketten von Filmträumen: Unschärfen, überbelichtete Einstellungen, tonlose Visionen, fliegende Gewänder und dergleichen [...]; diese Filmkonventionen sind lediglich deshalb wirksam, weil sie als Ausdruck der Schwierigkeit des Filmemachers, die Traumwelt darzustellen, mit der Schwierigkeit des Zuschauers korrelieren, seine eigene Traumwelt zu beschreiben.« [73] Und Petric klagt: »99 Prozent der kommerziellen Filme benützen Träume lediglich als Erzählmaterial oder als Beitrag zur literarischen Interpretation der Filmhandlung.« [74]

»Wenig glaubwürdig«, »wenig überzeugend«, »stereotyp«, »völlig lächerlich« – das Urteil über die Art und Weise, wie in den meisten Filmen Träume zur Darstellung kommen, fällt also durchweg vernichtend aus – auch bei denjenigen Autoren, die einzelne Ausnahmen gelungener Traumwiedergabe anerkennen. Sogleich stellt sich jedoch die Frage, welcher implizite Anspruch sich hinter diesem pauschalen Verdikt verbirgt. Nach welchem Maßstab wird hier geurteilt? Oder anders gefragt: Worauf bezieht sich das angebliche Scheitern der meisten Traumsequenzen? Die Ant-

wort ist so einfach wie überraschend: Die Äußerungen beruhen eindeutig auf einem – eher naiven – *Authentizitätsanspruch*. Traumsequenzen sind unglaubwürdig, weil es ihnen nicht gelingt, die Absurdität und Unverständlichkeit des Traums zu erreichen, und lächerlich, weil ihre »wolkigen Unschärfen« vom hoffnungslosen Versuch zeugen, die tatsächliche Traumerscheinung wiederzugeben.

Filmische Traumdarstellungen werden von den Autoren also direkt verglichen mit eigenen Vorstellungen davon, was charakteristisch für die Traumerfahrung ist. Je größer die Differenz, desto kläglicher das Scheitern. Und da die angeblichen Versuche authentischer Traumwiedergabe offenbar meist auf ähnliche Art und Weise misslingen, wobei stets dieselben unbeholfenen Mittel zum Einsatz kommen, werden sie als stereotyp und konventionell verurteilt [75]. Geradezu exemplarisch kommt diese Haltung in den folgenden Ausführungen von Hobson zum Ausdruck: »Bergman hat ausgesagt, dass der Sargtraum [die erste Traumsequenz in SMULTRONSTÄLLET / Wilde Erdbeeren; 1957; R: Ingmar Bergman; vgl. Film clip no. 02] die direkte Umsetzung eines eigenen Traums sei. [...] Mir erscheint die Sargsequenz eher als interpretierter denn als tatsächlich erlebter Traum. Sie ist zu kühl, zu ruhig, zu gut konstruiert, zu gut ausgedacht und vorhersehbar, um authentisch zu wirken. [...] Ein deutlich erkennbarer Erzählrahmen wurde geschaffen mit Borg selbst im Zentrum, der in allen Sequenzen präsent ist und ein Gefühl von persönlicher Identität und Bedeutung etabliert.« [76]

Das Zitat lässt erkennen, wo die Gründe für das systematische Scheitern einer authentischen Traumwiedergabe angesiedelt werden: Das Problem bestehe im Wesentlichen darin, dass die filmische Umsetzung zu gut ausgedacht und konstruiert wirke, dass eine narrative Einbettung stattgefunden habe und der Traum wie für eine Erzählung und ihre anschließende (psychoanalytische) Deutung arrangiert erscheine. In die gleiche Richtung geht Petrics weiter oben zitierter Vorwurf, kommerzielle Filme verwendeten Träume lediglich als »Erzählmaterial«.

Offenbar fragen sich die genannten Autoren nicht, ob es überhaupt vordringlicher Sinn und Zweck von Traumdarstellungen – insbesondere in Spielfilmen – sein muss, die tatsächliche Form und Wirkung der Träume so authentisch wie möglich zu rekonstruieren. Kann man die Traumsequenzen in SMULTRONSTÄLLET als gescheitert bezeichnen, nur weil sie kohärenter, detailreicher sowie weniger absurd und unverständlich sind als tatsächliche Träume? Ist es zu bemängeln, dass sie geschickt in den Haupterzählstrang eingebettet sind und im Bezug auf den Rest der Erzählung einen für die Zuschauer nachvollziehbaren Sinn ergeben? Irritierend an der verbreiteten Kritik ist, dass oft genau diejenigen Aspekte abqualifiziert werden, die Traumsequenzen erst zu einem konstitutiven Teil der filmischen Narration machen. Solche Sequenzen sind ja nicht deshalb »gut ausgedacht«, »geschickt konstruiert« und nach einer bestimmten Logik in den Kontext eingebettet, weil die Filmemacher denken, dies seien Qualitäten unserer tatsächlichen Träume (oder weil beim ungeschickten Versuch, ihre tatsächliche Form nachzuzeichnen, ein zu kohärentes und sinnvolles Gebilde entstanden ist), sondern weil sie ganz bestimmte narrative, genrebedingte oder auch ästhetische Funktionen erfüllen. Es ist, als nähme man es den Traumsequenzen übel, dass sie sich auf Kosten einer von den Autoren erträumten Authentizität für so profane und alltägliche Dinge wie das Erzählen einer Geschichte einspannen lassen.

Der allgegenwärtige Film/Traum-Vergleich scheint auf die Beurteilung konkreter Traumdarstellungen negativ abgefärbt und zu einer einseitigen Reduktion auf die Frage nach Entsprechungen mit tatsächlichen Träumen geführt zu haben. Dies erklärt, weshalb ästhetische Wirkungen und narrative Funktionen, die filmische Traumdarstellungen auch unabhängig von einer wie auch immer gearteten »authentischen« Wiedergabe tatsächlicher Träume aufweisen, bisher erst in Ansätzen erforscht worden sind [77].

Anmerkungen

1 Dieser Aufsatz ist eine gekürzte Fassung des ersten Kapitels meiner Dissertation *Traumbühne Kino. Der Traum als filmtheoretische Metapher und narratives Motiv* (vorauss. Marburg 2009). Für Kritik und Anregungen danke ich Christine Noll Brinckmann, Margrit Tröhler, Marianne Hänseler sowie den Teilnehmern und Teilnehmerinnen des Forschungskolloquiums am Seminar für Filmwissenschaft der Universität Zürich.

2 So etwa in Alain und Odette Virmaux' Studie zum Filmverständnis der Surrealisten (A. u. O.V.: Les surréalistes et le cinéma [1976]. Paris 1988), in Edward Lowrys Untersuchung der französischen Filmologiebewegung (E.L.: The Filmology Movement and Film Study in France [1982]. Ann Arbor 1985, S. 125-136) sowie in Charles F. Altmans oder Mechthild Zeuls Betrachtungen psychoanalytischer Schriften

zum Kino (C.F.A.: Psychoanalysis and Cinema. The Imaginary Discourse. In: Quarterly Review of Film Studies, 2/3, August 1977, S. 257-272; M.Z.: Bilder des Unbewussten. Zur Geschichte der psychoanalytischen Filmtheorie. In: Psyche, 11/1994, S. 975-1003).

3 Vlada Petrics Ausführungen kranken u.a. daran, dass sie Überlegungen zum Film/Traum-Vergleich mit normativen Forderungen zur Ästhetik der filmischen Traumdarstellung vermischen. V.P.: Film and Dreams. A Theoretical-Historical Survey. In: V.P. (Hg.): Film and Dreams. An Approach to Bergman. South Salem 1981. S. 1-48. Frank Manchel reiht lediglich Zitate und eigene Kommentare bruchlos aneinander, ohne ausreichend zu reflektieren, dass sie sich auf teils ganz unterschiedliche Aspekte des Themenkomplexes Traum und Film beziehen. F.M.: Film Study. An Analytical Bibliography. Vol I. London 1990, S. 577-603. Erst Irmela Schneiders und Laura Rascarolis Aufsätze vermögen zu überzeugen, auch wenn sich beide erklärtermaßen auf einige wichtige Ansätze beschränken. So fokussiert Rascaroli vorwiegend auf den psychoanalytischen Standpunkt, und bei Schneider bleiben die Studien im Umfeld der französischen Filmologen, die neurophysiologische Position und die meisten der auf Bertram Lewins *dream screen* rekurrierenden Theorien unberücksichtigt. I.S.: Filmwahrnehmung und Traum. Ein theoriegeschichtlicher Streifzug. In: Bernard Dieterle (Hg.): Träumungen. Traumerzählung in Film und Literatur. St. Augustin 1998, S. 23-46. L.R.: Like a Dream. A Critical History of the Oneiric Metaphor in Film Theory. Kinema, Fall 2002 (www.kinema.uwaterloo.ca/rasc022.htm).

4 Noël Carroll: Mystifying Movies. Fads and Fallacies in Contemporary Film Theory. New York 1988, S. 9-52; N.C.: Theorizing the Moving Image. Cambridge/Mass. 1996, S. 293-304.

5 Etwa Alfred Polgar: Das Drama im Kinematographen [1911]. In: Fritz Güttinger (Hg.): Kein Tag ohne Kino. Schriftsteller über den Stummfilm. Frankfurt/Main 1984, S. 57-61; Heinrich Theodor Mayer: Lebende Photographien [1912]. In: Ebenda, S. 119-129; Georg Lukács: Gedanken zu einer Aesthetik des »Kino« [1911/1913]. In: Jörg Schweinitz (Hg.). Prolog vor dem Film. Nachdenken über ein neues Medium, 1909–1914. Leipzig 1992, S. 300-305.

6 Hugo von Hofmannsthal: Der Ersatz für die Träume [1921]. In: Güttinger 1984, a.a.O., S. 446-449.

7 Polgar 1911, a.a.O., S. 59-60.

8 Mayer 1912, a.a.O., S. 120-121. In verschiedener Hinsicht sind hier bereits Problemstellungen antizipiert, die Christian Metz über 60 Jahre später beschäftigen werden. Vgl. C.M.: Le film de fiction et son spectateur (Étude métapsychologique) [1975]. In: C.M.: Le signifiant imaginaire. Psychanalyse et cinéma. Paris 1993, S. 121-175.

9 Mayer 1912, a.a.O.

10 Empirische Traumuntersuchungen, bei denen Traumberichte nach den verschiedenen Sinneswahrnehmungen aufgeschlüsselt werden, kommen übereinstimmend zum Schluss, dass das visuelle Element im Normalfall zwar dominiert, in etwa zwei Dritteln der Träume jedoch auch akustische Wahrnehmungen stattfinden. Vgl. Inge Strauch / Barbara Meier: Den Träumen auf der Spur. Ergebnisse der experimentellen Traumforschung. Bern 1992, S. 79-84.

11 Mayer 1912, a.a.O., S. 121. Strauch/Meier 1992 (a.a.O., S. 82) haben in einer Versuchsreihe verschiedene Probanden ihre visuellen Eindrücke in Nachbefragungen genauer beschreiben lassen. Dabei war der Bericht von intensiven Farbwahrnehmungen keine Seltenheit.

12 Polgar 1911, a.a.O., S. 60.

13 Mayer 1912, a.a.O., S. 121.

14 Friedrich Kayssler: Meine Einstellung zum Film [1925]. In: Güttinger 1984, a.a.O., S. 502-503.

15 Hofmannsthal 1921, a.a.O., S. 448.

16 Ebenda.

17 Ebenda.

18 Zur Kino-Debatte in Deutschland siehe: Schweinitz 1992, a.a.O., S. 55-64, 145-152 und Heinz-B. Heller: Literarische Intelligenz und Film. Zu Veränderungen der ästhetischen Theorie und Praxis unter dem Eindruck des Films 1910-1930 in Deutschland. Tübingen 1985, S. 45-108.

19 Die ausführlichste Studie über die Bedeutung des Traums für die Surrealisten hat Sarane Alexandrian vorgelegt: Le surréalisme et le rêve. Paris 1974. Zum Verhältnis der Surrealisten zum Kino vgl. Virmaux 1988, a.a.O., S. 6-95.

20 Vgl. André Breton: Comme dans un bois [1951]. In: Gianni Rondolino (Hg.): L'occhio tagliato. Documenti del cinema dadaista e surrealista. Turin 1972, S. 89-92.

21 Ebenda, S. 89-90.

22 Vgl. Alexandrian 1974, a.a.O., S. 103-132.

23 Breton 1972, a.a.O., S. 90; Benjamin Fondane: Du muet au parlant. Grandeur et décadence du cinéma [1930]. In: Rondolino 1972, a.a.O., S. 153.

24 Jacques B. Brunius: Le rêve, l'inconscient, le merveilleux. In: L'âge du cinéma, 4-5, août-novembre 1951, S. 12.

25 Robert Desnos: Les rêves de la nuit transportés sur l'écran [1927]. In: R.D.: Les rayons et les ombres. Cinéma. Paris 1992, S. 80-82; Roland Barthes: En sortant du cinéma. In: Communications, 23/1975, S. 104-107.

26 Luis Buñuel: Der Film als Instrument der Poesie [1958]. In: L.B.: Die Flecken der Giraffe. Ein- und Überfälle. Berlin 1991 (aus dem Spanischen von Fritz Rudolf Fries und Gerda Schattenberg), S. 143. Auch Jean Cocteau, der oft in die Nähe der Surrealisten gerückt wird, obwohl er von ihnen verabscheut wurde, hat das Filmerlebnis immer wieder mit der Traumerfahrung gleichgesetzt. Vgl. Volker Roloff: Zum Traumdiskurs in surrealistischen Filmen, Texten und Bildern. In: Dieterle 1998, a.a.O., S. 152.
27 Ado Kyrou: Le Surréalisme au cinéma. Paris 1953, S. 90.
28 André Breton: Manifeste du surréalisme. In: A.B.: Manifestes du surréalisme. Paris 1963 [1924], S. 37.
29 »On avait été frappé par une grosse ressemblance générale entre le rêve et le film: leur pouvoir commun, quoique bien entendu inégal, de figurer un monde irréel, fantastique. Toutefois, cet irréalisme primitif du cinéma était encore, presque tout entier, d'origine extérieure à l'instrument cinématographique proprement dit, à l'appareil de prise de vues. Il s'agissait d'une fantasmagorie de décors, de machinerie d'opéra. Or ce qu'il importait de saisir et de réaliser, c'est que la capacité de transformation et de dépassement de la réalité pouvait être intégrée au mécanisme et à l'optique de la caméra.« Jean Epstein: Esprit du cinéma. Genève 1955, S. 84 (Übersetzung sämtlicher Zitate: M.B.).
30 »[L]es procédés qu'emploie le discours du rêve et qui lui permettent sa sincérité profonde, trouvent leurs analogues dans le style cinématographique.« Jean Epstein: L'intelligence d'une machine. Paris 1946, S. 142.
31 »[L]a technique du film [est] une technique du rêve. *Tous les procédés expressifs et visuels du cinéma se trouvent dans le rêve.* [...] La simultanéité des actions, le flou, le fondu, la surimpression, les déformations, le dédoublement des images, le ralenti, le mouvement dans le silence ne sont-ils pas *l'âme du rêve et du songe?*« Paul Ramain: L'influence du rêve sur le cinéma. In: Cinéa-ciné pour tous, 39, 15.6.1925, S. 8, Hervorhebung im Original.
32 Die Nähe von Film und Traum wurde zwar seit den frühen 1910er Jahren von einzelnen Psychoanalytikern am Rande vermerkt, so etwa von Otto Rank, der 1914 von der »in mehrfacher Hinsicht an die Traumtechnik gemahnende[n] Kinodarstellung« spricht (O.R.: Der Doppelgänger. Eine psychoanalytische Studie [1914]. Leipzig 1925, S. 7); argumentativ entwickelt wird der Vergleich meines Wissens jedoch erst ab Ende der 1930er Jahre.
33 Vgl. Harvey Roy Greenberg: Screen Memories. Hollywood Cinema on the Psychoanalytic Couch. New York 1993, S. 17-18.
34 Zu nennen sind insbesondere: Angelo Montani / Giulio Pietranera: First Contribution to the Psycho-Analysis and Aesthetics of Motion-Picture [1938]. In: The Psychoanalytic Review, 1946, S. 177-196; John Pratt: Notes on Commercial Movie Technique. In: The International Journal of Psycho-Analysis, 24/1943, S. 185-188; Hugo Mauerhofer: Psychology of Film Experience. In: The Penguin Film Review, 8/1949, S. 103-109.
35 Zur Geschichte der Filmologie-Bewegung siehe Lowry 1985, a.a.O.
36 Jean Deprun: Cinéma et Identification. In: Revue Internationale de Filmologie, 1/1, Juli/Aug. 1947, S. 37; Cinéma et transfert. In: Revue Internationale de Filmologie, 2, Sept./Okt. 1947, S. 205-207; Robert Desoille: Le rêve éveillé et la Filmologie. In: Revue Internationale de Filmologie, 1/3-4, Okt. 1948, S. 197-203; Serge Lebovici: Psychanalyse et cinéma. In: Revue Internationale de Filmologie, 2/5, 1949, S. 49-55; Cesare Musatti: Le cinéma et la psychanalyse. In: Revue Internationale de Filmologie, 2/6, 1949, S. 185-194. Sämtliche genannten Texte außer demjenigen von Desoille sind in deutscher Übersetzung erschienen in: Montage/av, 13/1, 2004. Zu ihrer diskursgeschichtlichen Position innerhalb der psychoanalytischen Filmtheorie siehe: Vinzenz Hediger: Der Film als Tagesrest und Ferment des Symptoms. Psychoanalyse, Filmologie und die Nachträglichkeit der psychoanalytischen Filmtheorie. In: Ebenda, S. 112-125.
37 Mit der wachsenden Bedeutung der empirischen Zuschauerforschung innerhalb der Filmologie in den 1950er Jahren wurde der psychoanalytische Ansatz schließlich nicht mehr weiterverfolgt. Vgl. Lowry 1985, a.a.O., S. 127, 133, 136.
38 Jean-Louis Baudry: Le dispositif. Approches métapsychologiques de l'impression de réalité. In: Communications, 23/1975, S. 56-72; Christian Metz: Le film de fiction et son spectateur. In: C.M.: Le signifiant imaginaire. Psychanalyse et cinéma [1975]. Paris 1993, S. 7-109.
39 Robert T. Eberwein: Film and the Dream Screen. A Sleep and a Forgetting. Princeton 1984; Gertrud Koch: Traumleinwand – filmtheoretische Ausdeutungen eines psychoanalytischen Konzepts. In: Stephan Hau u.a. (Hg.): Traum-Expeditionen. Tübingen 2002, S. 277-288; Mechthild Zeul: Bausteine einer psychoanalytischen Filmtheorie. Zur Verhältnisbestimmung von Psychoanalyse und Film am Beispiel des Traums. In: Charles Martig / Leo Karrer (Hg.): Traumwelten. Der filmische Blick nach innen. Marburg 2003, S. 45-58.
40 Es ist interessant, darüber zu spekulieren, weshalb der psychoanalytische Ansatz in der Filmtheorie erst

Mitte der 1970er Jahre den Durchbruch schaffte, obwohl in den genannten Aufsätzen der 1940er Jahre die Grundpositionen bereits formuliert sind. Hediger 2004 (a.a.O., S. 122-123) macht zeithistorische, wissenschaftssoziologische und diskurstheoretische Gründe geltend: Das ideologiekritische Potenzial der Kino/Psyche-Analogie war erst nach 1968 gefragt, für die Verbreitung des Ansatzes bedurfte es der Institutionalisierung der Filmwissenschaft, und innerhalb der Filmologie-Bewegung wurde der psychoanalytische Ansatz durch empirische und sozialwissenschaftliche Ansätze verdrängt. Auffällig ist auch die fehlende Bezugnahme der Autoren untereinander. Erst Eberwein durchbricht die Serie von Monologen und stellt seinen Beitrag in ein Verhältnis zu anderen Film/Traum-Analogien. Der Anflug einer Debatte kommt jedoch erst mit Carrolls Kritik und Allens Reaktion darauf zustande.

41 Sigmund Freud: Vorlesungen zur Einführung in die Psychoanalyse. Und Neue Folge [1915-1917/1932]. Frankfurt/Main 1994, S. 105-106.

42 Sigmund Freud: Die Traumdeutung [1900]. Frankfurt/Main 1996 (Studienausgabe Bd. 2), S. 524.

43 »[F]ilms seem ›real‹ in the way dreams do; in fact, their ability to make us believe we are a part of the action is for many one of film's most important achievements as a form of art. [...] [O]ur experience of film permits us to return to the state of perceptual unity that we first participated in as infants and that we can know as dreamers.« Eberwein 2002, a.a.O., S. 3-5.

44 Baudry 1975, a.a.O., S. 72.

45 Sigmund Freud: Metapsychologische Ergänzung zur Traumlehre [1917]. In: S.F.: Gesammelte Werke, X.. Frankfurt/Main 1991, S. 414.

46 Baudry 1975, a.a.O., S. 66.

47 Musatti 1949, a.a.O., S. 190-191.

48 Bertram D. Lewin: Sleep, the Mouth, and the Dream Screen [1946]. In: B.D.L.: Selected Writings. Hg. von Jacob A. Arlow. New York 1973, S. 87-100; B.D.L.: Inferences from the Dream Screen [1948]. In: Ebenda, S. 101-114.

49 Christian Metz: Le film de fiction et son spectateur (Étude métapsychologique) [1975]. In: C.M.: Le signifiant imaginaire. Psychanalyse et cinéma. Paris 1993b, S. 167.

50 Allan J. Hobson / Robert W. McCarley: The Brain as a Dream State Generator. An Activation-Synthesis Hypothesis of the Dream Process. In: The American Journal of Psychiatry, Dez. 1977, S. 1335-1348.

51 Allan J. Hobson: Dream Image and Substrate. Bergman's Films and the Physiology of Sleep. In: Vlada Petric (Hg.): Film and Dreams. An Approach to Bergman. New York 1981, S. 75-96. Dieselben Überlegungen finden sich in: Allan J. Hobson: Film and the Physiology of Dreaming Sleep. The Brain as a Camera-Projector. In: Dreamworks. An Interdisciplinary Quarterly, 1/1, Frühjahr 1980, S. 9-25.

52 Hobson 1980, a.a.O., S. 19.

53 Petric 1981, a.a.O.

54 Dreamworks. An Interdisciplinary Quarterly, 1/1, Frühjahr 1980, S. 3.

55 Marsha Kinder: The Adaptation of Cinematic Dreams. In: Dreamworks, 1/1, a.a.O., S. 54-68; John Michaels: Film and Dream. In: Journal of the University Film Association, 32/1-2, Winter/Frühjahr 1980, S. 85-87.

56 Petric 1981, a.a.O., S. 18.

57 Bruce Kawin: Right-Hemisphere Processing in Dreams and Films. In: Dreamworks, 2/1, Herbst 1981, S. 13-17.

58 Der Fokus meines Überblicks lag auf Autoren, die aufgrund ihrer Zugehörigkeit zu einer bestimmten Epoche, Denkschule oder Filmbewegung sinnvoll gruppiert werden können. Daneben gibt es verschiedenen »Einzelstimmen«, die sich weniger klar zuordnen lassen. Darunter befinden sich sowohl vielzitierte Filmtheoretiker (Siegfried Kracauer und Jean Mitry) oder Kunstphilosophen (Susanne Langer, Edgar Morin und F.E. Sparshott) als auch weniger bekannte Autoren, und sowohl längere Abhandlungen (z.B. Uwe Gaubes *Film und Traum*, München 1978) als auch kurze Anmerkungen.

59 Vgl. Carroll 1998, a.a.O., S. 27-28. Einer der wenigen, die diese Limitierung thematisieren, ist Metz, der in Abgrenzung zum abstrakten, Wissenschafts- und Avantgarde-Film vom »régime plénier de la narration-repésentation« spricht und seine Ausführungen explizit auf das »cinéma de fiction narrative, qui n'est qu'un cinéma parmi d'autres possibles« bezieht (Metz 1993, a.a.O., S. 154).

60 Auch in diesem Punkt stellt Metz die löbliche Ausnahme dar, wenn er explizit das »public enfantin, public rural ou peu scolarisé, public de type communautaire, où tout le monde se connaît dans la salle« den »salles anonymes et silencieuses« der großen Städte gegenüberstellt und versucht, die entsprechenden Verhaltensweisen gesondert zu analysieren (Metz 1993, a.a.O., S. 123-125). Vgl. auch Schneider 1998, a.a.O, S. 43.)

61 Vgl. Altman 1977, a.a.O., S. 528-529 und Philip Rosen (Hg.): Narrative, Apparatus, Ideology. A Film Theory Reader. New York 1986, S. 284.

62 Carroll 1988, a.a.O., S. 22-24, 45-47.

63 Eine gute Übersicht über die Methoden und den aktuellen Forschungsstand der empirischen Traumforschung findet sich in: Michael Schredl: Die nächtliche Traumwelt. Eine Einführung in die psychologische Traumforschung. Stuttgart 1999.

64 »For an analogy to be informative, we should know more about the item that is meant to be the illuminating than we do about the item that is supposed to be illuminated, e.g. we should know more about dreams than we do about films. This is basic to the logic of analogy. But I am not sure that this condition is met by film/dream analogies. Indeed I suspect that we probably know more about the workings of film than we do about the workings of the mind. [...] The reason, of course, that films are not mysterious is that we make them. We make them to work in a certain way and in the majority of cases they work the way we designed them to work. In general, we understand our own tools and inventions better than that which we have not created.« Carroll 1988, a.a.O., S. 48-49. Vgl. auch Carroll 1996, a.a.O., S. 302-303.

65 Tatsächlich haben psychoanalytisch argumentierende Autoren es praktisch nie für nötig befunden, auf Kritik seitens der kognitiven Filmtheorie einzugehen.

66 Hugo Münsterberg: The Photoplay. A Psychological Study. New York 1916. Vgl. dazu: Matthias Brütsch: Kunstmittel oder Verleugnung? Die klassische Filmtheorie zu Subjektivierung und Traumdarstellung. In: Martig/Karrer 2003, a.a.O., S. 60-64.

67 »Movies can be watched *with no loss of effect* while standing; people frequently walk to the rear of the theater and watch, stand in the aisles while they grab a smoke or relax their bottoms. Nor are such standing filmgoers necessarily stationary; if one watches the film while pacing across a side aisle, the impression the film imparts need not be lost. [...] In my own case, I have found that I can back out of a movie theater while watching the screen or return to my seat from the beverage bar with no discernible difference in the impressions I derive from the screen when I am seated.« Carroll 1988, a.a.O., S. 23, Hervorhebung im Original.

68 Ebenda, S. 26.

69 Eine andere Vergleichsgröße könnte zum Beispiel das Spiel sein.

70 »[L]e film a du mal à atteindre l'absurdité véritable, l'incompréhensible pur, cela même que le plus ordinaire de nos rêves, dans certaines séquences, atteint d'emblée et sans effort. C'est pour la même raison, sans doute, que sont presque toujours si peu crédibles les ›séquences de rêve‹ qui figurent dans les films narratifs.« Metz 1993, a.a.O., S. 149.

71 »Of course the montage can be used in numerous other ways, as to represent a dream or a state of mental confusion. But of these I cannot remember any very convincing examples, except perhaps of the latter.« Pratt 1943, a.a.O., S. 187.

72 »Une parenté [zwischen Film und Traum] qui a pu conduire les cinéastes à croire que le cinéma était l'instrument enfin approprié de représentation des rêves. Il resterait à comprendre l'échec de leur tentative. [...] [E]t rien de plus ridicule que ces flous nuageux censés représenter la représentation onirique.« Baudry 1975, a.a.O., S. 64.

73 »Stereotyped and weak idiomatic labels of film dreams: fuzzy focus, pale shots, soundless vision, flowing gowns, and the like [...]; these film conventions are successful only because, as indications of the filmmaker's difficulty in representing the dream world, they correlate with the viewer's difficulty in describing his own.« Hobson 1980, a.a.O., S. 15.

74 »Ninety-nine percent of commercial films use dreams only as the narrative material or as a contribution to a literary interpretation of the film plot.« Petric 1981, a.a.O., S. 2, 15.

75 Zur Frage der Konventionalität filmischer Traumdarstellungen vgl. Matthias Brütsch: Zur Ästhetik der Traumdarstellung am Beispiel des Kurzfilms REM. In: Vinzenz Hediger u.a. (Hg.): Home Stories. Neue Studien zu Film und Kino in der Schweiz. Marburg 2001, S. 323-334.

76 »Bergman has stated that the coffin dream [die erste Traumsequenz in SMULTRONSTÄLLET] is a direct realization of one of his own dreams. [...] For me, the coffin sequence is rather more like an interpreted dream than one actually experienced; it is too cool, too calm, too well-constructed – too contrived and too predictable to be authentic. [...] [A] distinctly narrative framework is created with Borg himself appearing in all of the sequences and maintaining a sense of personal identity and meaning. [...] It is almost as if the dreams in wild strawberries were already analyzed. They seem more like a psychoanalyst's interpretation of dreams described by a patient, and more like a patient's dreams arranged for telling to a psychoanalyst, than dreams themselves.« Hobson 1981, a.a.O., S. 79, 89.

77 Der Fokus meiner Dissertation (Brütsch, in Vorb., a.a.O.) liegt denn auch auf diesen bisher vernachlässigten Bereichen.

Ein Albtraum von sich selbst

Filmische Selbstporträts zwischen Dokument und Traum

Von Laura Rascaroli

Die Traummetapher hat in der Filmtheorie eine lange Geschichte; ihre Ursprünge lassen sich zu den ersten theoretischen Erörterungen über Wesen und Rolle des Films zurückverfolgen – Erörterungen, die mit der Geburt des Kinos selbst zusammenfielen. Frühe Ideen über das neue Medium konzentrierten sich auf den wahrgenommenen Gegensatz zwischen dem Kino als Dispositiv für die getreue Reproduktion der Realität und als Produzenten von Zauberei und Traum. Zu den frühen Theoretikern, die das oneirische Wesen des Kinos propagierten, gehört Ricciotto Canudo, der Filmemacher dazu aufrief, die Realität ihrem inneren Traum entsprechend zu verwandeln; und Jean Epstein, der im Film eine perfekte Verwandtschaft mit Träumen sah [1]. Ich widme mich hier eingangs der Frage der Beziehung von Film und Traum zu diesem frühen historischen Zeitpunkt, denn genau zu diesem Zeitpunkt möchte ich zurückkehren, nachdem ich ausführlich die Geschichte dieser Metapher untersucht habe. Sind die beiden Wesen des Kinos, die indexikalische Spur und die oneirische Fantasie, unvereinbar? Heute tendieren wir dazu, solche ursprünglichen Brüche herunterzuspielen, und halten den Gegensatz Lumière/Méliès für eine falsche Dichotomie; und dennoch, wenn es um Dokumentarfilme geht – die im Mittelpunkt meines Anliegens stehen –, gibt es immer noch Widerstand gegen das Verwischen der Grenzen. Daher ist meine Fragestellung also folgende: Schließt der Impuls zum Oneirismus den Impuls zum Realismus und zum Dokumentarismus aus? Bevor ich diese Frage beantworte, werde ich kurz die Geschichte der Metapher vom Film als Traum skizzieren, mit einem besonderen Schwerpunkt auf diejenigen Aspekte, die mich hier am meisten interessieren; und insbesondere auf die Frage der Zuschauerschaft und die Beziehung des Publikums mit einem traumartigen Text [2].

Es gibt mehrere gültige Ansätze zum Thema des filmischen Traums. Historisch gesehen waren viele Beiträge, die sich auf Psychologie, Ästhetik und Soziologie stützen, für die Etablierung der Metapher relevant – es ist ausreichend, zwei der wichtigsten zu erwähnen, die von Edgar Morin und Jean Mitry [3]. Morins und Mitrys Vergleiche der psychologischen und wahrnehmungsrelevanten Eigenschaften des Traumbildes und des Filmbildes, die sie als grundsätzlich ähnlich sahen, bildeten einen Teil des Fundaments, auf dem die Metapher vom Film als Traum errichtet wurde. Beide beschreiben das Zuschauen als einen paraoneirischen Zustand, und der Vergleich zwischen Zuschauer und Träumer wurde die am häufigsten zitierte und wichtigste Analogie von Film und Traum, zu der ich später zurückkehren werde. Zunächst allerdings möchte ich meine Aufmerksamkeit auf den psychoanalytischsten Strang der Studien richten, die sich der Traummetapher widmen, und dabei mit den Beiträgen der Analytiker beginnen, bevor ich mich denen der Filmtheoretiker zuwende.

Die Idee einer Verbindung zwischen Film und Traum scheint sich in Freuds eigenen Theorien zu begründen. Der Vater der Psychoanalyse erklärte, dass Träume Ideen dramatisierten: Die sogenannte Traumarbeit muss eine visuelle Darstellung der Traumgedanken herstellen – und für Freud bedeutet Dramatisierung die Umwandlung eines Gedankens in eine visuelle Situation [4]. Die Beziehung zur visuellen Sprache des Films ist hier ebenso offensichtlich wie vage; allerdings beschreibt Freud in der *Traumdeutung* den psychischen Apparat, indem er ihn mit einem Mikroskop oder einer Kamera vergleicht und somit indirekt die Analogie mit optischen Geräten anerkennt [5].

Andere Analytiker waren sehr viel expliziter. Für Jung entwickeln sich Träume nach einer authentischen dramatischen Struktur, die sich durch eine Phase der Exposition, in der der Handlungsrahmen und die Figuren vorgestellt werden, durch die Entwicklung der Handlung, durch einen Höhepunkt mit einem entscheidenden Ereignis und durch eine Auflösung auszeichnet [6]. Salomon Resnik beschreibt Träume als dramatische Strukturen, die aus verschiedenen Akten bestehen, nicht immer deutlich miteinander verbunden sind und sogar gleichzeitig stattfinden können [7]. Diese Akte sind möglicherweise identisch mit einer Serie von alleinstehenden Traumepisoden, die Cesare Musatti mit Filmsequenzen vergleicht [8]. Melanie Klein beschreibt das Unbewusste als ein mentales Theater, eine Bühne, auf der die Figuren unserer inneren Welt spielen [9]. W.R.D. Fairbairn vergleicht die Figuren eines Traums direkt mit Filmschauspielern [10]. Für den Analytiker ist der Träumer in seinem Traum gleichzeitig Regisseur, Zuschauer und Hauptfigur; um genauer zu sein, spielt der Träumende narzisstisch alle Rollen, selbst wenn er das Gefühl hat, nur ein Zuschauer der onerischen Show zu sein. Salomon Resnik zufolge ist der Träumende, der im Schlaf gleichzeitig Regisseur, Schauspieler und Zuschauer ist, im Wachzustand der Cutter, der die verschiedenen onerischen Sequenzen nach einer Erzählstruktur neu ordnet und miteinander verbindet [11].

Ein inzwischen vergessener Schlüsselbeitrag stammt von Ernst Aeppli, der bemerkt, dass die onerischen Ereignisse in einem leuchtenden Feld stattfinden, das von einem großen dunklen Raum gerahmt ist [12]. Die Analogie mit dem Kinoraum wurde durch die Forschungen von Bertram D. Lewin bestätigt. Diesem Analytiker zufolge werden Träume auf eine weiße »Traumleinwand« projiziert, die die Idee des Schlafes repräsentiert, oder vielmehr den Wunsch nach Schlaf, und gleichzeitig die Mutterbrust, wie sie das Baby beim Einschlafen sieht, sobald es satt ist [13].

Auch andere Analytiker setzten sich mit der Analogie auseinander. Seit Lacan werden Träume als Texte angesehen, die Botschaften übermitteln und zwischen einem Absender und Empfänger positioniert sind: dem Träumenden und dem Analytiker, oder noch besser, dem Unbewussten und dem Bewussten. Lacan betrachtet die onerische Sprache mit ihren Codes und linguistischen Strukturen als ein Studienobjekt der Psychoanalyse. Parallele Überlegungen eröffneten den Diskurs der Filmsemiotik mit Metz' Schlüsselaufsatz *Le cinéma: langue ou language* [14]. Metz' Vorschläge aufnehmend, schlug Pier Paolo Pasolini 1965 vor, dass das Kino, obwohl es keine Sprache ist, aufgrund seiner Anwendung eines gemeinsamen Vorrats an Zeichen erfolgreich kommuniziert. Zuschauer können Filme lesen, weil sie bereits daran gewöhnt sind, die visuelle Realität um sie herum zu lesen. Zudem »gibt [es] eine ganze Welt im Menschen, die sich vorwiegend durch signifikante Bilder (wollen wir in Analogie den Terminus Imzeichen [*imsegni*] erfinden?) ausdrückt: Es handelt sich um *die Welt der Erinnerung und der Träume.*« [15]

Kino und Träume, zusammen mit dem filmischen Bild, sind für Pasolini Teil der visuellen Kommunikation, die eine vor-morphologische und vor-grammatikalische Tatsache ist. Aus dieser Perspektive sind Träume ein Vorläufer des Kinos: »Und so ist der Traum eine Folge von *im-signs*, die alle Merkmale von Filmsequenzen haben: Großaufnahmen, Halbtotalen, Details etc. etc.« [16]

Diverse Filmtheoretiker suchten weitere Analogien, zum Beispiel mit Verweisen auf die Rückstände vom Tag und das Profilmische, die Analysephase und die Frage des Vergessens. Die meisten Beiträge widmeten sich der Traumarbeit. Für Freud bereitet die Traumarbeit den latenten Inhalt des Traums auf und hat zwei Funktionen: den unbewussten Wunsch zu dissimulieren, um so Zensur zu umgehen und die onerischen Gedanken in Bilder umzuwandeln. Die Traumarbeit, die den latenten Inhalt in manifesten Inhalt verwandelt, setzt sich aus zwei psychischen Prozessen zusammen. Der primäre Prozess, der mobile Energie verwendet und vom Lustprinzip beherrscht wird, steuert drei Aktivitäten: Verdichtung, Verschiebung und Gesichtspunkte der Repräsentierbarkeit oder Dramatisierung. Durch die Verdichtung der onerischen Gedanken können zwei oder mehrere Bilder zu einem Bild verschmelzen und Eigenschaften miteinander verbinden, die zu den jeweiligen Einzelbildern gehören. Die Aktivität der Verschiebung bewegt Energie von einem Bild zum anderen, das es ersetzt. Verdichtung und Verschiebung machen gemeinsam die Traumgedanken unverständlich, um so Zensur zu umgehen. Die Dramatisierung schließlich sucht sich unter den Traumgedanken diejenigen aus, die sich am besten für eine Visualisierung oder Dramatisierung eignen.

Die zweite Aktivität der Traumarbeit, der sekundäre Prozess, wird vom Realitätsprinzip reguliert und benutzt stationäre Energie. Seine Aufgabe ist es, eine sekundäre Ausarbeitung zu erreichen, indem er die durch Verdichtung und Verschiebung entstandenen Lücken füllt. Dank dieses sekundären Prozesses wird der konkrete Inhalt dem bewussten Denken ähnlicher.

Die gründlichste Studie der primären und sekundären Prozesse im filmischen Text ist *Der imaginäre Signifikant* von Christian Metz [17]. Sich auf Lacan stützend, erklärt Metz die Hinfälligkeit einer radikalen Trennung von Primärprozess, der als eine besonders unbewusste Aktivität betrachtet wird, und Sekundärprozess, der Vorbewusstsein und Bewusstsein charakterisiert. Die beiden Prozesse greifen vielmehr ineinander. Für Metz gibt es keine sekundären Figuren, sondern nur Figuren, die mehr oder weniger sekundarisiert werden; ebenso gibt es keine Primärfiguren, sondern nur Figuren, die mehr oder weniger der sekundären Ausschmückung entgangen sind.

Während für Metz die Traumarbeit der Verdichtung ganz gewiss metaphorisch ist, da sie auf Ähnlichkeiten beruht, die zunächst verglichen und dann überlagert werden, ist Verschiebung metonymisch, denn sie basiert auf Ähnlichkeiten im Übergang von einem Objekt zum nächsten. Metz erkannte die Präsenz der metaphorischen Verschiebung: »Immer wenn der Filmtext in seinem Voranschreiten auf deutliche Weise einen Akt des ›Übergangs‹ setzt, wobei ein Motiv mit dem nächsten verkettet wird (Verschiebung)« [18] wie in den Fällen der metaphorischen Montage, von Kamerabewegungen und optischen Kunstgriffen (Auflösung, Wischblenden usw.).

Metz schlug vor, filmische Figuren nach vier Kategorien zu klassifizieren: der Ebene der Sekundarisierung, dem Vorherrschen von Metapher oder Metonymie, dem Vorherrschen von Verdichtung oder Verschiebung oder dem Gleichgewicht zwischen beiden, und schließlich danach, ob sie paradigmatisch oder syntagmatisch sind. Die Überblendung beispielsweise pendelt zwischen Metonymie (Verbindung durch Kontiguität) und Metapher (Assoziation durch Ähnlichkeit oder Gegensatz); ferner besteht sie hauptsächlich aus einer Verschiebung (da es eine langsame Bewegung von einem Bild zum anderen ist), aber in dem Moment, wo die beiden Bilder überlagert werden, ist sie auch Verdichtung. Schließlich ist das Überblenden ein syntagmatischer Indikator, »ein simultanes Syntagma im Raum (eine Variante der Doppelbelichtung) und, zeitlich gesehen, ein konsekutives, da die Doppelbelichtung nicht stillsteht, sondern sich in einer Abfolge auflöst.« [19]

Ein letzter Aspekt der Debatte, der hier besonders relevant ist, betrifft die Theorie des Zuschauers. Urlaub von der Alltagsrealität, der Ort der Darstellung der Urszene und Begehrensmaschine: Das Kino – sowohl Psychoanalytikern als auch Filmtheoretikern zufolge – erlaubt es den Zuschauern, in eine traumartige Welt einzutauchen, in der ihre unterdrückten Sehnsüchte Erfüllung finden. Diese Konzeption des Kinos wird oft kritisiert, weil die Träume aus dem Unbewussten der Träumenden erwachsen, während der Zuschauer den Film ja nicht produziert. Tatsächlich scheint es einen klaren Unterschied zwischen oneirischer Halluzination und Zuschauer-Wahrnehmung zu geben. Allerdings kann Metz und anderen zufolge die Unbeweglichkeit und fast fötale Position, die der Zuschauer in der Dunkelheit und Gemütlichkeit des Kinos einnimmt, einen regressiven Zustand herstellen, in dem der Zuschauer, getrieben vom Lustprinzip, Bilder halluziniert [20]. Metz erklärt dieses hypothetische Phänomen, indem er darlegt, dass die Energie, die nicht durch Bewegung verbreitet wurde, auf die Wahrnehmungsorgane umgeleitet wird und somit eine Illusion von Realität begünstigt. Für Metz gibt es Fälle, in denen die Kognition eines Zuschauers der eines Träumenden näherliegt; beispielsweise, wenn der Zuschauer besonders müde oder von der Erzählung stark gefesselt ist. Metz glaubt auch, dass die Position des Zuschauers nah mit jenem Traumzustand verwandt ist, bei dem dem Träumenden bewusst ist, dass er träumt, und er sich selbst beruhigend daran erinnert, dass es »nur ein Traum« ist.

Baudry ist noch extremer und argumentiert, der Film sei eine künstliche halluzinatorische Psychose, und das Funktionieren des kinematischen Dispositivs reproduziere treu dasjenige des schlafenden psychischen Dispositivs [21]. Das kinematische Dispositiv bietet den Zuschauern Repräsentationen an, die sich als Wahrnehmungen präsentieren. Weiterhin erschafft es den Eindruck von Realität, der nicht mit dem, der durch normale Wahrnehmung entsteht, vergleichbar ist. Für Baudry ist es nicht die Imitation der Realität durch den Film, die die Illusion schafft, sondern das Funktionieren des Dispositivs selbst. Zuschauer sind wie die Eingesperrten in Platons Höhle: Indem es Schatten projiziert, erschafft das Kino den selben »Echter als echt«-Effekt, den man auch in Träumen erlebt.

Um diesen Exkurs abzuschließen, möchte ich anmerken, dass, selbst wenn die Debatte den Vorzug hatte, die Existenz einer unbewussten Seite des Films und der Zuschauerschaft zu unterstreichen, doch einige der wichtigsten Schlussfolgerungen nicht zufriedenstellend sind. Was die Analogie zwischen Filmarbeit und Traumarbeit angeht, reicht es aus, an Metz' Darstellung der Überblendung zu denken, die als primär und sekundär beschrieben werden kann, als metonymisch und metaphorisch, als Verschiebung und Verdichtung – und man stellt fest: Der Nutzen solcher Definitionen ist fragwürdig. Was die Theorie der Zuschauerschaft angeht, ist aus verschiedenen Gründen nicht nur die Idee einer totalen Regression unhaltbar; vielmehr basiert sie auch auf einer falschen Annahme. Diese Autoren manipulieren ihre Beschreibungen der Situation des Zuschauers, damit sie der des Träumenden entsprechen. Dies wird durch eine Missrepräsentation des Freud'schen Träumers noch verstärkt, der keineswegs passiv und seinem Unbewussten vollkommen ausgeliefert ist, wie sie annehmen. In einer kursiv gesetzten Passage aus der *Traumdeutung* schreibt Freud, »*den ganzen Schlafzustand über wissen wir ebenso sicher, dass wir träumen, wie wir wissen, dass wir schlafen*« [22]. Träumende, genau wie Zuschauer, wissen, dass das, was sie ansehen, nicht die Realität ist, sondern die Projektion von Bildern auf eine Leinwand (Lewins Traumleinwand). Daher besteht auch keine Notwendigkeit, Halluzinationen der Zuschauer zu theoretisieren.

Meiner Meinung nach ist Pasolinis Intuition – obwohl damals von vielen Semiotikern abgelehnt – in der ganzen Debatte immer noch die überzeugendste: Filme und Träume kommunizieren vermittels einer ähnlich »audiovisuellen« Sprache, einer Sprache der Seele, der Vorstellungskraft und der Erinnerung. Man sollte bedenken, dass Pasolinis Essay der Versuch war, ein entschieden autorengebundenes und subjektives Kino zu theoretisieren; es ist vielleicht möglich, sich eine solche Subjektivität als den Ausdruck einer persönlichen inneren Welt zu denken, die dem Traum sehr nahe ist. Es ist letztlich das, was Ricciotto Canudo meinte, als er Filmemacher dazu aufrief, die Realität gemäß ihren inneren Träumen zu verändern.

Ich meine auch, dass die Traummetapher besonders nützlich ist, wenn man über spezifische Filme spricht, die aus dem einen oder anderen Grund besonders oneirisch sind. In Bezug auf Pasolini ist man besonders geneigt, Folgendes anzunehmen: Eine solche Kategorie wird von Filmen repräsentiert, die das Produkt starker Autoren sind, die absichtlich ihre subjektive Vision durch ihre Filme ausdrücken und die alle Aspekte ihrer Arbeit fast komplett kontrollieren – entweder, weil sie etablierte Autoren sind und sich das Privileg einer solchen Kontrolle erworben haben, oder wegen der niedrigen Kosten und der experimentellen Qualitäten ihrer Arbeit. In diesem Zusammenhang ist es erwähnenswert, dass meine Fallstudie, der Dokumentarfilm TARNATION (2003; R: Jonathan Caouette), seinen Autor angeblich nur 218 Dollar gekostet hat.

Ich kann nun zu meiner ursprünglichen Frage zurückkehren: Sind die beiden Wesen des Kinos – die indexikalische Spur und die oneirische Fantasie – wirklich unvereinbar? Sollten wir von oneirischen, traumhaften Filmen sprechen, die Vorstellungskraft und Fantasie privilegieren, sowie von Filmen, die stattdessen eher Dokumente sind, indexikalische Spuren der Wirklichkeit, und für die die Traummetapher wenig hilfreich ist? Nehmen wir als ein extremes Fallbeispiel den Dokumentarfilm, der traditionell als ein Gebiet absoluter Objektivität verstanden wird, als Erbe des ursprünglichen realistischen Impulses, wie er von den Lumière-Brüdern verkörpert wird. Nicht nur entwickelte sich in der Geschichte dieser Form eine poetische, subjektive Tendenz, sondern neue Dokumentarfilme experimentieren mit einem subjektiven Blick, mit fiktionalen Techniken, Darstellungen und Performativitäten. Wie Bill Nichols darlegt: »Traditionell hat das Wort ›Dokumentarfilm‹ Vollständigkeit und Ganzheit suggeriert, Wissen und Fakten, Erklärungen der gesellschaftlichen Welt und der sie motivierenden Mechanismen. In jüngerer Zeit allerdings assoziiert man mit Dokumentarfilm auch Unvollständigkeit und Unsicherheit, Erinnerung und Eindrücke, Bilder persönlicher Welten und ihrer subjektiven Konstruktion.« [23]

Ich möchte meine Aufmerksamkeit auf einen besonderen Fall richten: die Repräsentation des Ichs in nicht-fiktionalen Werken. Ich tue dies wegen meiner These, indirekt von Pasolini abgeleitet, dass subjektive Autorenfilme potenziell besonders oneirisch sind. Was könnte subjektiver und autorengebundener sein als ein Selbstbildnis? Tatsächlich möchte ich darlegen, dass das filmische Selbstporträt, gleichwohl es eine Form der Dokumentation (des Ichs) ist, dennoch viel poetischer, subjektiver und unstrukturierter als die mit ihr verwandte Hauptform ist, die Autobiografie. Ab den 1960er Jahren gibt es viele Beispiele der Selbstdarstellung von Autoren in nicht-fiktionalen filmischen Formen, die sich an der Kreuzung von Dokumentarfilm, Avantgardefilm und Kunstfilm befinden; man denke hier nur an die überaus persönlichen Werke von Jean-Luc Godard, Pier Paolo Pasolini, Derek Jarman, Agnès Varda, Harun Farocki, Chantal Akerman, um nur einige wenige, besonders bekannte Beispiele zu nennen. Und dennoch sind nur wenige davon erklärtermaßen filmische Selbstporträts; und es gibt kaum Forschung über filmische Selbstporträts.

Das filmische Selbstporträt

Obwohl es weit zurückverfolgt werden kann, kristallisiert sich das Selbstporträt als künstlerische Form erst im 16. Jahrhundert heraus – auch wenn der Begriff selbst jünger ist und eine Auffassung des Ichs reflektiert, die sich in westlichen Gesellschaften im späten 18. Jahrhundert durchsetzt, mit der Romantik und ihrer »Erfindung« des Ichs als eigenständigen Objekts des Bewusstseins. Das 16. Jahrhundert allerdings ist die Ära, in der wir ein deutliches Anwachsen sowohl literarischer Autobiografien als auch gemalter Selbstporträts konstatieren können. Dies ist möglicherweise eine Folge von verstärkter gesellschaftlicher Mobilität und von Veränderungen im Bewusstsein der Menschen in Bezug auf ihre Individualität [24]. Und es ist eine Folge der neuen gesellschaftlichen Position des Künstlers.

Der Begriff wurde auch entliehen, um literarische Texte zu beschreiben. Literarische Selbstporträts können als eine Form der Autobiografie angesehen werden, aber eben eine, die keine erzählerische Konstruktion benötigt. Für Michel Beaujour, Autor eines bahnbrechenden Textes über diese Gattung, ist das Fehlen einer kontinuierlichen Erzählung gerade das, was ein literarisches Selbstporträt ausmacht.

»Diese Gattung versucht durch ein System von Querverweisen, Anaphern, Überlagerungen und Korrespondenzen von homologen und ersetzbaren Elementen Kohärenz zu erzeugen, und zwar auf eine Weise, die den Eindruck von Diskontinuität vermittelt, einer anachronistischen Gegenüberstellung oder Montage, im Gegensatz zu der Syntagmatik der Erzählung, egal wie durcheinander diese ist, da das Durcheinanderbringen einer Erzählung den Leser immer in Versuchung bringt, ihre Chronologie zu ›rekonstruieren‹. Die Totalisierung des Selbstporträts ist nicht schon vorher *gegeben*: Neue homologe Elemente können dem Paradigma hinzugefügt werden, während der temporale Abschluss der Autobiografie bereits in der ursprünglichen Wahl eines Lebenslaufs impliziert ist.« [25]

Dieses Zitat führt eine Beschreibung des Selbstporträts ein, die sehr an eine filmische Sprache erinnert. Man kann der Versuchung nicht widerstehen, sie auch auf audiovisuelle Selbstporträts anzuwenden. Tatsächlich schrieb Raymond Bellour, dass »das Selbstporträt dem Analogen anhängt, dem Metaphorischen, dem Poetischen, viel mehr als der Erzählung. Seine Kohärenz liegt in

Albrecht Dürer: *Selbstbildnis mit Landschaft* (1498); Sofinisba Anguissola: *Autoritratto* (1556)

einem System vorn Erinnerungen, nachträglichen Ideen, Überblendungen, Korrespondenzen. Daher nimmt es die Erscheinung von Diskontinuität an, einer anachronistischen Gegenüberstellung, einer Montage. Wo die Autobiografie sich auf das Leben, das sie erzählt, beschränkt, öffnet sich das Selbstporträt einer unbegrenzten Totalität.« [26]

Es fällt auf, wie ähnlich diese beiden Beschreibungen des Selbstporträts (die erste literarisch, die zweite audiovisuell) der Sprache des Traums, wie sie in einem Freud'schen Modell definiert wird, und der Sprache des filmischen Oneirismus sind. Ersatz, Gegenüberstellung, Überlagerung sind Vorgänge, die das filmische Dispositiv gut durchführen kann: durch Wahl des Ausschnitts, Kamerabewegung und Montage. Ich werde später in meiner Erörterung von TARNATION zu diesem Punkt zurückkehren. Mein Hauptaugenmerk beim Lesen dieses Textes wird auf der Zuschauererfahrung eines oneirischen Dokumentarfilms liegen. Es ist daher notwendig, die Frage der kommunikativen Struktur des Selbstporträts anzugehen – die der spezifischen Zuschauerperspektive, die es konstruiert. Wieder muss ich auf einen Vergleich sowohl mit literarischen als auch visuellen Selbstporträts zurückgreifen.

Wenn der Pakt des Selbstporträts lautet, »ich werde dir nicht sagen, was ich getan habe, aber ich werde dir sagen, *wer ich bin*« [27], dann ist seine rhetorische Struktur die eines »Ichs«, das mit sich selbst spricht, und »den mutmaßlichen Leser nur insofern anspricht, als er in der Position einer zufällig mithörenden dritten Person positioniert wird« [28]. Für Beaujour positioniert der Leser sich also als *Adressant*, weshalb in Selbstporträts »jeder Leser sich selbst *erkennt*« und »wiederum derjenige werden kann, der sie schreibt« [29].

Der Film, man braucht es nicht extra zu betonen, ist keine Literatur, und man muss natürlich seine visuellen und auditiven Aspekte mitbedenken. Agnès Varda beispielsweise filmt in LES GLANEURS ET LA GLANEUSE (Die Sammler und die Sammlerin; 2000) mit der einen Hand ihre andere und vergleicht die Aktivität des Sich-selbst-Filmens mit der Postkarte eines Selbstporträts von Rembrandt, die sie von einer Reise in Japan mitgebracht hatte. Auf diese Weise stellt sie klar, dass ihr Film auch ein Akt des Selbstporträtierens ist (und ein Straßendokumentarfilm über das Einsammeln, und ein Reisebericht) [30]. Ein filmisches Selbstporträt verdankt unvermeidlicherweise viel der Malerei – bleibt dabei aber seine eigene Form. Das Selbstporträt hat natürlich auch eine lange Tradition in der Fotografie und in jüngerer Zeit auch in der Videokunst. Seit den 1960er Jahren begannen die bildlichen künstlerischen Praktiker lang etablierte Konventionen in Frage zu stellen, so sehr, dass man heute das Selbstporträt nicht mehr als eine traditionelle künstlerische Form anzusehen braucht.

»Heutige Technologien haben die Definition dessen, was Selbstporträts sein können, erweitert. In den 1960ern arbeitet der amerikanische Künstler Robert Morris (geboren 1931) mit Ideen, die auf konzeptuellem Porträtieren basierten, und setzte Körperflüssigkeiten in Flaschen und medizinische Scans ein. Mona Hatoum produzierte 1994 *Corps Étranger*, eine Videoinstallation einer endoskopischen Reise durch die Landschaft ihres eigenen Körpers, und Marc Quinns kryogene Skulptur *Self* (1997) enthält über fünf Liter seines eigenen Bluts.« [31]

Während das literarische Selbstporträt ein Monolog ist, mit dem Leser in der paradoxen Position als Adressant, ist die Tradition des visuellen Selbstporträts eine der direkten Interpellation, dank des Blicks, den das Bild des Künstlers/Autors sehr oft mit dem davor stehenden Betrachter austauscht. In Vito Acconcis Beschreibung seiner eigenen ONE MINUTE MEMORIES (gefilmt zwischen 1971 und 1974) wird bestätigt, dass diese Form einer Ich-Du-Beziehung in Videoselbstporträts weiter besteht: »Ich dachte an Video als Nahaufnahme, Video als ein Ort, wo mein Gesicht auf dem Bildschirm dem des Betrachters außerhalb des Bildschirms gegenübersteht – ein Ort des Gesprächs, wo ich mit dir, dem Zuschauer, spreche.« [32] Es ist interessant, dass in Acconcis Beschreibung des Blicks das Gesicht in Nahaufnahme zuerst als reine Interpellation fungiert, aber sich schnell in einen Dialog verwandelt [33].

Und dennoch haben gerade alle visuellen Selbstporträts, genau wie literarische, viel mit dem Monolog gemein, bei dem der Zuschauer die Position einer beobachtenden dritten Person einnimmt. Zuallererst ist der Blick des Selbstporträts eine *mise-en-abyme* – der Zuschauer blickt, durch die Augen des Autors, den Autor an. Der Zuschauer identifiziert sich mit dem Autor; der Zuschauer wird zum Adressanten. Deshalb wird das Selbstporträt oft als Tagebuch beschrieben: »Weil Selbstporträts Künstler und Modell ineinander verschmelzen lassen, haben sie den Reiz eines privaten Tagebuchs, das uns einen Einblick des Künstlers in seine eigene Persönlichkeit zu geben scheint.« [34] Als eine private [35], tagebuchartige Geste konstruieren Selbstporträts eine paradoxe Zuschauerschaft: Der Leser/Zuschauer wird in die Privatsphäre des Dialogs des Adressanten mit seinem Ich eingelassen; er ist aufgefordert, sich mit dem Autor als Adressanten zu identifizieren.

Re/präsentation eines gespaltenen Ichs: Jonathan Caouettes TARNATION

In seiner jetzigen Form erstmals beim Sundance Film Festival 2004 präsentiert, ist TARNATION Jonathan Caouettes Debüt – obwohl der Regisseur (Amateur-)Filme macht, seit er elf ist. Er enthält Super-8- und Digitalfilmmaterial, das Caouette zuerst mit *iMovie*-Software auf einem Apple-Computer geschnitten hatte, das dann aber schließlich auf 35mm-Film umkopiert wurde und so in den Verleih kam. TARNATION wurde als einer der kostengünstigsten Filme aller Zeiten präsentiert, produziert für lediglich 218 Dollar, obwohl die Kosten erheblich anstiegen, als für den allgemeinen Kinostart Rechte für den Soundtrack abgegolten werden mussten. Nach seiner Vorführung bei Sundance wurde TARNATION – für den sich Gus Van Sant und John Cameron Mitchell als Produzenten einsetzten – von Kritikern und Publikum begrüßt, gewann mehrere Preise bei internationalen Filmfestivals und wurde praktisch über Nacht zum neuen Mythos des Heimwerker-Filmemachens.

Viele Kritiker waren von TARNATION sehr beeindruckt und bezeichneten den Film als »unglaublich perfekt« für ein Erstlingswerk. Man ist versucht zu argumentieren, dass seine Reife und Vollendung auf der Tatsache beruhen, dass der Film, obwohl er in nur wenigen Wochen montiert wurde, im Verlauf von 20 Jahren gedreht wurde und somit das Ergebnis eines sehr langen Reifeprozesses ist. Einige Kritiker fanden auch Bemängelnswertes, darunter die exzessiven Erläuterungen im Text der Zwischen- und Untertitel oder der Musikvideostil – allerdings sind diese Kritikpunkte eher merkwürdig, denn sie beurteilen TARNATION aus der Perspektive der Norm und der Mäßigung, wo doch der Film vollkommen maßlos und ketzerisch ist. Versuche, ihn zu kategorisieren, müssen misslingen – TARNATION bezieht sich auf und borgt von Amateurfilm, Videotagebuch, autobiografischem Dokumentarfilm, Essayfilm, experimentellem Film, Beichte, Videobrief, Rockoper und Musikvideo, während er keine dieser Formen vollkommen annimmt. Das liegt, so mein Argument, vor allem an seinem Oneirismus. Den Film anzusehen ist eine intensive, surreale, fragmentierte, traumartige Erfahrung; seine oneirischen Eigenschaften überschreiten die Grenzen irgendeines erkennbaren filmischen Formats bei weitem. Als Dokumentarfilm bezeichnet und bei einigen Filmfestivals für diese Gattung gezeigt, hinterfragt TARNATION die Idee des nicht-fiktionalen Kinos und, während er zweifellos ein Dokument ist, stellt er die alte Frage, ob es sinnvoll ist, das Indexikalische des Films von seinem fantasievollen, oneirischen Element zu trennen und sie als zwei gegensätzlichen Impulsen und künstlerischen Gesten zugehörig zu betrachten.

Während der Film vor allem als ein Dokumentarfilm über Caouettes Mutter präsentiert wird – eine Lesart, die der Text durchaus stützt –, möchte ich ihn als ein Selbstporträt des Autors und als Beispiel filmischer Selbstrepräsentation betrachten. Es fällt auf, wie durchgängig und vielfältig

Jonathan Caouette hinter der Kamera in TARNATION

Bilder des Autors auftauchen, von der Kindheit bis ins Erwachsenenalter; Caouette blickt absichtlich, narzisstisch und beständig in die Kamera, überprüft sein Abbild und macht eine Performance für sie. Performance ist in der Tat der Kern von Jonathans Selbstbetrachtung und Selbstdarstellung [36]. Dasselbe kann von den anderen »Schauspielern« gesagt werden, die von Caouette gebeten werden, sich selbst zu spielen, und tatsächlich auch oft »ausagieren« sollen. Ihre Funktion ist meiner Meinung nach, Caouette zu ergänzen. TARNATION ist ein »Selbstporträt mit anderen«, eine etablierte Tradition des visuellen Selbstporträts, das die Idee reflektiert, dass wir nur in Beziehung zu anderen Menschen überhaupt existieren. Es ist auch gewissermaßen ein Selbstporträt über die Zeit, da es das Bild des Künstlers von Kindheit bis ins Erwachsenenalter zeigt; auch dies ist eine ehrwürdige Tradition, da viele Künstler Selbstporträts zu unterschiedlichen Zeitpunkten produzierten und so eine Art visuelle Autobiografie schufen.

Die biografischen und autobiografischen Impulse sind beide in TARNATION sehr deutlich, und dennoch, so meine ich, ist die narrative Ordnung, die sie dem magmatischen audiovisuellen Material aufzwingen wollen, fast vollkommen überwunden.

Ausschließlich auf das geschriebene Wort begrenzt – dank einer hohen Zahl von Zwischen- und Untertiteln, die auf schwarzer Leinwand erscheinen oder über das Bild eingeblendet werden –, besteht die biografische Erzählung aus Daten und Fakten. Die Ordnung und scheinbare Präzision der Information wird allerdings durch die Bildspur unterbrochen und untergraben, die radikal anti-narrativ sowie überwältigend exzessiv und barock ist. Der Film enthält nur sehr wenige narrative Sequenzen, und fast keine ohne starke Eingriffe in der Postproduktion. Die meisten Bilder bestehen aus einer enorm schnellen Montage von Fotografien, Schnipseln aus Super-8-Filmen, Teilen von Amateurfilmen, Auszügen aus Spielfilmen und Fernsehsendungen; die Bilder sind reflektiert, widergespiegelt, zerfallen, gebrochen, wiederholt, multipliziert, geteilt – und bilden so ein Kaleidoskop, das sich letztlich jedem Versuch einer narrativen Ordnung und einer autobiografischen Sinngebung widersetzt. Die Tonspur trägt auch dazu bei, eine solche Deutung zu untergraben, da sie aus einer verwirrenden Mischung von auditiven Stimuli besteht, von Rockmusik und Popsongs bis zu Aufnahmen von Telefongesprächen, Gesprächsfetzen, Monologen, Geräuschen. Verzerrung ist die ästhetische Figur, die den Film beherrscht, dank der Tonmischung und der digitalen Manipulation wie auch des Transvestitismus und der Performance. Zudem bekommen wir von dem Film nicht den Eindruck einer schlüssigen Lebensgeschichte, sondern höchstens von Biografie als medizinischer Anamnese [37].

Der autobiografische Impuls kann hier einerseits als eine obsessive Tendenz in Richtung audiovisueller Aufnahme und indexikalischer Spur gesehen werden – mit 31 Jahren sah Caouette sich mit 160 Stunden Filmmaterial von seinem vergangenen Leben konfrontiert: ein ganzes Archiv von Bildern und Klängen. Die meisten der Amateurfilme wollen nicht etwa bedeutende Schlüsselereignisse filmen und so eine schlüssige Geschichte des eigenen Lebens erzählen, sondern vielmehr alles und nichts dokumentieren, die Kamera in Alltagssituationen laufen lassen sie auch auf eine kreative, fiktionale Art einsetzen (wie in den experimentellen Amateurfilmen). Familie und Freunde werden einfach im Haus gefilmt und bekommen oft die Anweisung, »einfach zu reden«; häufig spielen sie kleine spontane Sketche für die Kamera, oder sie schauen einfach gebannt ins Objektiv. Andererseits gibt es ebenfalls eine Tendenz, die Kamera als investigatives, analytisches Werkzeug einzusetzen. Insbesondere im letzten Abschnitt des Films bringt Caouette Menschen vor die Kamera, von denen er sich eine Art von Wahrheit erhofft. Dazu gehören die Gespräche, die er zum ersten Mal nach 30 Jahren mit seinen beiden Eltern zusammen führt, das Interview mit seinem alten Großvater, in dem Jonathan ihn fragt, ob er und seine Frau seine Mutter Renee, wie sie es behauptet, jemals missbraucht hätten, und warum sie es zugelassen hätten, dass sie mit Elektroschocktherapie behandelt wurde; und Jonathans Videobeichte. Diese Beispiele lassen an Verhöre, Manipulation und audiovisuellen Masochismus denken, aber sie misslingen alle. Es wird deutlich, dass die Kamera nicht als Instrument zur Herstellung eines definitiven Bildes eines Lebens taugt. Zweimal während einer dieser Konfrontationen brennt und schmilzt der Film im Wortsinn; es ist ein offenkundiges Eingeständnis der Unmöglichkeit einer filmischen autobiografischen Wahrheit. Deshalb ist TARNATION, so meine ich, kein Beispiel für eine Autobiografie, sondern ein Selbstporträt. Während die Gründe und Tatsachen eines Lebens unerklärbar bleiben, wird die schiere Ansammlung von Bildern des Ich zu einem oneirischen und, so könnte man sagen, gerade deshalb, zu einem höchst wahrhaftigen Selbstporträt.

Die direkten Verweise auf Träume in diesem Film sind zahlreich. Nach den Anfangstiteln sehen wir, wie Jonathan von seinem Freund geweckt wird: »Ich hatte einen sehr merkwürdigen Traum. Es ging um meine Mutter. Regnet es?«, fragt er – und lädt uns dazu ein, nicht nur die Eröffnungssequenz in Hinblick auf Träume zu interpretieren, da Regen auf die Titeleinstellung fiel, sondern auch den folgenden, langen Abschnitt, der sich der Vergangenheit von Jonathan und seiner Mutter widmet. Später, zu Bildern von dunklen Wolken, hören wir eine Stimme flüstern: »Wache auf, Engel, wache auf, mein Liebling.« Ein Untertitel informiert uns dann, dass Jonathan mit zwölf Jahren

Das Kino träumt   **Ein Albtraum von sich selbst**

Von der Kindheit bis ins Erwachsenenalter ...

zwei Joints geraucht hatte, die, ohne dass er dies wusste, mit Formaldehyd und PCP versetzt waren, und dass er seitdem unter Depersonalisation leidet, ein Zustand, in dem es sich anfühlt, als würde er in einem Traum leben. Danach finden wir heraus, dass Jonathan mit 14 begann, einen

... Performance vor der Kamera ist der Kern von Jonathans Selbstdarstellung und Selbstbetrachtung

wiederkehrenden Traum zu haben, über einen »großen blonden Jungen, eine erwachsene Version des Kleinen Prinzen«, was gewiss eine narzisstische Figur seiner selbst ist. Später erfahren wir dann von einem selbstgefälligen Traum, in dem Jonathan seinen Vater findet, der ihm sagt, dass er, hätte er von Jonathans Existenz gewusst, versucht hätte, ihn zu finden.

Natürlich gibt es in TARNATION viel mehr Oneirismus als diese direkten Verweise. Die starken Bearbeitungen bei der Postproduktion von Bild und Ton, besonders die Fragmentierung, Wiederholung, Spiegelung, Zeitlupenaufnahmen, Beschleunigung, Überblendung, Veränderung, sind höchst traumartig, ja albtraumartig. Jonathans Vorliebe für Punkrock, das Underground-Kino, für Horror- und Slasher-Filme, Transvestitismus und Blut trägt zu diesem Effekt bei. Aber der Hauptgrund für diesen albtraumartigen Eindruck ist die Re/Präsentation einer gespaltenen Persönlichkeit – eine Re/Präsentation des Ichs, die zutiefst surreal ist.

Ein Hauptanliegen der Surrealismusbewegung war ja in der Tat die Frage der Identität – die Erkundung des Oneirismus und des Unbewussten durch die Surrealisten führte zu einem Begriff des geteilten, fragmentierten Ichs, eines Subjekts, das von Anderssein und Instabilität heimgesucht wird. Ideen über die Brüche der Egogrenzen und des Zum-Anderen-Werden stehen im Zentrum surrealistischer Selbstporträts wie denen von Miró [38]. Caouettes Ich, wie es uns präsentiert wird, ist zweifellos ein gespaltenes Ich – er spiegelt sich in seiner Mutter, wiederholte ihre schwierige Jugend, wagte sich selbst auf das Gebiet ihrer psychischen Schwierigkeiten und tauschte schließlich die Rolle mit Renee und bemutterte sie. Als wäre diese Dualität nicht deutlich genug, erklärt er in seiner letzten Videobeichte: »Sie lebt in mir, sie ist unter meiner Haut«, und wagt es, seine schlimmste Befürchtung zu artikulieren: »Ich will niemals so wie meine Mutter werden, und ich habe Angst!« Allerdings bin ich weit davon entfernt, mich für seine Anamnese zu interessieren und den Film als einen Traum zu deuten, mit dem sich die Psyche des Regisseurs analysieren ließe; vielmehr möchte ich mich auf die kommunikative Struktur des Films konzentrieren und erforschen, auf welche Weise sein Oneirismus die Beziehung zwischen Sprecher, Erzähler und Zuschauer prägt. Ich interessiere mich dafür, zu verstehen, welche Position ein Zuschauer in einem Film einnehmen soll, der, während er angeblich ein Dokumentarfilm sein soll, gleichzeitig ein höchst oneirischer Text ist.

Die rhetorische Struktur des Films ist komplex. Das Wesen des Texts als Dokumentarfilm mit einem Ich-Erzähler, mit seinem Drang zu einer indexikalischen Spur, der Selbstanalyse, Autobiografie, dem Zeugnisablegen, will mit dem Zuschauer einen Pakt eingehen, der sich folgendermaßen zusammenfassen lässt: »Ich sage dir die Wahrheit über mein Leben und das Leben meiner Familie und Freunde.« Allerdings ist die dokumentarische/autobiografische Oberfläche des Films vor allem eine außertextuelle Angelegenheit, denn sie wurde insbesondere über die Vermarktung des Films und die Organisation des Verleihs gesteuert, und wird dann vom Film selbst schnell untergraben. Die Eigenschaft des Films als ein Selbstporträt mit Umfeld, also mit Anderen, was viel passender ist, suggeriert einen ganz anderen Pakt: »Ich sage dir nicht, was ich gemacht habe, sondern *wer ich bin*.« Sein starker Oneirismus deutet also an: »Du siehst den Traum/Albtraum, den ich von meinem eigenen Ich habe.«

Jonathans Leiden, seine Depersonalisation, wird in der Tat als ein Gefühl der Dissoziation vom Ich beschrieben, als beobachte man sich von außen, wie in einem Traum. Dieses Leiden steht nicht im Widerspruch zum Akt des Selbstporträtierens; es ist schließlich dieselbe Dissoziation, die jeder Künstler in einem Selbstporträt herbeiführt. In der Tat, »die erste Erfahrung des Selbstporträtisten ist eine der Leere, einer Abwesenheit von sich selbst« [39], oder, um Antonin Artauds Definition zu benutzen, die eines Schauspielers, der seinen eigenen bewegungslosen Körper in einem Spiegel beobachtet [40]. Performance, wie ich bereits angemerkt habe, liegt im Zentrum von Jonathans Selbstrepräsentation. Die Spaltung zwischen Autor und Schauspieler ist das erste Element des Films, das eine oneirische »Perspektive von außen« suggeriert. Durch die übertriebene Darstellung, Performance seiner selbst lotet der Künstler die Fähigkeit des filmischen Selbstporträts aus, das »Ich« als das Sich-Andere in den Vordergrund zu stellen [41].

Eine solche Perspektive wird zudem dadurch verstärkt, dass der Autor einen Sprecher erschafft, der körperlos ist und sich ausschließlich durch geschriebene Unter- oder Zwischentitel ausdrückt. Während er versucht, eine narrative Ordnung

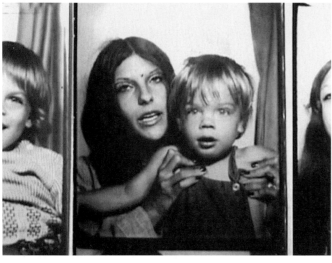

»Selbstporträt mit anderen«: Jonathan Caouette mit seiner Mutter

einzuführen, die Fakten mitzuteilen und dabei scheinbar die Perspektive eines Außenseiters einzunehmen, sich also von außen anzusehen (tatsächlich spricht er immer in der dritten Person von Jonathan), wird die Macht dieses Sprechers über den Text untergraben vom Magma der onerischen Arbeit [42] insbesondere des ersten, »geträumten« Abschnitts des Films. Der Ursprung dieses ersten Traums ist der Erzähler Jonathan, buchstäblich ein Träumer/Erzähler. Wenn er schließlich aufwacht, um herauszufinden, dass seine Mutter wegen einer Überdosis Lithium im Krankenhaus liegt, ändert sich die Textstruktur nicht wesentlich, sondern es verschieben sich nur die Proportionen. Der erste Teil war oneirischer, in ihm hatte das primäre Verfahren Oberhand über das sekundäre Verfahren. Der zweite Teil ist insgesamt rationaler, und hier hat das sekundäre Verfahren Vorrang. Der Film wird weniger zu einem Selbstporträt und mehr zu einem Dokumentarfilm in der ersten Person, selbst wenn der Albtraum gelegentlich wieder auftaucht. Statt der fragmentierten Selbstbeobachtung und der albtraumhaften Beschäftigung mit dem Ich, die die erste Stunde des Films ausmachen, benutzt Caouette die Kamera hier, um wahre Antworten zu bekommen – von seiner Mutter, die sie nicht mehr geben kann, weil sie nun einen Hirnschaden hat, von seinem Großvater, den Jonathan gnadenlos verhört, und von sich selbst, durch eine masochistische Videobeichte. Das Bild von Caouette, das man aus diesem zweiten Teil des Films bekommt, ist weniger das eines regressiven, narzisstischen Träumers, der gleichzeitig der Regisseur, Schauspieler und Zuschauer seines eigenen Traums/Films ist, sondern mehr das eines erwachsenen Ichs, das Antworten sucht, aber auch weiß, wie man die Initiative ergreift und Probleme löst. Allerdings ist die oneirische Selbstversenkung nie weit entfernt.

Während des ganzen Films pendelt der Zuschauer benommen zwischen der vordergründigen Rationalität und Authentizität der Tatsachen, die der Sprecher durch die Unter- und Zwischentitel (aber auch durch seine barocke Überfülle) bietet, und dem oneirischen Magma der Bilder und Klänge; zwischen der Beobachtung des Schauspielers/Erzählers und der Identifikation mit ihm, zwischen der Position einer über den Dingen schwebenden dritten Person und der eines Partners im Dialog. Demnach ist die Zuschauerposition paradox – gleichzeitig der Empfänger eines autobiografischen nichtfiktionalen Textes, der geglaubt und objektiv angesehen werden will, und der gefesselte Zuschauer eines durch und durch subjektiven Albtraums, der das Publikum dazu einlädt, vollkommen »innen« zu sein, in einer narzisstischen und ängstlich machenden Identifikation mit dem Schauspieler/Erzähler.

Es ist diese paradoxe Bewegung, die es uns ermöglicht, TARNATION als wahrhaftige Re/Präsentation des Ichs zu erleben. Den Freud'schen Träumern ähnlich, halten wir uns vollkommen an die Bilder von Caouettes Traum und sehen sie wie von innen. Und andererseits vergessen wir nie, dass wir schlafen oder einen Film ansehen. Als Zuschauer positionieren wir uns gleichzeitig als Adressanten des Selbstporträts, und daher sehen wir uns dargestellt, und erfahren es als eine *Präsentation* des eigenen Ichs; und wir nehmen die Position des Adressaten ein, des Zuschauers einer Dokumentation und einer Autobiografie, und erleben den Film als eine *Repräsentation* eines Ichs.

Natürlich ist TARNATION am stärksten oneirisch, wenn die indexikalische Struktur des Dokumentarfilms auseinander fällt und der Traum die Leinwand ganz verschluckt. Dies passiert beispielsweise, während des Verhörs des Großvaters, als ob hervorgerufen durch die greifbare Verrücktheit des Mannes und Renees, der Film – der sich in diesem Moment bemüht, eine ziemlich objektive und rationale Dokumentation zu sein, und das bekannte Interview-Format einsetzt (vgl. Film clip no. 03) – plötzlich anhält. Das Bild brennt buchstäblich und schmilzt vor unseren Augen: eine letzte, höchst beängstigende albtraumartige Vision des Ichs.

Übersetzung aus dem Englischen:
Wilhelm Werthern

Anmerkungen

1 Vgl. Henri Agel: Esthetique du cinéma. Paris 1957.
2 Für eine detailliertere Erörterung vgl. Laura Rascaroli: Like a Dream. A Critical History of the Oneiric Metaphor in Film Theory. In: Kinema 18, Herbst 2002, S. 5-22.
3 Edgar Morin: Le Cinéma ou l'homme imaginaire. Essai d'anthropologie sociologique [1956]. Paris 1985; Jean Mitry: Esthétique et psychologie du cinéma. Paris 1963-1965.
4 Sigmund Freud: Über den Traum [1901]. Frankfurt/Main 2005.
5 Vgl. Jean-Louis Baudry: L'effet cinéma. Paris 1978, S. 13.
6. Carl Gustav Jung: Vom Wesen der Träume [1945-1948]. München 1996.
7. Salomon Resnik: Il teatro del sogno. Turin 1982.
8 Cesare Musatti: Libertà e servitù dello spirito. Diario spirituale di uno psicoanalista 1945-1971. Turin 1971, S. 83.
9 Melanie Klein: Gesammelte Schriften. Band 1: 1920-1945. Stuttgart 1995.
10 W.R.D. Fairbairn: Psychoanalytic Studies Of the Personality. London 1994.
11 Salomon Resnik: Pensiero visivo, rito e pensiero onirico. In: Vittore Branca / Carlo Ossola / Salomon Resnik (Hg.): I linguaggi del sogno. Florenz 1984, S. 53.
12 Ernst Aeppli: Der Traum und seine Deutung. Zürich 1944.
13 Bertram D. Lewin: Inferences From the Dream Screen. International Journal of Psychoanalysis, XXIX, 4/1948, 224. Der erste von Lewin publizierte Aufsatz über die Traumleinwand ist: Sleep, the Mouth and the Dream Screen. In: The Psychoanalytic Quarterly, XV/1946. Robert T. Eberwein bezieht sich ausführlich auf Lewins Traumleinwand in: Film and the Dream Screen. Princeton 1984.
14 Christian Metz: Le cinéma: langue ou language. Communications 4/1964, S. 52-90.
15 Pier Paolo Pasolini: Il cinema di poesia [1965]; dt.: Das Kino der Poesie. In: Peter W. Jansen / Wolfram Schütte (Hg.): Pier Paolo Pasolini. Reihe Film 12. München 1977, S. 49-76, hier S. 51. Hervorhebung im Original.
16 Ebenda.
17 Christian Metz: Le signifiant imaginaire. Psychanalyse et cinéma. Paris 1977; dt.: Der imaginäre Signifikant. Münster 2000.
18 Metz 2000, a.a.O., S. 210.
19 Ebenda, S. 215.
20 Ebenda, S. 113-119.
21 Louis Baudry: Le dispositif: approces metapsychologiques de l'impression de réalité. In: Communications, 23/1975, S. 56-72.
22 Sigmund Freud: Die Traumdeutung [1900]. Frankfurt/Main 1991.
23 Bill Nichols: Blurred Boundaries: Questions of Meaning in Contemporary Culture. Bloomington, Indianapolis 1994, S. 1.
24 Vgl. Lionel Trilling: Sincerity and Authenticity. London 1972.
25 »This genre attempts to create coherence through a system of cross-references, anaphoras, superimpositions, or correspondences among homologous and substitutable elements, in such a way as to give the appearance of discontinuity, of anachronistic juxtaposition, or montage, as opposed to the syntagmatics of a narration, no matter how scrambled, since the scrambling of a narrative always tempts the reader to ›reconstruct‹ its chronology. The totalization of the self-portrait is not *given* beforehand: new homologous elements can be added to the paradigm, whereas the temporal closure of autobiography already is implicit in the initial choice of a curriculum vitae.« Michel Beaujour: Poetics of the Literary Self-Portrait. New York, London 1991, S. 3.
26 »The self-portrait clings to the analogical, the metaphorical, the poetic, far more than to the narrative. Its coherence lies in a system of remembrances,

afterthoughts, superimpositions, correspondences. It thus takes on the appearance of discontinuity, of anachronistic juxtaposition, of montage. Where autobiography closes in on the life it recounts, the self-portrait opens itself up to a limitless totality.« Raymond Bellour: Eye for I: Video Self-Portraits. In: R.B. (Hg.): Eye for I: Video Self-Portraits. New York 1989, S. 8-9.
27 Beaujour 1991, a.a.O., S. 3.
28 Ebenda, S. 9.
29 Ebenda.
30 Vgl. Ewa Mazierska / Laura Rascaroli: Crossing New Europe: Postmodern Travel and the European Road Movie. London, New York: 2006.
31 Liz Rideal: Self-Portraits. London 2005, S. 10.
32 »I was thinking in terms of video as close-up, video as place where my face on-screen faces a viewer's face off-screen – a place for talk, me talking to you, the viewer.« Bellour 1989, a.a.O., S. 23.
33 Dieser Effekt entsteht bei vielen seiner Videos aus den 1970er Jahren; man denke nur an THEME SONG (1973).
34 »Because self-portraits merge the artist and the sitter into one, they have the allure of a private diary, in that they seem to give us an artist's insight into his or her own personality.« Shearer West: Portraiture. Oxford 2004, S. 163.
35 In diesem Sinne ist es interessant, dass es traditionell kaum Selbstporträts als Auftragswerke gibt.
36 Performance spielt im Selbstporträt schon immer eine zentrale Rolle, aber sie ist in der modernen und postmodernen Kunst noch wichtiger geworden, die mittels einer »›Überbetonung des performativen Aspekts des Ichs [...] unseren Begriff dessen, was ein Selbstporträt ist, verschoben hat‹.« / »Performance has always been central to the self-portrait, but has become even more important in modern and post-modern art, which by means of an ›exaggeration of the performative dimension of the self [...] profoundly shift or conception of what a self-portrait is‹.« Amelia Jones: The »Eternal Return«: Self-Portrait Photography as a Technology of Embodiment. In: Signs: Journal of Women in Culture and Society, 2, 4, 2002, S. 949. Es ist offensichtlich, dass Performance einen besonderen Platz in filmischem Selbstporträt hat, denn der Filmemacher wird, während er Regisseur ist, zum Schauspieler.
37 Beispielsweise erfährt man auf Caouettes persönlicher Internetseite, dass er ein zehnjähriges Kind hat – nicht nur gibt es keine Spur dieses Kindes im Film, sondern man hat auch keine Idee davon, dass Jonathan bisexuell ist (vgl. http://jonathancaouette.blogspot.com/).
38 David Lomas: The Haunted Self: Surrealism, Psychoanalysis, Subjectivity. New Haven, London 2000.
39 Beaujour 1991, a.a.O., S. 4.
40 Ebenda.
41 Zur Relevanz desselben Arguments über Performance in fotografischen Selbstporträts vgl. Jones 2002, a.a.O.
42 Die schiere Überfülle von Schrift ist selbst Beweis für die fehlende Kontrolle des Erzählers über den Film, und das Ergebnis der misslungenen Versuche, TARNATIONS audiovisuellem Exzess eine unmögliche Ordnung aufzuzwingen.

»Ich fliege!«

TraumRaum im chinesischen Gegenwartsfilm

Von Karl Sierek

Bei der Sichtung von 800 Minuten Studenten- und Abschlussfilmen der Central Academy of Drama, Beijing, aus dem Jahr 2006 konnte ich nicht nur die hohe Qualität der Arbeiten in so gut wie allen Gattungen der Laufbildproduktion feststellen. Ich war auch über ein zunächst nebensächliches, bei genauerer Betrachtung aber durchaus folgenreiches Detail überrascht: Immer wieder tauchen fliegende Gegenstände, schwebende Lebewesen sowie kleine Handlungsmomente mit Flügen aller Art auf. Papierdrachen, Luftballons, Schmetterlinge wechseln einander ab; freischwebende Sichten von hohen Eisenbahnbrücken, sanfte Fahrten, die unseren Blick von der Bodenhaftung zu lösen scheinen, Panoramen mit deutlicher Aufsicht. Manchmal strukturieren sie den narrativen Ablauf und sind mehr oder minder harmonisch in den Fluss der Erzählung eingewoben, manchmal stören sie durch ihre pure Präsenz, ohne recht in die Narration eingegliedert zu sein.

Doch nicht nur die angehenden Filmemacher der CAD scheinen die packende Lust an dem mit Flügen und ihrer oneirischen Wahrnehmung verbundenen Kontrollverlust über die Maßen zu kultivieren. Auch das bereits arrivierte Kino aller drei chinesischen Kinematografien aus Festlandchina, Hongkong und Taiwan ist wie versessen auf das Schweben und Fliegen, auf den erhabenen Gestus der Befreiung von der bodenständigen Sicht und auf den zielgerichteten Flug eines Geschosses. Ganze Genres wie der Wuxia-Film oder die Landschaftsfilme der »Fünften Generation« aus den 1980er Jahren haben sich ihm – auf sehr unterschiedliche, ja gegensätzliche Weise – verschrieben. Von den weitverbreiteten Blockbustern mit globalen oder zumindest ostasiatischen Vermarktungskanälen bis zu den feinsinnigen und leichtfüßigen Autoren- und Festivalfilmen in ihren so unterschiedlichen Ausformungen bei Hou Hsiao-Hsien, Tsui Hark, Jia Zhang-Ke oder Lou Ye: Seit seiner Wiedergeburt in den frühen 1980er Jahren hebt das Kino des Reichs der Mitte ab.

Man mag darüber spekulieren, woher diese Flugsucht kommt. Verwirklicht man damit – wie Edgar Morin mit dem Vergleich zwischen Kino und Flugzeug zu Beginn des *L'homme imaginaire ...* (1956) zeigt – »den unsinnigsten Traum, dem der Mensch gefolgt ist, seit er den Himmel betrachtet: sich von der Erde loszureißen« [1]? Oder stammt der Reiz – wie Béla Balázs andeutet – vielmehr aus jener immersiven Kraft des Kinos, uns in die Bildwelt hineinzuziehen und dabei einen spezifischen Zeitraum zu erfahren? »Du gehst mit in der Masse,« schreibt Balázs im Jahr 1949, »du reitest mit dem Helden, du fliegst, stürzt« [2], um schließlich zusammenfassend festzuhalten: »So träumen wir die Zeit und den Raum.« [3] Sollte dies zutreffen, so ist damit jedenfalls der enge Zusammenhang zwischen dem Flug als Grenzerfahrung raumzeitlicher Bewegung jenseits oder am Rande physikalischer Gesetze und der Traumerfahrung festgehalten. Der Flug, das Kino und der Traum treffen in der zeiträumlichen Verdichtung eines Chronotopos aufeinander und überlagern sich.

Welche Erscheinungsweisen und Darstellungsformen nimmt dieser Chronotopos der Fortbewegung ohne Bodenhaftung im chinesischen Kino der letzten 20 Jahre an? Ohne an dieser Stelle eine Phänomenologie des träumerischen Flugs dieser speziellen Kinematografie entwickeln zu wollen, zeigt sich auf den ersten Blick eine bemerkenswerte Vielgestaltigkeit, die in drei Kategorien zusammengefasst werden könnte: Unterschiedliche Flugarten, verschiedene Flugobjekte und zu differenzierende Flugbewegungen des Blicks, also Subjektbewegungen, fächern sich zu einer reichhaltigen Typologie und Kombinatorik von Objekt- und Subjektbewegung ohne Bodenhaftung auf. So zeigen sich die Modalitäten des Filmflugs als Schweben und Schießen, Aufstieg und Fall; die Flugobjekte reichen, typologisch verallgemeinert, von festen Gegenständen wie Geschossen und Menschen bis zu ephemeren Objekten wie filigranen Papiergestalten, Textilien oder Wassertropfen; die Subjektbewegungen gleichen geworfenen, schweifenden oder niedergeschlagenen Blicken und steigen bisweilen zu überwältigenden Flügen einer nie außerhalb des Kinos zu erlebenden Erhabenheit ebenso wie (zu) einer beängstigenden Bedrohung auf.

Traumhaft in jeder Bedeutung des Wortes sind sie alle. Um ihren oneirischen Charakter allerdings typologisch zuzuspitzen und greifbarer zu machen, möchte ich aus jeder der drei Kategorien eine Spielart hervorheben: den Modus des Schwebens, das Flugobjekt Mensch und die Bildbewegung der erhabenen Sicht.

1. Schweben: Zur »Feinmechanik des Handelns«

Was die privilegierten Modalitäten dieser bodenlosen Bewegtheit betrifft, so spielt der schwebende Flug in der chinesischen Kultur – möglicherweise anders als im westlichen kollektiven Imaginären – nicht nur als Traumgefühl und Filmerfahrung eine Rolle. Er wird auch in Philosophie und Literatur als erstrebenswerte Haltung in allen Lebenslagen gepriesen. Nicht zufällig ist Zhuangzis Gleichnis vom flatternden Schmetterling, der heiter und richtungslos in den Lüften schwebt – aus dem 4. Jahrhundert vor unserer Zeitrechnung –, eine bis heute häufig aufgegriffene Metapher und gewiss die bekannteste des Daoismus. In ihm fallen Traum und gelassene Hingabe an die physischen ebenso wie an die gesellschaftlichen Bedingungen zusammen. Im ersten Teil dieses Gleichnisses vom Schwebezustand als perfektem Bild der daoistischen Formel des »Tun ohne zu tun« (*wei wu-wei*) heißt es: »Einst träumte Zhuang Zhou, er sei ein Schmetterling – ein Schmetterling, der glücklich und fröhlich umherflatterte.« [4]

Dieser Traumzustand setzt ein Augenmaß voraus, das in all seinen Bewegungen nicht zu kurz greift, aber auch nicht zu weit geht, das sich zwischen Tun und Getan-Werden niederlässt und sich in einem Zustand relativer Gelassenheit gefällt. Der dergestalt Schwebende ist mit einem Gewicht ausgestattet, das präzise dem der umgebenden Kräfteverhältnisse entspricht. Er entwickelt eine Ausgewogenheit, die aus subtilsten Anpassungsbewegungen an den umgebenden Luftraum fließt. Mit den Worten François Julliens, eines der wohl profundesten Kenner chinesischer Kultur und Philosophie in Europa: »Besteht die Kunst des Tins, die *Feinmechanik des Handelns* nicht oft gerade darin, so weit wie möglich auf unser eigenwilliges Zutun zu verzichten und *zu tun, ohne zu tun* (*wei wu*-wei), sodass es sich gleichsam von selbst (*ziran*) tut bzw. ganz von alleine zu gehen scheint?« [5]

Seine Reflexionen zu dieser Feinmechanik des Schwebens hat der chinesische Film erst in den letzten Jahren entwickelt. Zwar sind die akrobatischen Einlagen von Schauspielerinnen der 1960er Jahre wie Josephine Siao und Chan Po-chu und von Schauspielern der 1970er und 1980er Jahre wie Bruce Lee und Jackie Chan bekannt [6]. Doch der Unterschied zwischen diesen genrekonformen Wuxias mit ihren Sprüngen und Schlägen in einem Wirkungsradius, der prinzipiell noch wahrscheinlich ist, und jenen Genregrenzen überschreitenden Arbeiten von Zhang Yimou oder Ang Lee ist enorm. Diese destillieren aus den Körperbewegungen eine Dynamik, die die Körper zu unwahrscheinlichen Flügen ermächtigt. Erst wenn die Gesetze der Schwerkraft sichtlich und plakativ überwunden werden, beginnt der Flug des Schmetterlings von Zhuangzi (vgl. Film clip no. 04).

Ich würde diesen Paradigmenwechsel – mit der gebotenen Vorsicht bei solchen Periodisierungen – etwa 1991 mit WONG FEI HUNG (1991) von Tsui Hark ansetzen, der etwas unglücklich mit ONCE UPON A TIME IN CHINA übersetzt wurde. Gleich im ersten Syntagma vollzieht der Titelheld Wong, als Arzt und Schwertkämpfer auch eine legendäre Figur in der chinesischen Geschichte und Populärkultur, einen emblematischen Schritt mit einer Serie von Schwebeflügen. In dieser Episodenfolge aus dem Leben des Sun-Yat-sen-Zeitgenossen der letzten Jahre des 19. Jahrhunderts steht er im Dienste der Befreiung von den imperialistischen Mächten Frankreich, USA, England und Russland. Doch die politischen Denotate werden augenblicklich überwuchert von dem heißen Konnotationsstrom fliegender Souveränität im

Das Kino träumt

»Ich fliege!«

Ein Raum reiner Bewegung: Der Schleiertanz in Zhang Yimous HOUSE OF FLYING DAGGERS

Denken und Handeln. Wong übernimmt während eines Festes auf einem Segelschiffs von einem seiner durch die Takelage fliegenden Mitkämpfer ein Drachenkostüm. Euphorisch erhebt er sich mit diesem weiteren Emblem der Befreiung im und zum Fluge empor in die Taue. Seine Sprünge werden gedehnt durch Zeitlupeneffekte und sind eingespannt in die Takelage zwischen Himmel, Erde und Meer (vgl. Film clip no. 05).

In späteren Filmen lösen sich diese Bewegungen immer mehr vom Boden und zugleich von den zielgerichteten Narrativen, die den Körper als Waffe und Geschoss zur Durchsetzung politischer oder anderer Ziele einsetzten. Vorläufig scheinen sie ihr Telos in den auch bei uns wohlbekannten Arthouse-Wuxias gefunden zu haben. In CROUCHING TIGER, HIDDEN DRAGON (Tiger & Dragon; 2000; R: Ang Lee) und ähnlichen Arbeiten aus den letzten Jahren biegt sich diese Pragmatik bereits wieder in sich zurück. Narratives Telos und politisches Handeln verschwinden hinter dem Zelebrieren reiner Schaulust. Die menschlichen Flugobjekte verlassen ihre Zielgerade und schweben, dem Zhuangzi'schen Schmetterling gleich, zum puren Behufe oneirischer Sensation.

2. Verschleierung: Flugobjekt Mensch

Gewiss, seit gut 80 Jahren fliegen im chinesischen Kino die Gegenstände. Bereits in den ersten Filmen des Schwertkämpfer-Genres, den im Shanghai der späten 1920er Jahre entstandenen *shenguai wuxia*, also Schwert- und Hexerei-Filmen, wurden Waffen als Flugobjekte auf die Reise ins Fleisch der Gegner geschickt. HUO SHAO HONG LIAN SI (The Burning of the Red Lotus Temple; 1928; R: Zhang Shichuan) etwa entwickelte Schwerter, die weit über das Kino hinaus in andere Schaukünste flogen und ihrerseits nicht ohne Einfluss auf die klassische Oper, etwa der chinesischen

Teochew-Minderheit in Singapur und Thailand, geblieben sind [7]. Das daraus sich entwickelnde Wuxia-Genre griff systematisch auf eine Tradition von Schwertkämpfern und (wichtig: auch) Schwertkämpferinnen in der chinesischen Literatur zurück, die bis ins 8. Jahrhundert unserer Zeitrechnung reicht. Die dabei vollzogenen Rituale dienten unter anderem der Entwicklung der ritterlichen Tugend des *Xia*, in der sich der Gebrauch des Schwerts von reiner Waffenverwendung zu einem kulturellen Symbol absoluter Körperbeherrschung wandelte [8]. Bereits zwischen dem 8. Jahrhundert vor unserer Zeitrechnung und dem 6. Jahrhundert unserer Zeitrechnung entstanden so die Grundlagen einer Körperkultur, die der Überwindung von Trägheit und Schwere diente. Daraus folgte ein bis in die aktuellen Wuxia-Filme wirkendes Paradox: Einerseits wird den Körpern in ihrem Flug gewaltige Durchschlagskraft zugemessen, andererseits arbeiten die verschiedenen diskursiven Verfahren des Kinos mit großer Erfindungskraft an der Inszenierung eleganter, schwereloser und schmetterlingshafter Humanflüge.

Die oneirische Aufhebung der Trägheit des Flugobjekts Mensch führt nicht selten dazu, dass dieser überhaupt nicht oder nur teilweise als solcher zu erkennen ist. Häufig erscheinen die der Bodenhaftung entwachsenen Kämpfer und Kämpferinnen als in Schleier gehüllte, körperlose Wesen, deren Dichte sich verflüchtigt hat. Die Schleier, leicht und luftig, flüchtig und fliegend, verbergen und verhüllen die Körper ihrer Träger und Trägerinnen und verstellen die Sicht auf massive Körperobjekte. Sie zeigen auf die andere Seite der materiellen Substanzen von Körpern und Objekten, die eben gerade im Traum und im Film besondere Bedeutung erlangen. Damit rufen sie den Triumph der Körperlosigkeit und den Sieg über die materiellen Dimensionierungen von Raum und Zeit aus. Der Schleier fügt sich weder dem Gewicht der Körper, die er umgibt, noch der Trägheit ihrer Bewegungen.

Als solcher ist er prädestiniert für seine Funktion als Attribut halb körperlicher, halb geistiger Wesen. Der von Tsui Hark produzierte SIEN NUI YAU WAN (A Chinese Ghost Story; 1987; R: Ching Siu-Tung) etwa verpasst seiner Füchsin von Beginn an diese körperverhüllenden Textilien und lässt sie dergestalt bereits durch das Kostüm in das Zwischenreich der Untoten gleiten.

Wichtiger allerdings: Der Schleier gibt auch ein eigenes Zeitmaß vor. Seine Bewegungen sind getragen und schwebend. Sie bilden das Echo der Körperbewegungen. Den raschen Tempo- und Richtungsänderungen des umhüllten Körpers fügen sie sich nicht ohne leichten Widerstand und spürbare Verzögerung. Der Schleier entwickelt dergestalt aber auch ein autonomes Raumverständnis. Er ist die verräumlichte Fläche: Über keine Dichte verfügend, ist er dünn wie ein Hauch, ein leichtes Textil eben, ohne allerdings an die Zweidimensionalität der Leinwandfläche gebunden zu sein. Er wölbt sich, getragen von Wind und Luft, deutet Gestalten an, ohne sie jemals auszufüllen. Sein schimärisches Erscheinen täuscht Formen vor ohne Formen zu bilden. Das macht ihn etwa in der CHINESE GHOST STORY zum faszinierenden Objekt fetischistischer Begierde. Farblich differenziert durch Nieh Hsiao-Tsings orange Kleidung und durch einzelne Schriftzeichen, die wie Embleme dazwischengearbeitet werden, setzt die Figur aus dem Zwischenreich von Leben und Tod gegen Ende des Films zu einem erhabenen Flug an. Mit dazwischengestreuten Einstellungen des orangefarbenen Schleiers erinnert ihr ätherischer Tanz nicht von ungefähr an die Licht/Luft/Stoff-Inszenierungen Loë Fullers im Pariser Fin de siècle. Beide tragen mit ihrem Schleierflug maßgeblich zur Konstruktion eines spezifischen Chronotopos bei, der durch vielgestaltige Richtungsvektoren von Bildbewegung und Bewegung im Bild, durch verschleierte Kombinatorik von Blick und Blickobjekt sowie vor allem durch eine Aufhebung substanzieller Dichte der dargestellten menschlichen Körper gekennzeichnet ist.

In Zhang Yimous SHI MIAN MAI FU (House of Flying Daggers; 2004) wächst sich dieser autonome Raum reiner Bewegung, den der Schleier in und mit seinem diskursiven Umfeld definiert, zu einem veritablen kinetischen und kinematografischen Gebilde aus. Wie Philippe-Alain Michaud es bei der Inszenierung der reinen kinematografischen Bewegung durch die Tänzerin des ANABELLE SERPENTINE DANCE (1894) im *Black Maria*-Studio

William K.L. Dicksons beschrieben hat [9], entwickeln sich die großflächigen und großräumigen Kreise, Schlingen und Spiralen des Textils zu einer Bewegtheit, die sich vollständig von der Statik des umgebenden Dekors löst. Die körperlose Bewegung der Schleier verdrängt die festgefügten Körper des umgebenden Raums (vgl. Film clip no. 06).

Die Montage verstärkt dabei den Effekt einer frei bewegten Räumlichkeit, die ihre Dynamik nicht aus der Differenz zum statischen Umfeld ableitet, sondern als für sich und in sich bewegtes – also paradigmatisch kinematografisches – Ensemble wahrgenommen wird.

Dennoch weist der Schleier so etwas wie eine eigene, eigensinnige Körperlichkeit auf. Seine Faszination mag auf die Gefügigkeit des Stoffs zurückzuführen sein: In den Filmen aber ist er oft eigenständiger und widerständiger als die festen Körper, die er vortäuscht. Allerdings nicht durch hartes oder manifestes Widerstehen, auch nicht nur durch kluges Zurückweichen und Umhüllen des eindringenden, aufdringlichen Gegnerobjekts, sondern als festes, effektives Tau, das Tod ebenso wie Rettung verspricht. In der CHINESE GHOST STORY etwa dient er als Rettungsring, der den Protagonisten und Steuereinnehmer Ning Tsai-Shen aus dem Keller birgt, in dem sich der Schrein der Leichen befindet.

Doch welche Bewandtnis hat es mit dem wohl augenfälligsten Merkmal dieses Textils im narrativen Zusammenhang, seiner Funktion als Verhüllungsmittel des menschlichen Körpers? Jullien hat in einem ähnlichen Zusammenhang darauf aufmerksam gemacht, dass es in der chinesischen Malerei merkwürdigerweise nicht die geringsten Anzeichen eines bei uns ganz zentralen und tragenden malerischen Genres gibt: der Aktmalerei [10]. Dies weise, so Jullien, auf eine »energetische« Betrachtungsweise des Körpers hin, die weniger die bei uns üblichen Kategorien der anatomischen Modellbildung und der ästhetischen Kanonisierung im Blick habe als auf Formbildungen im Sinne ideogrammatischer Schematisierung und auf ein konkretes »Für sich« der Körperlichkeit verweise, die bestimmte Aspekte des »Geistigen« kategorisch mit einschließe. Dahinter wiederum verberge sich, auf Umwegen gewiss, auch die Tatsache, dass dem chinesischen Denken die Vorstellung einer Ontologie und einer in der Tradition aristotelischer Erkenntnistheorie damit verbundenen Substanzialität weitgehend fremd sei. Der Körper als solcher, als substanzieller Ausgangspunkt von Denken und Sein, wird in dieser Vorstellung verdrängt durch ein Beziehungsnetz von Kräften. Er erweist sich als Gewebe, das die konkreten Erscheinungsformen fliegender, luftiger Beziehungen, aber auch seine Funktion als Agens ereignishafter Momente betont. Statt des Körpers sieht man nurmehr seine Bewegungen und die Effekte seiner Einwirkungen. Auch damit drängen sich nicht wenige der uns immer wieder heimsuchenden Traumbilder auf.

In dieser Hinsicht findet der Schleier als Flugobjekt sein Pendant im Wurf- oder Fluggeschoss. Kugel oder Patrone, Keule oder Speer setzen ihre Bewegungen ebenfalls nicht gerade folgenlos durch, wenn auch mit anderen, entgegengesetzten Effekten. Der Schleier umhüllt, umschmeichelt, umfängt; das Projektil durchstößt, zerschlägt, zerstört. Je mimetischer diese Flugobjekte dargestellt werden, desto klarer treten ihre Eigenschaften und Unterschiede ans Licht. Wer FLYING DAGGERS erstmals sieht, ist genau von dieser Eigenschaft nachgerade verstört. Der Schleier im filmischen Schleiertanz ist ätherischer denn als realer, der Speer in den Flugeinstellungen gibt sich durchschlagender, als er es als Waffe tatsächlich zu sein vermag. Beider Prinzip ist das der Täuschung, die durchaus auch als ästhetische Schärfung und Verdichtung bezeichnet werden kann.

3. Die erhabene Sicht: Jenseits des Blicks

Damit komme ich zum dritten und letzten Teil meiner Skizze, welche die bisher doch teilweise leitende motivische Spurensuche endlich und endgültig verlässt. Waren die beschriebenen Flugbewegungen weitgehend aus bodenständiger Sicht, wenn auch bisweilen mit luftigen Schwenks und verwegenen Fahrten aufgenommen, so beginnt nun der Blick selbst zu schweben. Die visuellen Hochschaubahnen, die wir von den einschlägigen Attraktionen der Lunaparks und 3-D-Säle bis zum Überdruss kennen, hinterlassen ihre Spuren im

Gedächtnis, wie ein misslungener Flugtraum über Tage hinweg sich immer wieder in die Alltagswahrnehmung zu mischen anheischt. Ihr ästhetischer und semiotischer Status in der chinesischen Bildkultur dürfte allerdings erheblich von dem abweichen, was ein am hegemonialen Kino euroamerikanischer Provenienz geschultes Sehen damit verbindet.

Ebenso faszinierend wie beunruhigend sind diese traum- und albtraumartigen Bildläufe, weil sie in mehrfacher Hinsicht ein Zwitterdasein führen. Sie bleiben unschlüssig zwischen Traum- und Wachzustand, zwischen Subjekt- und Objektstatus. In ihrer schwebenden Unschlüssigkeit gleichen sie – wiederum – dem Schmetterling in Zhuang Zhous Traum, der – so zumindest nach den gängigen Lektüren Zhuangzis – auch als Gleichbehandlungsgrundsatz zwischen Tod und Leben gelesen werden kann und häufig gelesen wurde. Es heißt dort, gleich anschließend an die bereits zitierte Stelle vom fröhlich flatternden Falter:

»Er wusste nicht, dass er Zhuang Zhou war. Plötzlich erwachte er und war ganz handgreiflich Zhou. Nun wusste er nicht, ob er Zhou war, der geträumt hatte, ein Schmetterling zu sein, oder ein Schmetterling, der gerade träumte, Zhou zu sein.« [11]

Was Zhuangzi hier durcheinanderwirbelt und neu aufmischt, ist nicht nur das Subjekt/Objekt-Verhältnis zwischen Traum und Geträumtem, Äußerung und Aussage. Es ist der viel radikalere und für uns gar nicht so leicht auszubuchstabierende Versuch, die Differenz zwischen Subjekt und Objekt im Sinne unserer Aussagenlogik aufzuheben [12]. Nachdem er im Traum vergessen hatte, wer er war, nistet er – oder es oder was auch immer – sich nach dem Erwachen in einem Zustand ein, der sich irgendwo zwischen Träumen und Geträumtem, Denken und Gedachtem situiert und verliert. Nirgends vermag er recht heimisch zu werden, und beide Zustände fließen in einer diffusen Bewegung auf einem gleichwohl zu bestimmenden Weg zusammen. Wohl auch deshalb ist der Traumgegenstand nicht irgendein Lebewesen, sondern eben eines, das sich frei schwebend und schwankend, ungebunden und richtungslos zwischen Himmel und Erde bewegt. Es strebt weder direkt nach oben noch nach unten, entscheidet sich nicht für die eine Richtung oder die andere. Der Schmetterling wird zum Bild der Indifferenz, das François Jullien auch bei Zhuangzi findet:

»Die chinesische Tradition entwickelt ein Denken aller Denkrichtungen, das allumfassend und nicht parteiisch ist, das alle Perspektiven einbezieht und deshalb nie Partei für eine Seite ergreift.« [13]

Parteiloses und multiperspektivisches Denken gut; doch wie steht es mit dem Sehen? Finden wir auch im Bilderdenken diese perspektivische Offenheit? Schließt der Schmetterling nicht auch sein Anderes als Bild aus, nämlich den einen, den vereinheitlichenden Blick? Wer denn oder was könnte sich anmaßen, ihn zu sehen, wenn das Denken von End- und Ausgangspunkt, Subjekt und Objekt, Blick und Gegenstand zu verschwimmen beginnt und dazwischen, im Prozess des Sehens, schwebend verharrt?

Falls so etwas denkbar oder vielmehr sichtbar wäre, so müsste dieses Nicht-Blick-Regime doch zwangsläufig die uns geläufige anthropologische Bestimmung menschlicher Subjektivität in einen Strudel der Ungewissheit ziehen, und die hier vorgestellten humanen Schwebeflüge wären allenfalls humanoid. Nur vage gebunden an den Blick einer der diegetischen Figuren oder an den einer übergeordneten Personifizierung des Sehens, bringen die Schwebeflüge eine Reihe von filmtheoretischen Problemen um die Frage der Subjektkonstruktion ins Spiel. Denn tatsächlich: Die freischwebenden Sichten über Dächer und Wälder, im Windschatten fliegender Humanoiden bewegen sich hart an der Grenze dessen, was fundamental für die im Fiktionsfilm notwendigen Verfahren der Stiftung von Wahrscheinlichkeit ist.

Christine N. Brinckmann hat deshalb einige allgemeine Voraussetzungen zu dieser Grenzfliegerei – nunmehr auf der Seite des Blickenden – erörtert. Mit solchen Bewegungen des Sehens gehe in den meisten Fällen ein Vorgang einher, den die übrigens in China Geborene und dort auch einige Zeit Aufgewachsene als Anthropomorphisierung beschrieben hat. Sie führt den aus den Apparatus-Theorien stammenden Begriff der Subjektivierung auf den Boden der bedeutungstragenden Tatsachen zurück und bringt den sehenden Menschen

Das Kino träumt »Ich fliege!«

Frage nach der »Kameraperson«: Schwebeflug in HOUSE OF FLYING DAGGERS

hinter der Kamera erneut in die Diskussion ein. Mit diesem mutigen Schritt der Konkretion, der eine aus dem filmtheoretischen Diskurs der letzten Jahrzehnte fast verschwundene Kategorie aufgreift, verfolgt sie einen nachgerade chinesischen Weg. Anthropomorphisieren heißt, so Brinckmann, die im Zuge des Filmsehens vor sich gehende Besetzung bestimmter Kameratechniken mit Konnotationen des menschlichen Blicks. Brinckmann führt, um dies auch begrifflich spürbar zu machen, dazu den hybriden Begriff der »Kameraperson« ein. Diese Instanz, die im Dokumentarfilm immer spürbar bleibt, im Spielfilm aber konventionell aus dem Wahrnehmungsrepertoire verdrängt wird, umfasst die Kamera »ebenso wie die Person hinter ihr« [14], einschließlich der Crew.

Gerade bei der uns beschäftigenden Frage der fliegenden Kamera und einer mit ihr verknüpften Subjektivität filmischer Wahrnehmung ist die Erinnerung an eine solche Kameraperson ebenso er-

hellend wie problematisch. Immer wieder taucht bei fliegenden Kranfahrten, Steadicam-Aufnahmen oder bei der Kombination von getragenen Schwenks mit deutlich akzentuierten Aufsichten, ganz zu schweigen von den Aufnahmen aus Kamera-Hubschraubern oder synthetisch erstellten Flügen, die Frage nach dem Hinter-der-Kamera auf: Fliegt da wer? Wenn die Sicht fliegt und dieser Flug irgendwie an die Vorstellung eines Menschen mit all seinem Vermögen und Unvermögen geknüpft wird, entsteht dann nicht – wie zum Beispiel in CHAT GIM (Seven Swords; 2005; R: Tsui Hark) – ein Widerspruch, eine kognitive Dissonanz, ein Gefühl des Unheimlichen oder eben wieder: die Erinnerung an traumähnliche Erfahrungen (vgl. Film clip no. 07) [15]?

Eine ähnliche Verunsicherung stellt sich in Bezug auf die Zuweisung narrativer Funktionen ein. Man fällt gleichsam zurück in eine Grundfrage filmischen Erzählens und fragt sich, ob diese Flug-

Intelligente Waffen: »Raketenkopf«-Einstellungen in HOUSE OF FLYING DAGGERS

und Schwebesichten denn nicht vielleicht doch einfach unabhängig von Blicken diegetischer Figuren zu erfassen sind: Kann das noch eine Subjektive einer der Helden oder Heldinnen sein? Mit anderen Worten: Jede diskursive Bewegung wird – zumindest versuchsweise und mit jener Systematik ausgestattet, die Edward Branigan als Hypothesen-Theorie [16] beschrieben hat – auf das Konto eines Elements der Geschichte gesetzt. Dergestalt motiviert, kann sie dann – wie in der 90. Minute von HOUSE OF FLYING DAGGERS – in die Logik und Chronologik des diegetischen Ablaufs eingefügt werden (vgl. Film clip no. 08).

Brinckmann kommt auch auf solche Fälle zu sprechen, allerdings als Ausnahmen von der gängigen Kodifizierung. Sie weist auf jene kulturelle und kinematografische Trennlinie hin, die überschritten wird, wenn die Kamera abzuheben und wir mit ihr zu schweben beginnen:

»Eine andere Tradition könnte ganz im Gegenteil verfahren, die Kamera dürfte durch Mauern und über Abgründe schweben und neben der Sicht auf die Personen auch ihre Gedanken und Träume visualisieren.« [17]

Was in diesen Beiträgen zur Erzähltheorie sorgsam als Grenzfälle sogenannter Genre-Wahrscheinlichkeiten oder spezifischer Bewusstseinszustände – *mental images* – wie Traum oder Wahnsinn aufgelistet wird und als Ausnahme oder gescheitertes Experiment gilt, scheint in den chinesischen Kinematografien allerdings eher zum kodifizierten Normalfall geworden zu sein. Schwebende Sichten erscheinen darin ganz einfach als Ausflüsse der Raum- und Blickauffassung einer Kultur, die dem subjektivierten Sehen nicht jenen Stellenwert eingeräumt hat, den wir kennen.

Diese Flüge sind weder desillusionierend, indem sie uns ausdrücklich auf die Kameraperson hinweisen, noch drängen sie den Wahrnehmungsprozess in die Subjektive von Mental- oder Traumbildern ab. Sie bleiben, was sie sind: Flugbilder wie Träume, ohne sich an Träume von diegetischen Figuren, Kamerapersonen oder sonst irgendeiner anthropomorphen Instanz auszuliefern. Sie bewegen sich an der Grenze diskursiver Logik der uns geläufigen Filmtheorie wie auch der uns bekannten Erzählkonventionen. Es ist ein Träumen ohne Traum, durchmischt mit einem Schwelgen und Jubeln, das einen direkten Bezug zu dem im Schmetterlingstraum thematisierten Gleichbehandlungsgrundsatz zwischen Traum und Wirklichkeit herstellt.

Allerdings findet sich in etlichen Wuxia- und Wuxia-ähnlichen Produktionen der letzten Jahre ein zweites Verfahren der bewegt-fliegenden Blickkonstruktion. Es setzt sich deutlich von den bisher diskutierten Schwebeflügen ab und entfernt sich von den oneirischen Welten. Man könnte es in die Nähe des Gestus von Überwachungs- und Infrarotkameras rücken und es deshalb mit Brinckmann *technomorph* nennen. Dieser überhaupt nicht mehr zu anthropomorphisierende Bildtypus weist deutliche Analogien zu den Fernsehbildern auf, die erstmals in den nazi-deutschen Köpfen der V2-Raketen aufgenommen und ein halbes Jahrhundert später anlässlich der Videoaufnahmen aus den Projektilen US-amerikanischer Raketen im ersten Irakkrieg 1991 weltweit bekannt wurden (vgl. Film clip no. 09).

Die Nicht-Fernseher – sofern es solche gibt – kennen diese Bilder aus GPS-gesteuerten Systemen vermutlich eher aus den filmischen Analysen Harun Farockis. Diese intelligenten Waffen leiten, so der hellsichtige Filmemacher, eine neue Bilderpolitik moderner Kriegsführung ein, die »immer mehr von globalen und taktischen Frühwarnsystemen und weltumspannender Überwachung bestimmt wird« [18].

Eine ganz andere, aber nicht minder subtile Analyse solch bildpolitischer Höhenflüge scheint auch Zhang Yimous YING XIONG (Hero; 2002; R: Zhang Yimou) vorzulegen. Die Szene des ersten Kampfes, den der Held Namenlos im Innenhof eines Tempels gegen einen der aufständischen Satrapen namens Weiter Himmel ficht, zeigt sich als merkwürdige Kombinatorik anthropomorpher und *technomorpher* Kameraverwendung. Diese emblematische Bildfolge besteht einerseits aus Einstellungen, die unserem oneirischen Bildtyp des Schwebeflugs zuzuordnen sind, und andererseits aus den beschriebenen Raketenkopfbildern. Dazwischengefügt ist ein Segment, das diesen Kampf – vermittelt über einen Guzheng-, also Harfenspieler – als rein geistigen oder vielleicht besser: latenten Dialog zwischen den beiden Kämpfern erscheinen lässt (vgl. Film clip no. 10).

Die Szene beginnt, nach der Deskription des situativen Umfelds, mit vier Einstellungen, die den Blick des Angreifenden während des Flugs auf seinen Gegner zeigen. Man sieht aus der – etwas verrückten – Perspektive des fliegend Angreifenden das näherkommende, größer werdende Gesicht seines Feindes. Dieses Raketenkopfbild wird kurz darauf von einigen virtuosen Schwebeflügen abgelöst, die von der Kamera in eleganten Begleitfahrten und Schwenks eingefangen werden. Bereits dieses Vorspiel, das dann durch die Intervention eines auftretenden blinden Guzheng-, also Zitherspielers gleichsam vergeistigt und unter Einfluss des Musikers in die Vorstellung der Kämpfer transponiert wird, bringt die Polarität dieser beiden Bildtypen ein. Es suggeriert gewissermaßen eine Paradoxie des Blicks, der sich zwischen der subjektiven Wahrnehmung einer Person, hier des Kämpfers Namenlos, und dem Gestus maschinenverfertigter Bilder eines Flug- und Kampfgeräts einnistet.

Karl Sierek   **Das Kino träumt**

Verwirklichung eines Menschheitstraums ...

schen Diskursraum des Spielfilms, der sich von dem der Überwachungsbilder unterscheidet. Dann verfeinert er den Grad der Technisierung, da hier mit brillanten, Farbe und Schwarzweiß ablösenden Tageslichtaufnahmen gearbeitet wird und nicht mit dem Ergebnis rechnerischer Prozesse, in denen die Bilder auf Algorithmen und technische Operationen reduziert sind. Und drittens schließlich vollzieht diese Bildfolge und mit ihr viele, die im Rahmen des Wuxia-Genres im aktuellen chinesischen Festlandkino arbeiten, zugleich einen Schritt der Mythologisierung. Denn die Darstellung dieses technisch ermöglichten Flugs zeigt nicht nur einen Traum der Menschheit, sondern lässt ihn auch – durch die virtuos eingesetzten Verfahren der Konstruktion von Wahrscheinlichkeit – möglich oder teilweise bereits wirklich erscheinen.

Mit dieser dreifachen Faltung des Diskurses in Fiktionalisierung, Technisierung und Mythologisierung ist HERO das festlandchinesische Pendant zum Hongkong-amerikanischen CROUCHING TIGER, HIDDEN DRAGON, wenn auch vergleichsweise komplizierter gebaut. Während der Ang-Lee-Film auch in seinen Kampfszenen als veritabler Hybrid zwischen östlichen und westlichen Mythen, zwischen Wuxia und Western bezeichnet werden kann, arbeitet Zhang eine innere Beziehung zwischen zwei Modalitäten des Filmflugs heraus, die ebenso tief in der chinesischen Kultur verwurzelt wie in aktuelle politische Diskurse verwickelt sind. HERO – übrigens etwa zur Lebenszeit von Zhuangzi, dem Verfasser des Schmetterlingstraums während

Aus dieser Kombination zweier Bildtypen entfaltet der Film einen dreifachen Diskurs: Als Fiktionalisierung entwickelt er zunächst den spezifi-

der streitenden Reiche (480-221 vor unserer Zeitrechnung) angesiedelt – konfrontiert diese zwei Flugmodi und bringt sie in ein harmonischen Verhältnis.

Die Dehnung eines Nicht-Ereignisses, des musikuntermalten, geistigen Wettstreits, der Einschub von Raumschrägen durch gekippte Kameras, der Übergang der diskursleitenden Instanz von der Logik des Kampfes auf die Rhythmik der Musik erschwert dem Betrachter den Aufbau eines konsistenten Raums, der sich in die Achsen und Dimensionen der Logik und Kausalität euklidischer Geometrie und seiner Wahrnehmung durch den Blick fügt. Angesichts dieser inszenierten und montierten Gebilde verlieren jene Wahrnehmungs- und Verständnismodelle weitgehend ihre Wirksamkeit, die aufgrund der Zusammenstellung von Tatsachenreihen Vorgänge und Folgen zu bestimmen versuchen. Der Zwischenraum, der durch diese Entkoppelungsverfahren sichtbar wird, erweist sich als jener Denk- und Traumraum, der die raum/zeitliche, über den Blick erschlossene Kausalität durch eine andere Wirksamkeit ersetzt. Statt einem kausalen Prinzip gehorcht dieser Raum eher einem modalen Prinzip, das nach den Worten François Julliens darin besteht, »dass die Chinesen sich nicht fragen ›Warum‹, sondern ›Wie‹: nicht woher die Welt kommt, sondern wie sie läuft.« [19]

Vielleicht noch treffender hat ähnliche Entwürfe allerdings Marcel Granet, der große Sinologe und Begründer einer strukturalistischen Chinawissenschaft, zu fassen versucht. Er betont, dass in China statt der uns geläufigen Formen narrativ

... Die Kontrahenten in HERO heben ab

konsekutiver Aufeinanderfolge das Prinzip des sogenannten Aspektwechsels entwickelt wurde. Gegenstände und Ereignisse seien nicht durch Ursache und Wirkung aufeinander bezogen und miteinander verknüpft, sondern wiesen ein Bezugssystem auf, das eher vergleichbar sei mit dem Verhältnis von Echo und Ton oder von Schatten und Licht: Bezugssysteme wechselseitiger Abhängigkeit ohne direkte Kausalbezüge. Was sich daraus an Bildabläufen kristallisiert, wäre dann als so etwas wie eine Signal-Montage zu skizzieren. Sie besteht in der Aneinanderreihung verschiedener Ereignisspuren, die nicht als kausale Abfolgen von Handlung und Ergebnis, Blick und Objekt funktionieren, sondern als Zusammenhänge zu lesen sind, die sich aus der Subjekt/Objekt-Logik herausgelöst haben:

»Statt den Lauf der Erscheinungen als eine Folge von Phänomenen zu deuten, die messbar und daher miteinander in Beziehung zu setzen sind, erblicken die Chinesen in den sichtbaren Gegebenheiten nichts als eine Masse konkreter Signale.« [20]

Aus der Zeit: Signal-Montage

Im Lichte dieser Theoreme zu einer Signal-Montage, die auf der Grundlage des modalen Prinzips noch präziser zu bestimmen ist, erschließt sich nun auch die Bildfolge der ersten Kampfszene aus HERO in anderer Weise. Sie könnte paradigmatisch für nicht wenige ähnlich konstruierte Ereignisserien im chinesischen Gegenwartskino der Fünften Generation stehen, in denen sich die Bildfolgen nicht eindeutig einem Blicksubjekt und seinem erblickten Objekt zuordnen lassen. Subjekt und Objekt des Blicks sind dabei eher als die zwei Seiten einer Medaille zu beschreiben: einander zugehörig, aber nicht zwangsläufig kausal aufeinander verweisend oder einander voraussetzend.

Mit dieser modalen Bildlogik erweist sich HERO übrigens auch einem gerade in Europa angelaufenen chinesischen Film wesensverwandt. In LE VOYAGE DU BALLON ROUGE (2007), dem Remake des von André Bazin in den 1950er Jahren erwähnten LE BALLON ROUGE (Der rote Ballon; 1956) von Albert Lamorisse, entwickelt Hou Hsiao-Hsien ein lebhaftes Interesse an ephemeren Erscheinungen wie den fliegenden Schatten eines Karussells am Boden, den Spiegelungen in den Scheiben der Vorstadtzüge oder den Oberleitungen am Bahnhof, die er übrigens auch schon in KÔHÎ JIKÔ (Café Lumière; 2003) vorgestellt hat. Vor allem aber weiß Hou den Luftballon als unbestimmbare, schwebende Instanz einzubauen, die kommt und geht, erscheint und verschwindet, ohne direkt in die Konstellation der Protagonisten einzugreifen. Diesem beseelten Flugobjekt gelingt es, aus seinem merkwürdig abgehobenen und selbstversunkenen Schweben herauszutreten und als teilnehmender Beobachter ohne Blickmacht ganz einfach da zu sein: nicht durchs Küchenfenster blickend, sondern als Instanz der Transformation des Jungen wirkend.

Im roten Ballon bündeln sich, so kann man schließen, die wichtigsten Elemente meiner Materialsammlung für eine – noch zu leistende – Typologie des Filmflugs und seiner Affinitäten zur Traumerfahrung: Kulturhistorisch relevante Flugobjekte (KUFOS), subjekt- und objektungebundene Bewegungen, die Befreiung vom Joch der Naturgesetze sowie die reine Sicht entwerfen ineinander fließend und miteinander verzahnt das, was man als kinematografisch-oneirisch-aviatischen Chronotopos bezeichnen könnte.

So erweist sich im Rückblick auch Balázs' Vorschlag, die Filmerfahrung als Träumen von Raum und Zeit zu verstehen, als nachgerade chinesische Ahnung. Im Flug und seiner filmischen Darstellung äußert sich diese Sicht als kohärente Befindlichkeit von Prozess und Regulierung, Weg und Gangbarkeit, die François Jullien als wohl wich-

Beseeltes Flugobjekt: LE VOYAGE DE BALLON ROUGE

tigste Eigenschaft chinesischer Erkenntnislehre ortet. Sie geht nicht auf ein Denken der Zeit als abstrakter und vektorieller Kategorie zurück, sondern auf Moment und Dauer als Verlaufseinheiten. So ermöglicht sie ein Schweben nicht über, sondern mit den Dingen. Wird dieser bodenlose Zustand nicht tatsächlich als jenes Heraustreten aus der Zeit empfunden, in dem »die Zukunft, die Gegenwart und die Vergangenheit nicht einander gegenüber« [21] zu stellen sind?

Anmerkungen

1. Edgar Morin: Der Mensch und das Kino. Stuttgart 1958, S. 9.
2. Béla Balázs: Der Film. Werden und Wesen einer neuen Kunst. Wien 1949, S. 44.
3. Ebenda, S. 166.
4. Zhuangzi: Zhuangzi. Auswahl. Übersetzt von Stephan Schuhmacher. Stuttgart 2003, S. 61.
5. François Jullien: Der Umweg über China. Ein Ortswechsel des Denkens. Berlin 2002, S. 27.
6. Petra Rehling: Schöner Schmerz. Das Hongkong-Kino zwischen Traditionen, Identitätssuche und 1997-Syndrom. Zugl. Bochum 2001, 2005, S. 21.
7. Sai-shing Yung: Moving Body: The Interactions Between Chinese Opera and Action Cinema. In: Meaghan Morris / Siu Leung Li / Stephen Chan Ching-kiu (Hg.): Hong Kong Connections. Transnational Imagination on Action Cinema. Hongkong 2005, S. 31f.
8. Jian Zhao: The Early Warrior and the Birth of the Xia. In: NUCB Journal for Language, Culture and Communication 3, 2/2001, S. 40. Zhao zitiert etwa *Wu Yue Chunqiu*, eine bekannte Schrift zur Xia-Kultur, in der es heißt: »[The swordsman] positions himself carefully and controls his breathing; he moves in accord with his mind. He disappears like the faraway sun, and he returns like a leaping rabbit. In a flash he pursues the form and chases the shadow. Nothing can restrain him from moving where he wishes. He sweeps effortlessly over the ground without any hindrance.«
9. Philippe-Alain Michaud: Aby Warburg et l'image en mouvement. Paris 1998, S. 54f.
10. François Jullien: Der Umweg über China. Ein Ortswechsel des Denkens. Berlin 2002, S. 109.
11. Zhuangzi 2003, a.a.O., S. 61.
12. Das ist auch den Schwierigkeiten mit der Übersetzung dieses Gleichnisses zu entnehmen. Es ist nicht leicht, diese Subjekt/Objekt-Zuweisungen aus dem Deutschen, Englischen oder Französischen herauszuhalten, da sie bis in die grammatikalische Struktur unserer Sprachen reichen. Günter Wohlfart nennt dies in seinem Kommentar die »grammatische Erschleichung einer sich durchhaltenden Ich-Identität«, die es zu vermeiden gelte. Die daraus abgeleiteten Übertragungen, Deutungen, Extrapolationen reichen von den unterschiedlichen Deutungen aus der Sinologie und sinologischen Kulturwissenschaft bis zu den philosophischen Diskussionen bei Descartes, Hegel, Buber oder Heidegger. Wohlfahrt, Günther: Einleitung. In: Zhuangzi. Auswahl. Stuttgart 2003, S. 9-34
13. Jullien 2002, a.a.O., S. 86.
14. Christine N. Brinckmann (Hg.): Die anthropomorphe Kamera. Die anthropomorphe Kamera und andere Schriften zur filmischen Narration. Zürich 1997, S. 285.
15. Diesen Effekt weiß insbesondere der Horrorfilm zu nutzen. Immer wieder erinnere ich mich bei der Diskussion dieses Verfahrens an den Beginn von HALLOWEEN (1978; R: John Carpenter), der genau mit dieser Technik des Schwebeflugs beginnt und durch dessen Positionierung zu Beginn keine Rückbindung an eine diegetische Figur erlaubt. Was sich einstellt – und bei mir seit Jahrzehnten anhält, ist der blanke Horror: Wer ist hinter der Kamera? Wer, was, sieht, geht, fliegt?
16. Edward R. Branigan: Point of View in the Cinema. A Theory of Narration and Subjectivity in Classical Film. Berlin, New York, Amsterdam 1984, S. 50ff.
17. Brinckmann 1997, a.a.O., S. 287.
18. Lexikon des Internat. Films (www.filmevona-z.de).
19. Jullien 2002, a.a.O., S. 53.
20. Marcel Granet: Das chinesische Denken, Frankfurt/Main 1984, S. 250f.
21. Jullien 2002, a.a.O., S. 110.

Das flimmernde Fenster

Die realistischen Fantasien des frühen Kinos

Von Paul Young

1918 brachte D.W. Griffith sein Erster-Weltkriegs-Epos HEARTS OF THE WORLD heraus, produziert mit der Hilfe des britischen Informationsministers Lord Beaverbrook [1]. Die amerikanische Kopie von HEARTS OF THE WORLD beginnt abrupt mit folgendem Zwischentitel: »Wir bitten um Nachsicht für diesen kurzen Prolog. Er ist von keinerlei Interesse, außer für das eher ungewöhnliche Ereignis zu bürgen, dass ein amerikanischer Produzent Aufnahmen auf einem echten Schlachtfeld machen konnte.« (vgl. Film clip no. 11) [2]

Der Prolog zeigt dann Griffith, wie er britische Infanteriesoldaten im »Schützengraben an der britischen Frontlinie, 50 Meter vom Feind entfernt« filmt, und schließlich, wie er an der Downing Street Nr. 10 anklopft, um Premierminister Lloyd George seine Aufwartung zu machen. Eindeutig strahlt der Zwischentitel falsche Bescheidenheit über das »ungewöhnliche Privileg« aus, das Griffith dank des Informationsministeriums genoss. Dieses hatte 1916 eine vorsichtige Kampagne unter amerikanischen Filmemachern gestartet, die für die Alliierten Propaganda machen sollten. Indem festgestellt wird, dass Griffith, seine Kamera und seine Crew tatsächlich da waren, auf dem europäischen Schlachtfeld und in London beim Händeschütteln mit Lloyd George, ermutigt der Prolog das Publikum gleichzeitig dazu, den Spielfilm HEARTS OF THE WORLD als eine getreue Wiedergabe der Wirklichkeit des Ersten Weltkriegs zu betrachten.

Man kann wenig gegen die materiellen Tatsachen argumentieren (britische Truppen, Kriegsausrüstung, Schützengräben), die Griffiths Kamera hier und beim Höhepunkt des Films, der Belagerung des winzigen französischen Dorfes am Ende, einfängt. Mehrere Montagen der Dokumentaraufnahmen von Observierungsballons, Panzern und Mörserfeuer erhöhen sowohl den Realismus als auch die Spannung der letzten Schlacht. Der Vor-Ort-Realismus der Griffith'schen Aufnahmen von Schlachtfeldern und Gefechten konnte allerdings nicht allein den Realismus des Films als Ganzen garantieren, jedenfalls nicht zu diesem späten Zeitpunkt in der Entwicklung des narrativen Kinos. Der Realismus des ersten halben Jahrzehnts des Kinos (1894-1900) könnte als *mimetischer Realismus* bezeichnet werden, der die Fähigkeit der Kamera nutzte, eine perfekte visuelle Reproduktion eines Ereignisses an einem bestimmten Ort zu einem bestimmten Zeitpunkt herzustellen und sie an die Vorführorte zu verschieben. Als allerdings Griffith seine Aufnahmen in Cambrin machte, war es bereits 1917, und die Zeit des mimetischen Realismus und der Bewegung als Selbstzweck war schon seit über einem Jahrzehnt vorbei. Wie Charlie Keil gezeigt hat, hatten Kritiker bereits 1908 in der Filmpresse Produzenten von Spielfilmen angefleht, Verweise auf die Künstlichkeit des Kinos, seine technologische Zauberei, zu vermeiden und nicht zu riskieren, eine andere Art des Realismus zu untergraben, die Kritiker noch mehr schätzten als den mimetischen Realismus: Wahrheitsnähe, *verisimilitude*, also die visuelle und dramatische Plausibilität der von der Kamera porträtierten Welt, oder, um es präziser zu formulieren, der von ihr erfundenen Welt. Wahrheitsnähe wich vom mimetischen Standard ab, da sie die durchgängige visuelle und dramatische Darstellung einer filmischen Welt über die einfache Richtigkeit der Bilder stellte. Mit anderen Worten, die Szenen, die in HEARTS OF THE WORLD in der französischen Villa spielen, brauchten nicht in einer echten französischen Villa aufgenommen zu werden, um als realistisch betrachtet zu werden, solange diese Bilder sich mit den Erwartungen des Zuschauers deckten, wie eine solche Villa aussehen sollte, und im ganzen Film einheitlich blieben.

HEARTS OF THE WORLD (1918): D.W. Griffith am Set im britischen Schützengraben und beim Premierminister

Keil bezeichnet das, was ich das *Wahrheitsnähe-Modell des Realismus* nennen werde, als formal konservativ, denn es verlangte von der Industrie, eine diegetische Welt aufzubauen, die vom Roman des 19. Jahrhunderts und dem *Well-made play* stammte, eine Welt, die von einer narrativen Kausalität gesteuert und mit psychologisch entwickelten Figuren bevölkert ist. Wenn Griffith sich uns zeigt, wie er mit seiner Kamera durch die Schützengräben in Frankreich marschiert, beschwört er das mimetische Modell des Realismus aus der Vergangenheit des Kinos wieder herauf und setzt es ein, um den realistischen Anspruch von HEARTS OF THE WORLD auf die denkbar stärkste Art und Weise zu unterstreichen.

Griffiths Versuch, HEARTS OF THE WORLD als mimetisch realistischen Film über einen Krieg zu verkaufen, den die Mehrheit der Amerikaner nie aus erster Hand sehen würde, gibt Anlass, Fragen über den Realismus von mehrspuligen Filmen in der Übergangsphase zwischen filmischer Innovation und filmischem Geschichtenerzählen zu erörtern [3]. Ist es dem Regisseur, der in THE BIRTH OF A NATION (Die Geburt einer Nation; 1915; R: D.W. Griffith) so akribisch eine Bürgerkriegsschlacht rekonstruiert hatte, gelungen, diesen »ersten modernistischen« Krieg überzeugend nachzuspielen? Kristin Thompson stellt dies in Frage. Wie THE BIRTH OF A NATION zuvor, beruht HEARTS OF THE WORLD nach Russell Merritt auf »napoleonischen« Schlachtkonventionen und enthält »Panoramen und Einschübe, die direkt von den Einstellungen aus seinem Bürgerkriegsepos übernommen wurden [...] mit langen Kavallerieangriffen, explodierenden Rauchbomben und rennender Infanterie.« [4] Griffiths Biograf Richard Schickel macht viktorianische Sentimentalität dafür verantwortlich, dass Griffith blind für die Realitäten des Krieges in den Schützengräben war (ganz im Gegensatz zu den Schlachtszenen von HEARTS OF THE WORLD waren Bajonette für weniger als ein Prozent aller Wunden im Ersten Weltkrieg verantwortlich) [5]. Thompson schreibt dies hingegen dem filmischen Konservatismus des »späten« Griffith zu: »HEARTS OF THE WORLD bleibt in seiner Darstellung des Krieges so konventionell wie die anderen Filme (zum Ersten Weltkrieg), die ganz in Hollywood gemacht wurden.« [6]

Diese Kritikpunkte stehen allerdings im Widerspruch zu zeitgenössischen Kritiken, die Griffiths Schlachtszenen spezifisch für ihren Realismus lobten [7]. Metcalfes Kritik in *Life* bezeugt die Durchschlagskraft der Dokumentaraufnahmen: »Viele der Kriegsaufnahmen [des Films] wurden an der echten Front und unter Feuer aus den Feindeskanonen aufgenommen. Mit bemerkenswertem Geschick wurden sie in die Kette des Stücks eingefügt, sodass es schwierig ist, echte Szenen von hergestellten zu unterscheiden.« [8] Nun sind die Kritiken sich in einer Hinsicht mit Thompson einig: Sie kritisieren Griffiths Technik. Metcalfes Kritik beklagt, dass selbst Griffith nicht bestimmte »alte Defizite« bewegter Bilder vermeiden konnte: »[HEARTS OF THE WORLD] gibt uns die grimassierenden Großaufnahmen in all ihrer Absurdität, ist voller ärgerlicher ›Rückblenden‹ oder ›Einblendungen‹, [...] und süßliche Sentimentalität wird wie üblich betont. Mr. Griffith ist zweifellos für diese Dinge weniger verantwortlich zu machen als vielmehr die Forderungen des Publikums, die er bedienen muss.« [9] Trotz alledem, der Kritiker ist wie so viele andere voll des Lobes, wenn er schreibt: »Genau die Einfachheit von HEARTS OF THE WORLD [...] bringt den Schrecken des Krieges nach Hause.«

Die Idee, »den Krieg nach Hause zu bringen«, bringt ein Paradox der realistischen Repräsentation auf den Punkt, das der Übergangsphase eigen ist. Einerseits betont »den Krieg nach Hause bringen« die mimetischen Eigenschaften von HEARTS OF THE WORLD, seine Fähigkeit, Bilder aus den Schützengräben der europäischen Schlachtfelder in Amerikas Kinos zu transportieren. Andererseits verweist diese Redewendung auch darauf, dass HEARTS OF THE WORLD das spätere wahrheitsähnliche Modell des Realismus insofern übernimmt, als dass er den Krieg auf eine Katastrophe *der belagerten Privatsphäre* reduziert: mittlerweile ein Standardthema im amerikanischen narrativen Film. Die mimetische Tendenz des Films stellt seine zahlreichen Bilder der Mechanismen, Arbeit und Geografie des Krieges in den Schützengräben in den Vordergrund, während seine wahrheitsähnliche Tendenz dieselben Bilder in den Dienst einer Geschichte stellt, die durch Figurenkonflikte zusammengehalten und durch eine triumphale Rückkehr zum häuslichen Frieden aufgelöst wird.

Die Frage, der ich mich widmen will, ist irreführend einfach: Welche Bedingungen des Filmemachens und der Rezeption ermöglichen es dem Publikum, HEARTS OF THE WORLD als realistisch zu betrachten? Die Tatsache, dass sich der Film auf den zeitgenössischen *War to End All Wars* konzentriert, gibt uns die Möglichkeit, die Herausforderungen einzuschätzen, die der Erste Weltkrieg für das sich gerade entwickelnde Wahrheitsnähe-Modell des filmischen Realismus darstellte. Genauer, HEARTS OF THE WORLD wirft ein ungewöhnliches Licht auf die Geschichte des *räumlichen* Realismus – wie der filmische Raum die Erfahrung des Zuschauers vom konkreten Raum widerspiegelt – im amerikanischen narrativen Film, und zwar in Bezug auf eine Krise in den traditionellen visuellen Künsten, die zum Teil durch den Ersten Weltkrieg selbst hervorgerufen wurde: eine Krise der Darstellung von Subjektivität im Raum.

Dieser Aufsatz hat drei Teile: Ein kurzer Blick auf die Debatten über filmischen Realismus in den USA zu dem Zeitpunkt, als der narrative Film dominant wurde; ein längerer Abschnitt über HEARTS OF THE WORLD und seine instabile Beziehung zu diesen Debatten; und ein abschließender Teil über die Beziehung von HEARTS OF THE WORLD und neue Herangehensweisen an den Realismus, die die Nachkriegs-Moderne in den Künsten begleitete.

1.

Sich dem filmischen Realismus analytisch anzunähern birgt für den Kritiker gewisse Risiken. Vor gut drei Jahrzehnten distanzierten sich Kritiker, die mit *Tel Quel, Communications, Cinéthique, Screen* und *Cahiers du cinéma* assoziiert waren, von André Bazins Lob des Realismus als des einzigen Beitrags des Kinos zu den Künsten. Indem er die Natürlichkeit von Renoirs Plansequenzen oder Rossellinis Stadtlandschaften pries, so wurde argumentiert, kapituliere Bazin vor dem ideologischen Ansinnen des klassischen Hollywoodkinos, das den Zuschauer vergessen lässt, wie selbst ein wahlloser filmischer Bildausschnitt unsere Vorstellungen und unsere Augen lenkt. Filme für ihre »direkte« Darstellung des alltäglichen Lebens zu loben bedeute, Empirismus als die höchste Form der Wahrheit zu akzeptieren und diese realistische Ästhetik über das Verständnis des Zuschauers zu positionieren. Wie Colin MacCabe es 1976 formulierte, »beginnt Bazin mit der Realität des Alltagslebens und endet bei der größeren Realität seiner Darstellung durch den Filmemacher. Was vom ›Autor‹ versteckt werden muss, ist das Verfahren, durch das man zu dieser größeren Realität kommt, denn [...] aus dieser Perspektive ist die ›größere Realität‹ die ganze Zeit da und wartet nur darauf, gesehen zu werden.« [10]

Was diese Kritik nicht erkannte, war die Möglichkeit, dass das Kino im Verlauf seiner Geschichte seinen eigenen Anspruch an Realismus immer wieder überprüft. Diese Selbstüberprüfung trägt zu dem Prozess bei, mit dem das Kino, wie alle Medieninstitutionen, über seine Möglichkeiten der Repräsentation und Kommunikation fantasiert, seine Ähnlichkeiten mit und Unterschiede von rivalisierenden Medien, und seine technologischen, kulturellen und politischen Grenzen. Das Medium für diese Fantasien sind die Filme selbst [11]. Wir dürfen nicht vergessen, dass selbst für Bazin die realistische Darstellung ein Traum mit einer Geschichte ist – ein Traum, der sich hartnäckig hält, weil kein Medium ihn je vollkommen umsetzen kann [12]. Kürzlich beschrieb Daniel Morgan den Bazin'schen Realismus als »nicht ein spezifischer Stil [...] sondern ein Prozess, ein Mechanismus – eine Leistung«, dessen Erfolg daran hängt, dass die Filmemacher audiovisueller Realität – das, was das Kino aufnimmt – Bedeutung geben, ohne auf konventionelle Mittel zurückzugreifen, um diese Realität zu formen [13]. Es würde Morgans Definition nicht überschreiten, diesen »Mechanismus« als Traummechanismus zu bezeichnen: nicht eine Maschine, die Illusionismus massenproduziert, sondern ein sich verändernder historischer Prozess, vermittels dessen die Filmindustrie die Rohdaten der Wirklichkeit in Repräsentation umwandelt, die den aktuellen realistischen Paradigmen angemessen sind. Dieser Prozess kann produktiv als lebendiger und immer sich verändernder Prozess verstanden werden, der im Geiste des Ausprobierens stattfindet, nicht im Geiste des Verrats.

Die Kritik des filmischen Realismus, die MacCabe vertritt, hat unsere Aufmerksamkeit so eingegrenzt, dass wir nun unter Realismus entweder eine Illusion verstehen, der nur die Leichtgläubigen aufsitzen, oder aber ein Konzept, das wir so gut verstehen, dass man es gar nicht mehr genauer untersuchen muss – so zum Beispiel, wenn Thompson oder Schickel auf HEARTS OF THE WORLD einschlagen, weil er den Ersten Weltkrieg »unrealistisch« darstelle. Aber wenn Roman Jakobson in seinem Essay *Über Realismus in der Kunst* aus dem Jahr 1921 Recht hatte, dann beruht Realismus darauf, die Fähigkeit eines Mediums zu testen, die Vorstellung, die eine Kultur von ihren eigenen materiellen und psychologischen Bedingungen hat, auch zu erfüllen [14]. Jakobson verzichtet darauf, eine Geschichte des Realismus zu schreiben, um stattdessen zu untersuchen, wie *Realismen* als solche aufgenommen werden, das heißt vor allem in schwieriger Relation und als im Wettbewerb befindliche realistische Paradigmen.

Zu fragen, was an Spielfilmen vor 1920 realistisch ist, bedeutet also, sich auf ein Terrain von Vorstellungen von Realismus selbst zu begeben – Ideen, die sich nicht immer überschnitten haben. Bereits 1908 hatten sich Fachjournalisten von einem ausschließlich mimetischen Realismusstandard wegbewegt, hin zu einem Standard, der »sowohl auf reproduktiven Realismus als auch auf Glaubwürdigkeit beruht«. Obwohl sich die »Aufmerksamkeit für den rein fotografischen Aspekt des Kinos verringerte«, als die Produzenten die Kombination aus mimetischen und wahrheitsnahen Elementen perfektionierten, machten die Kritiker deutlich, dass Spielfilme Kraft verloren, wenn sie kein mimetisches Fundament hatten. »Die Fragen des Realismus, die die Diskussionen über die Fotografie gekennzeichnet hatten, bestanden in der Kritik der Erzählungen fort. Dies lässt darauf schließen, dass die Frage der Glaubwürdigkeit fundamental war; die oft wiederholte Formulierung *truthfulness to life* zeigt die zentrale Rolle der Wahrheitsnähe für die Ästhetik der Fachpresse.« [15] Für Frederick J. Haskin, Kritiker bei *Moving Picture World*, erhöht die Beliebigkeit der materiellen Welt die Plausibilität, wie er 1908 schreibt: »Wenn echte Fußgänger oder unbeteiligte Leute irgendeiner Art manchmal durch das Bild laufen, ist das besser für das Bild – es wirkt realistischer.« [16]

Weniger klar war, wie mimetische Elemente innerhalb des Wahrheitsnähe-Modells fortbestehen konnten, ohne Aufmerksamkeit auf sich zu ziehen. Meine These lautet, dass ein wesentliches Mittel, eine spezifische Art von Wahrheitsnähe zu erreichen, in *Vertrautheit* wurzelte – mit anderen Worten, die Situationen und Figuren in einem Film alltäglich genug zu lassen, dass sie sofort für das Publikum erkennbar waren, und zwar ganz unabhängig von Klasse, Bildung oder regionaler Herkunft innerhalb der USA. Ein Leitartikel in *The Nickelodeon*

Fernand Léger: *Nature morte à la chope* (1919)

von 1910 präsentiert dieses Ziel als demokratischen Idealismus: »Das Publikum will sich selbst ... Sie gehören grundsätzlich zum Heute, und da sie nicht den Wunsch haben, zu Helden aufzublicken oder auf Leibeigene hinabzuschauen, ist es nur natürlich, dass man ihnen sie selbst zeigt.« [17] Natürlich meinte der Kolumnist nicht, dass die Zuschauer buchstäblich ihr eigenes Abbild auf den Leinwänden sehen würden. Trotzdem zieht sein Bestehen auf der Metapher, das Publikum sollte »sich selbst gezeigt« bekommen, eine Verbindung zwischen der Identifikation mit Figuren in einem Spielfilm und der echten Möglichkeit, gefilmt zu werden, die das frühe Kino bot [18].

Ich möchte damit sagen, dass die Konfrontation eines Zuschauers mit sich selbst als Möglichkeit keineswegs nach 1908 verschwand, sondern vielmehr in einer illusionistischeren Form des Realismus eine abgeschwächte Rolle annahm, nämlich in der Figurenpsychologie. Figurenpsychologie erfüllte im narrativen Kino zwei entscheidende Funktionen: Sie verlockte Zuschauer, die mit *Well-made plays* und realistischen Romanen vertraut waren, sich auf die Abenteuer der Figuren einzulassen; und sie erlaubte Filmemachern, eine weitere Eigenschaft des klassischen Realismus zu nutzen, nämlich die Motivation der Figuren, um Handlungskomplikationen zu generieren und befriedigende Höhepunkte und Schlüsse für ihre Filme zu erzielen. Aber Figurenpsychologie zwang die Produzenten auch dazu, die Mittel zum Ausdruck dieser Psychologie zu erfinden, ohne die Zuschauer zu verwirren. Das Denken einer Figur realistisch darzustellen – nicht die Gedanken selber, sondern die Launen der Wahrnehmung und Aufmerksamkeit – verlangte von Filmemachern, mit Perspektiveinstellungen, Nahaufnahmen und subjektiven Rückblendesequenzen zu experimentieren, um mentale Prozesse anzudeuten. Der deutsch-amerikanische Psychologe Hugo Münsterberg kehrt 1916 in seiner Auseinandersetzung mit Nahaufnahmen immer wieder zu dieser Frage zurück: »Die Nahaufnahme hat in unserer Wahrnehmungswelt unseren mentalen Akt der Aufmerksamkeit objektiviert und damit die Kunst mit einem Mittel ausgestattet, das die Macht einer Theaterbühne bei weitem übersteigt«, wenn es darum geht, Aufmerksamkeit selbst visuell darzustellen [19].

Als Kulissen, Drehbücher und Schauspielstile dem Wahrheitsnähe-Modell angepasst wurden, gingen Filmemacher wie Griffith auch das abstraktere Problem an, den Zuschauer selbst zum Thema des Films zu machen. Ich meine »Thema« in folgendem Sinne: Indem die Wahrnehmungsprozesse der Figuren durch Schnitt und Kamera dargestellt werden, macht HEARTS OF THE WORLD – nicht mehr, aber gewiss auch nicht weniger als andere Filme – die Wahrnehmungsprozesse des Zuschauers zu einem zentralen, wenn auch nur impliziten Thema des frühen narrativen Kinos.

2.

Die unterschiedlichen Meinungen von Griffiths Zeitgenossen und heutigen Kritikern über den Realismus von HEARTS OF THE WORLD zeigen, wie wenig wir diese Wahrheitsnähe verstehen, die in der Übergangsphase ganz selbstverständlich wurde. Thompson greift HEARTS OF THE WORLD mit der ahistorischen Begründung an, dass ihm Konventionen der Ikonografie des Schlachtfeldes und der Schlachtordnung fehlen, die 1918 erst noch Konventionen werden mussten, zumindest in den Vereinigten Staaten. Tatsächlich war HEARTS OF THE WORLD der größte der amerikanischen »Hunnenhasser«-Filme, von denen es einige gab.

Schickels und Thompsons Darstellungen leiden unter dem, was Tom Gunning die Mär von Griffiths Niedergang nach 1916 nennt, sowohl als filmischer Innovator als auch als Mensch mit der Fähigkeit, die westliche Zivilisation im 20. Jahrhundert zu verstehen [20]. Dieser Mär zufolge hat Griffiths »altmodischer viktorianischer Moralismus« seine Wahrnehmung so überwältigt, dass nicht einmal ein Besuch in Ypern ihn davon überzeugen konnte, dass, um Schickels Worte zu benutzen, »der Erste Weltkrieg ein Krieg von Stillstand und Verschleiß war«. »Durch sein Wesen war es Griffith unmöglich, solche Hinweise zu verstehen, die ihm über diese grundsätzliche Veränderung in der Wahrnehmung zur Verfügung gestanden haben könnten.« [21] Griffiths veröffentlichte Bemerkungen allerdings zeigen, dass er diese Wahrheiten sehr klar verstanden hatte:

»Ein moderner Krieg ist weder romantisch noch pittoresk. [...] Alle sind in Gräben versteckt. Wenn man über das Niemandsland blickt, trifft das Auge buchstäblich auf nichts außer einer schmerzenden Trostlosigkeit des Nichts – oder zerrissene Bäume, kaputten Stacheldrahtzaun und Bombenkrater ...« [22]

»Die modernen Schützen wissen normalerweise nicht, worauf sie schießen ... « [23]

Der Maler, Filmemacher und französische Infanterist Fernand Léger bestätigt diese Beschreibung, wenn er schreibt, dass »niemand den Krieg gesehen hatte«. Einen Großteil seines Militärdienstes verbrachte er als Sappeur, das heißt, er hob Schützengräben aus, und daher wusste Léger gut, dass ein Soldat nichts sah, wenn er den Kopf aus dem Graben hob – nicht nur nichts, was für die Schlacht relevant gewesen wäre, sondern buchstäblich nichts als dieselbe »schmerzende Trostlosigkeit des Nichts«, die Griffith in Ypern gesehen hatte: »[Der Krieg in den Schützengräben] ist ein

Fernand Léger: *La partie de cartes* (1917)

Fernand Léger: *Le passage à niveau* (1919)

Leben der Blinden, wo alles, was das Auge wahrnehmen und sammeln könnte, sich versteckt hat und verschwunden ist. [Wir] lebten versteckt, verborgen, gebückt, und das nutzlose Auge sah nichts.« Für Léger war sogar der Kubismus inadäquat, um die »zerbrochenen Teile« der vom Krieg »übriggelassenen Sicht« in ein »neues Ganzes« zu integrieren [24]. Auf seinem Bild *La partie de cartes* (1917), gewöhnlich als seine erste wichtige künstlerische Reaktion auf den Weltkrieg angesehen, hat Léger die Körper von drei Soldaten von innen nach außen gedreht. So bringt er den Betrachter figurativ (und beunruhigend) nah an das Rückenmark der Karten spielenden Männer, obwohl die offenbare Distanz der Bildebene und die stoischen Gesichter uns sowohl räumlich als auch emotional von ihnen distanzieren. 1920 hatte Léger sich vom modifizierten Kubismus seiner Vorkriegsbilder (*Le passage à niveau*; 1919) zugunsten einer klarer definierten figurativen Malerei (*Le grand déjeuner* [Drei Frauen]; 1921) abgewandt. Aber er hatte auch im Kino die Möglichkeit entdeckt, direkt mit Materialfragmenten zu arbeiten, die das Leben in den Schützengräben beherrschen: Teekannen mit Sprüngen und leere Patronen, Briefe von Zuhause und Schützengrabenzeitungen, Schrapnell und die persönlichen Gegenstände von Kameraden, lebenden und toten (siehe *Nature morte à la chope*; 1919).

Schnittwechsel in HEARTS OF THE WORLD: Griffith ermöglichte dem Publikum, überall gleichzeitig zu sein

Wie konnte Griffith sich so akribisch mit dem historischen Krieg auseinandersetzen, wie ihn Léger und Millionen andere erlebt hatten, und dann eine derart andere Kriegführung darstellen, wie beispielsweise den epischen Kampf um die französische Villa in HEARTS OF THE WORLD? Merritt meint, Griffith habe auf napoleonische Konventionen zurückgegriffen, weil sowohl die Anforderungen der Propaganda als auch die Kriegsvorstellungen des amerikanischen Publikums es erforderten, dass der Weltkrieg mit einem epischen Pinsel gemalt würde. Während Jakobsons »revolutionäre« Realisten es sich leisten können, visuelle und literarische Konventionen gerade wegen ihrer Konventionalität abzulehnen und Klischees durch ehrliche Versuche zu ersetzen, materielle, gesellschaftliche und sinnliche Tatsachen widerzuspiegeln, riskierten kommerzielle Filmemacher Verwirrung, Ablehnung und finanziellen Ruin, wenn sie diese Konventionen ignorierten. Das wusste Griffith nur allzu gut. Wenn Griffith jeglichen Versuch, »ein neues Bild des Krieges« zu finden, »gestrichen oder zumindest verschoben hat« [25], so war er in guter Gesellschaft sowohl von zurückkehrenden Soldaten als auch seinen Produzentenkollegen. Nicht einmal diejenigen, die die willkürliche Zerstörung erlebt hatten, waren immun gegen den Wunsch, durch den Trost und die Bekanntheit von romantischer Darstellung, und sei es nur in ironischer Form, psychische Kontrolle über die moderne Kriegführung zu erlangen [26].

Doch glaube ich nicht, dass HEARTS OF THE WORLD überhaupt eine aufgegebene Suche nach angemessenen Bildern des modernen Krieges darstellt [27]. Der Film folgt beispielsweise durchaus dem Trend, die Zerstörung des Krieges zu zeigen (und sie nicht zu verleugnen), ein Trend, der von britischen Propagandafilmen initiiert wurde. Kritiker priesen den offiziellen britischen Kriegsdokumentarfilm THE BATTLE OF THE SOMME (Die Schlacht an der Somme; 1916, R: Geoffrey Malins, J.B. McDowell) für seine unverblümte Darstellung von Verwundungen, Tod, und leichenübersäten Feldern [28]. »Der Film zeigt den Krieg nicht als glamourös«, schreibt der Kritiker des *Manchester Guardian*. »Er zeigt das wahre Gesicht des Krieges – eine grausam destruktive und höllische Angelegenheit.« [29] Wie Nicholas Reeves gezeigt hat, assoziierten viele britische Kritiker solche »wahren« Darstellungen des Krieges mit einer Zukunft, die keinen Krieg mehr tolerieren würde [30]. Merritt meint, dass auch Griffith hoffte, die »tatsächlichen Bedingungen des Krieges« – »zu düster, zu schrecklich, zu vergeblich« – würden die Männer, die ihn überlebt hatten, dazu bringen, »die Doktrin zu verbreiten, die letztlich zu einem unzerstörbaren Frieden führen würde« [31]. Der amerikanische Präsident Woodrow Wilson äußerte sich negativ über die entromantisierende Kraft dieser Bilder, als er HEARTS OF THE WORLD dafür kritisierte, die »Schrecken« des Krieges zu grotesk darzustellen, um »die richtige mentale Einstellung oder die richtige nationale Handlung« nahezulegen [32].

Die Heftigkeit von Wilsons Reaktion legt nahe, dass es HEARTS OF THE WORLD gelungen ist, seinen Zeitgenossen die historische Einzigartigkeit des Ersten Weltkriegs zu vermitteln. Ich gehe sogar noch weiter und behaupte, dass HEARTS OF THE WORLD damit kämpft, das paradoxe Ziel zu erreichen, die Nichtigkeit des Krieges für seine Teilnehmer zu zeigen – und dass er dieses Ziel auch teilweise ereicht. Mark Wollaeger vertritt die Auffassung, dass moderne Propaganda insofern das Alter Ego der Moderne sei, als beide versprächen, chaotische Informationen in erkennbaren, bedeutsamen und kohärenten Strukturen zu verankern [33]. Wenn Griffiths Bemerkung, das Kino solle die Bedingungen der modernen Kriegsführung enthüllen, ein Hinweis ist, so teilte der Propagandist Griffith mit Léger den modernistischen Wunsch, vermittels visueller Darstellung wieder Ordnung in den kriegsversehrten Psychen herzustellen. Wie Gunning und andere meinen, hatte Griffith bereits 1911 mit seinem großzügigen Einsatz von Nahaufnahmen, beschleunigten Kreuzschnitten und Schnittwechseln kinematografische Parallelen zu den städtisch-industriellen Angriffen der Moderne auf die Sinne konstruiert [34]. Diese Techniken reglementieren den Fluss der filmischen Information, indem sie die Konzentration der Zuschauer auf diejenigen Aspekte der Diegese lenken, die mit der erzählten Geschichte zu tun haben. Gleichzeitig allerdings produzierten genau dieselben Techniken visuelle Brüche. Griffith und seine Zeitgenossen entschädigten die Zuschauer für diese Brüche, indem sie ihnen die Möglichkeit anboten, überall gleichzeitig zu »sein«, alle Figuren, Räume und Situationen, die für die Geschichte relevant sind, zu sehen und somit am Ende des Films größere Befriedigung zu erleben. Die totalen Aufnahmen der »Little

Eingeschränktes Blickfeld: »Boy« (Bobby Harron) versteckt sich in einem Erdloch

Disturber« genannten Figur (Dorothy Gish), die eine Granate auf den Bösewicht von Strohm (George Siegmann) wirft, lösen beispielsweise sowohl die Spannung der Handlung (werden die Helden sich von Strohm befreien können?) als auch die durch die beschleunigten Schnitte erzeugte Fragmentierung des Erzählungsraums auf (vgl. Film clip no. 12). Dank unserer kameragestützten Allgegenwart benötigt die Einstellung am Höhepunkt keinerlei Erklärungen; wir Zuschauer brauchen sie nur zu sehen, um zu verstehen, dass die Bedrohung durch Strohm abgewendet wurde.

Griffith thematisierte visuelle Brüche als ein Teil der Erfahrung im Schützengraben, der nicht nur das Blickfeld des Soldaten eingrenzt, sondern auch sein Verständnis der Schlacht als etwas, das über dieses Blickfeld hinausgeht. Kurz nach der Mitte des Films meldet sich der amerikanische »Boy« (Bobby Harron) freiwillig, für die Franzosen zu kämpfen, und macht sich auf den Weg, die deutschen Gräben auszukundschaften. Als er vor den Deutschen flieht, liegt er zwei Tage lang in einem flachen Loch im Boden und schießt dann schließlich eine Signalrakete ab. Wie Thompson anmerkt, ist es für den Zuschauer unmöglich zu ahnen, »was der Boy nach zwei Tagen erfahren konnte, um zu wissen, wann er das Signal für den Anfang des Angriffs [der Alliierten] geben sollte« [35]. Leider wirft Thompson diese wichtige Beobachtung weg, als wäre Harrons schlechter Aussichtspunkt nur ein weiteres Beispiel für Griffiths nachlässige Handlungsführung. Aber wenn europäische Infanteristen von ihren Erfahrungen an der Front berichten, beschreiben sie auch ihre Unfähigkeit, irgendetwas über ihre direkte Umgebung hinaus zu sehen, als verlorenes *Wissen* [36]. Wie Paul Virilio schreibt: »Viele Veteranen aus dem 1914-18er Krieg haben mir gesagt, obwohl sie viele feindliche Soldaten getötet hätten, hätten sie wenigstens *nicht gesehen, wen sie getötet hätten*, da andere nun die Verantwortung übernommen hätten, für sie zu sehen.« [37]

Virilio nimmt diese Berichte als ein Zeichen dafür, wie das Kino und moderne Kriegsführung miteinander verwoben sind: Das individuelle menschliche Gesichtsfeld verblasst neben der Macht der Kamera, die uns in Filmen wie dem von Griffith den Überblick eines Brigadegenerals verschafft. Aber er reproduziert dieses Fehlen für den Zuschauer. Dies ist teilweise die Folge der Schützengräben selbst, die schlechte Bühnen für filmische Action waren. Solche tatsächlichen Gräben, wie Griffith sie in Augenschein nehmen konnte, waren unscheinbar genug, dass der bei den amerikanischen Filmemachern unterschiedlich ausgeprägte Sinn für die 180-Grad-Achse es schwierig machte, mit ihnen umzugehen. SHOULDER ARMS (Gewehr über!; 1918; R: Charles Chaplin) umgeht diese Schwierigkeit, indem er sich nur auf zwei Abschnitte eines alliierten Schützengrabens konzentriert, eine weite Außenansicht und einen geräumigen Kojenschützengraben, und indem er die Feindeslinie konsequent auf der rechten Seite

 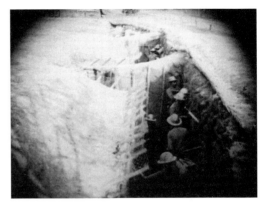

Brüche der 180-Grad-Regel: In THE UNBELIEVER wechselt der Schützengraben scheinbar die Ausrichtung, ...

hält [38]. Am anderen Ende der Skala droht THE UNBELIEVER (1918; R: Alan Crosland) den Zuschauer zu verwirren, indem er dramatisch den Maßstab in aufeinanderfolgenden Einstellungen des amerikanischen Grabens ändert und keine Einstellung länger als ein paar Sekunden hält. An einem Punkt bricht der Film dreist die 180-Grad-Regel, indem die Kamera so bewegt wird, dass der amerikanische Schützengraben in die entgegengesetzte Richtung ausgerichtet ist als bei der vorherigen Spule. Als ich den Film zum ersten Mal angesehen habe, brachte mich der Perspektivenwechsel dazu, mich gute 30 Sekunden lang zu fragen, ob ich plötzlich in den deutschen Schützengraben blickte!

Der Höhepunkt von HEARTS OF THE WORLD kompromittiert auf ähnliche Weise die Allwissenheit, die die Kontinuitätsmontage erst kurz zuvor den Zuschauern gegeben hatte. Während der Boy kämpft, um die Deutschen abzuwehren und seine Geliebte, das Girl (Lillian Gish), vor den sexuellen Avancen des deutschen Oberst von Strohm (den George Siegmann mit derselben grotesken Lust spielt wie Silas Lynch in THE BIRTH OF A NATION) zu schützen, blicken die Gegner rechts beziehungsweise links ins Bild. Die Bildtrennung (*frame line acting*) fungiert als das kinematografische Äquivalent der Tür, die das Treppenhaus von der schauerlichen Parodie eines Hotelzimmers trennt – kaputtes Kopfbrett auf dem Bett, alte Kisten statt

... in HEARTS OF THE WORLD bewegen sich Angreifer wie Verteidiger zum rechten Bildrand

Charles Chaplin in SHOULDER ARMS (1918)

Möbel –, wo sich Girl und Boy dem Feind entgegenstellen. Nachdem Little Disturber ihre Granate abgeschossen hat, wehrt Boy rechts im Bild eine weitere Gruppe von Angreifern auf der anderen Seite desselben Zimmers ab, während in alternierenden Einstellungen diese Angreifer ihre Attacke ebenfalls in den rechten Bildrand vorantreiben – in dieselbe Richtung also wie Boys Verteidigung. Diese Sequenz bricht die 180-Grad-Regel so offensichtlich, dass sie den Zuschauer zwingt, selbst einen wohnungsähnlichen oberirdischen Raum als eine Art Graben zu erleben: eine unterbrochene Reihe von unabhängigen Räumen, die durch atemlose Gewaltakte fragmentiert werden und nie mehr zu einem kontinuierlichen und tröstenden Grundriss zusammengefasst werden können.

Aber das wichtigste Gegenstück zur Orientierungslosigkeit auf dem Schlachtfeld in HEARTS OF THE WORLD ist, denke ich, Griffiths eigenwilliger Einsatz von Figurennahaufnahmen. Während der Übergangsphase wurde die Nahaufnahme des Gesichts – die bald zum effektiven Instrument dafür wurde, das Starsystem voranzutreiben – aus zwei Hauptgründen von den Kritikern der Fachpresse angegriffen. Erstens untergruben Großaufnahmen von Gesichtern den mimetischen visuellen Realismus, da Gesichter sehr viel größer wurden, als sie auf der imaginären Bühne der Filmleinwand erscheinen würden. Zweitens – und dies ist eng mit dem ersten Grund verbunden – zogen Großaufnahmen des Gesichts als Stilmittel zu viel Aufmerksamkeit auf sich, um die Identifikation mit den Figuren herbeizuführen und Spannung zu erzeugen [39]. 1918 war die Nahaufnahme des Gesichts eindeutig Teil des Arsenals protoklassischer Konventionen geworden, hatte aber noch nicht universelle Zustimmung unter den Produzenten gefunden [40]. Sie begann gerade zu beweisen, dass sie Figurenreaktionen oder Perspektiven sehr prägnant ausdrücken konnte. Aber selbst nach diesen Standards sind die von den Kritikern von HEARTS OF THE WORLD beschriebenen »grimassierenden ›Großaufnahmen‹ in all ihrer Absurdität« tatsächlich absurd, da sie unangenehm und unverständlich nah sind. Die Kamera bringt uns bis auf wenige Zentimeter an die Augen des Schurken von Strohm heran, als er die Tür zerschmettert, die ihm den Weg zum Girl versperrt. Die Hintergründe vieler Einstellungen hier sind so unbestimmt, dass sie vollkommen nichtssagend wirken; und von Strohm schlägt so kraftvoll gegen die Tür, dass der enge Bildrahmen es vollkommen unmöglich macht, sein Vorgehen als kontinuierlich oder schlüssig zu erleben. Diese Aufnahmen – die wir *Über-Nahaufnahmen* oder *verschobene Großaufnahmen (dislocated close-ups)* nennen könnten – wären passender gewesen, als die Deutschen Harron durch die Schützengräben verfolgen, als für diese Konfrontation im vergleichsweise großen Lagerraum.

Dieses Motiv der verschobenen Nahaufnahme / desorientierenden Detailaufnahme lässt den Vorstoß des Films auf den dritten und letzten realistischen Modus erkennen, den ich hier erörtern will. Wenn das frühe Kino ein mimetisches Modell des Realismus anbot und der Spielfilm ein Wahrheitsnähe-Modell vorantrieb, befördert die verschobene Nahaufnahme / desorientierende Detailaufnahme einen Realismus, der den Anspruch hat, dem Prozess der menschlichen Wahrnehmung treu zu sein – ein wahrnehmungsbasiertes Modell des Realismus. Stephen Prince benutzt den Ausdruck »Wahrnehmungsrealismus« (*perceptual realism*), um die Wahrheitsnähe von nichtmimetischen filmischen Tricks wie digitalen Spezialeffekten zu bezeichnen [41]. Ich wende den Begriff hier ein wenig anders an: Indem sie die Schützengräben und den nicht lokalisierbaren Granattrichter des Boys gegen ein Schlafzimmer in einem vom Krieg gezeichneten Wirtshaus eintauscht, zeigt die Szene, dass die zerlegte Nahaufnahme ein Wahrnehmungsmodus ist, der sich von den Schützengräben trennen lässt. Diese Aufnahmen sind so schnell, dass es dem Zuschauer schwerfällt, den Ort einer Einstellung unter den Einstellungen davor und danach zu identifizieren – ein Verstoß gegen die klassische Kontinuität. In solchen Momenten scheint es, als ob die unvorhersehbare, fragmentierte Erfahrung der unterirdischen Kriegsführung in die Welt über der Erde hochgesickert wäre, vielleicht durch die zurückkehrenden Soldaten, die dort gelebt und gekämpft hatten und dem Tod entkommen waren. Münsterberg behauptete, der Schnitt von Filmen »gehorcht den Gesetzen der Seele«: »Es hat die Mobilität unserer Gedanken, die nicht durch die physische Notwendigkeit externer Ereignisse gesteuert werden, sondern von den psychischen Gesetzen für die Assoziation von Gedanken: In unserer Seele verweben sich Vergangenheit und Zukunft mit der Gegenwart.« [42] Der Höhepunkt von HEARTS OF THE WORLD erfüllt Münsterbergs Hypothese – nicht als Ideal, sondern als Albtraum. Die letzte Schlacht im Wirtshaus trennt die hyperindividualisierte »reine Wahrnehmung« des Lebens im Schützengraben vom Ort ihres Ursprungs und führt sie in die Privatsphäre ein – eine passende Analogie dafür, wie Veteranen ihre psychischen Narben zusammen mit ihren körperlichen Wunden mit nach Hause nahmen und wie ihre Vergangenheit in Form von Kriegsneurosen in ihre Gegenwart einbrach – ein Leiden, das schon 1915 als »Schützengrabenschock« (*shell shock*) bekannt war [43].

3.

Griffiths Inszenierung des Ersten Weltkriegs als eine Vergewaltigungsszene im Lagerraum eines Wirtshauses ist gewiss ein Beispiel für das, was Thompson seine »altmodische Herangehensweise an Geschichten« nennt. Aber, um Miriam Hansens wichtiges Konzept hier anzuwenden, diese Entscheidung ist auch eine Meisterleistung des vernakularen Modernismus [44]. Griffith macht hier einen Kompromiss der Repräsentation zwischen Konvention und Formalismus, der im Licht der epistemologischen Probleme des Maschinenzeitalters die Modernität der Nahaufnahme selbst sichtbar macht. Es sind die Probleme, denen sich die Moderne während und nach dem Ersten Weltkrieg mit einer neuen Dringlichkeit zuwandte: die Entfremdung, die Erfahrung von räumlicher und zeitlicher Diskontinuität, singuläre/subjektive Realität als einzig zugängliche Realität und die häusliche Sphäre als ein privilegierter symbolischer Ort, um diese Störungen der aufklärerischen Ideale von empirischer Objektivität und einheitlicher Subjektivität anzusprechen [45]. Linda Nochlin meint, die Fragmentierung von Körpern in impressionistischer und postimpressionistischer Malerei signalisiere die Fixierung der Moderne auf Entfremdung und Eventualität. Dieses Argument zwingt uns dazu, eine wenig erörterte Eigenschaft der Nahaufnahme zu bedenken: ihre unheimliche Funktion im Kriegsfilm, wo Körper ständig ganz selbstverständlich auseinanderfallen, und die Analogie, die die Nahaufnahme zwischen einer Zusammenhanglosigkeit der Wahrnehmung und buchstäblicher Körperzerstückelung vornimmt [46].

Griffiths Wahrnehmungsmimesis findet ein Echo in Légers Faszination mit dem »grenzenlosen Realismus, den man aus Nahaufnahmen gewinnen kann« [47]. HEARTS OF THE WORLD stellt sicher, dass die »Freiheit« von räumlichen und zeitlichen Einschränkungen, die Griffiths verschobene/desorientierende Nahaufnahmen den menschlichen Gesichtern geben, einen Alarmruf aussenden: Diese Einstellungen enthüllen eine Krise der verengten Wahrnehmung, die sich im Nachlauf des Ersten Weltkriegs anschickt, sich auch über die Grenzen der Schützengräben schrecklich auszubreiten.

Paul Young **Das Kino träumt**

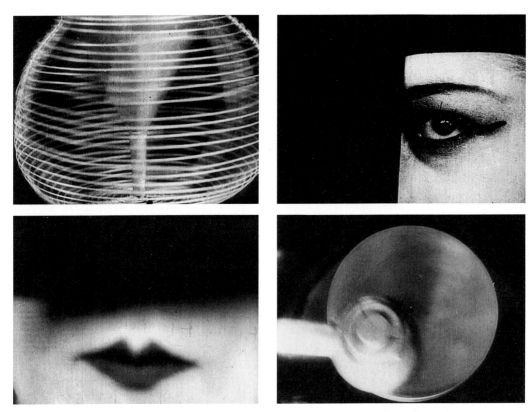

Fernand Léger: BALLET MÉCANIQUE (1924)

In ihrer Beurteilung der Nahaufnahme, wie sie von Béla Balázs und anderen Mitgliedern der historischen Avantgarde praktiziert wurde, bietet Mary Ann Doane eine Deutung für die Erlösungsmöglichkeit, die Griffiths groteske, flache Gesichter boten, als der Krieg sich dem Ende näherte: »Weil der Maßstab als ein Konzept im Allgemeinen nur mit Verweis auf den menschlichen Körper verstanden werden kann, ist die Nahaufnahme auch ein Versuch, der Körperlichkeit des klassischerweise körperlosen Zuschauers wieder Geltung zu verschaffen.« [48] Griffiths Beispiel legt nahe, dass wir neben der historischen Avantgarde die Möglichkeit eines weiteren Moments des Modernismus im Film bedenken sollten: die Tendenz des klassischen Kinos zur *Subjektivität*, als sein wertvollstes, allerdings auch schwer fassbares Objekt der Repräsentation und ebenso als sein wertvollstes Produkt in Form eines Zuschauers, dessen Kinoauge problemlos von Allgegenwart zur Intimität wechseln konnte. Wenigstens visualisieren Griffiths verschobene Nahaufnahmen / desorientierende Detailaufnahmen für den Zuschauer die Schlachtgeografie des Ersten Weltkriegs als eine psychologische Krise des *Maßstabs* – des *Wahrnehmungs*maßstabs.

Wir dürfen nicht vergessen, dass die Zerrüttung der körperlichen Integrität, die durch Légers Positionierung von verschobenen Nahaufnahmen auf Münder und Augen zwischen Einstellungen von leblosen Gegenständen in BALLET MÉCANIQUE (1924; R: Fernand Léger, Dudley Murphy) allegorisiert wurde, aus einer Kombination von Schützengraben-Klaustrophobie und buchstäblichen Zerstückelungen des Fleisches entstanden ist, aus den grausamen Einzelheiten dieses beispiellos destruktiven Krieges – Einzelheiten, die die Soldaten mit dem Galgenhumor akzeptierten, den Paul Fussel das »britische Phlegma« nennt [49]. Eine Sequenz bietet uns ein seltenes, aber unvergessliches Beispiel eines solchen Details in HEARTS OF THE WORLD, wieder vom Schlachtfeld ins Dorf verschoben: Als die beiden Hauptfamilien versuchen, dem Granatenbombardement der Deutschen zu entkommen, wird der Großvater des Mädchens, der von all dem Aufruhr verwirrt ist und sich nicht aus der Strickwolle der Mutter befreien kann, von einer Bombe zerfetzt. Es ist die am wenigsten sentimentale Todesszene von Griffith, die ich gesehen habe (vgl. Film clip no 13).

Mit all dem Phlegma, das ich fast ein Jahrhundert später aufbieten kann, habe ich dem Großvater des Mädchens, diesem glücklosen Nachfahren von Griffiths napoleonischen Kriegern aus früheren Filmen, einen Spitznamen gegeben, der so kaltherzig wie unvermeidbar ist: Napoleon Blownapart. Die visuelle Offenheit dieser Einstellung des zerfetzten, wehrlosen Zivilisten blickt zurück zum mimetischen Realismus, aber in einem radikal naturalistischen Modus: Die Moderne und das Maschinenzeitalter werden nicht nur als staunenswert registriert, sondern vielmehr auch als eben den menschlichen Körper zerstörend, der Ganzheit, Einheit und Vollständigkeit zu garantieren schien [50].

Durch diese buchstäbliche Deformation eines Patriarchen, der sowohl alt als auch Europäer ist, macht HEARTS OF THE WORLD den Impuls explizit, den Griffith in seinen Anmerkungen über die »schmerzende Öde des Nichts« des Schlachtfelds ausdrückt: Es gilt, die alte Welt der *Wahrheit-durch-Schönheit-Ästhetik* zu verwerfen, die dazu beigetragen hat, Wahrheitsnähe als ein realistisches Ideal für das narrative Kino zu etablieren. Ob bewusst oder nicht, Griffiths Film erkennt, dass das Wahrheitsnähe-Modell nicht dem Trauma des Schützengrabenkrieges entspricht. In diesem Aspekt ähnelt das Eingreifen des Films in die (frühe) Geschichte des kinematografischen Realismus Légers Kampfansage an die Konventionen der akademischen Malerei. Léger versöhnt die Restrukturierung von Erfahrung durch das Schlachtfeld mit den historischen Konventionen der Malerei, indem er die Oberflächen, die er malt, isoliert und näher auf die Bildoberfläche bringt, sogar (wie in *Le passage à niveau*) indem er Scheiben von etwas, was wie mehrere Bilder aussieht, auf einer Leinwand zusammenbringt und somit die Objekte, die in diesen Fragmenten erscheinen, isoliert und verfremdet, während er sie gleichzeitig in einem synchronen Raum gegenüberstellt, wie eine Filmmontage sie in diachronischer Zeit gegenüberstellt.

An den Ersten Weltkrieg mit einem solch ambivalenten Blick heranzugehen bedeutete für Griffith, sich der bisher größten Herausforderung zu stellen, mit der die »Universalsprache« des Kinos, die er mit INTOLERANCE (Intoleranz; 1916) zu fördern hoffte, konfrontiert wurde: die verheerenden Auswirkungen des Krieges auf die »subjektive Kultur«, wie sie vom scheinbar reinen Empirismus des viktorianischen literarischen und visuellen Realismus gepflegt wurde. Der Krieg im Schützen-

Fernand Léger: *Le grand déjeuner* (Drei Frauen; 1921)

D.W. Griffith am Set von INTOLERANCE (1916)

graben übte auf seine Entscheidungen zur filmischen Repräsentation Druck aus. Dies sollte angesichts der doppelten Beschäftigung des kommerziellen Films wie des Modernismus mit der Welt der Gegenstände und den Welten der Subjektivität genauer untersucht werden. Malcolm Turvey zufolge nutzt Léger seine Erfahrung mit kubistischer und impressionistischer Abstraktion dazu, sich die soliden, kompletten Körper vorzustellen, die wir in *Drei Frauen* sehen. Linda Nochlin nennt Léger den Modernisten, der »am engsten mit den Zielen, Themen und dem Ton des Realismus des 19. Jahrhunderts verbunden« war, was sein Interesse am alltäglichen Blickfeld von Gegenständen angeht [51]. Und Turvey meint, dass sogar BALLET MÉCANIQUE, das lang als Légers techno-utopisches Manifest galt, in Verbindung zu seinen Nachkriegsschriften über die klassische Symmetrie von Maschinen und massenproduzierten Objekten sowie zu seiner Faszination für die Großaufnahme steht [52]. Turvey übersieht allerdings möglicherweise, wie sehr die Avantgarde auf dieser quasi dialektischen Rollenzuweisung der Technik beruhte: Der Erste Weltkrieg zerstückelte Körper, während die Massenproduktion versprach, dies zu kompensieren, indem sie Fragmente wieder zu bekannten und dennoch transformierenden Ganzen zusammenfügte.

Griffith war kein Avantgardist, aber der hochentwickelte Filmschnitt, der es ihm ermöglicht hatte, in THE BIRTH OF A NATION und INTOLERANCE so meisterhaft mehrere Räume (und Zeiten) miteinander zu verweben, pendelt zwischen den Polen derselben Dialektik. HEARTS OF THE WORLD seinerseits rettet die Desorientierung als solche als einen Wahrnehmungsmodus, der rekonstruiert werden kann, Einstellung für Einstellung, trotz seiner zentrifugalen Auswirkungen auf die Wahrnehmung von Raum und Zeit. Diese Desorientierung im häuslichen Raum zu verorten, gibt Griffith ein heimisches Feld, das er bespielen kann, um seine Wahrnehmungsreparatur auszuprobieren – ein Feld, das Filmschnitt entweder als kontinuierlich oder, wie Légers Abstraktionen der Wahrnehmung, als eine Reihe von dekontextualisierten Fragmenten darstellen kann. Auf diese Art erweitert Griffith die psychologische und ästhetische Reichweite dessen, was man sein Lebenswerk nennen könnte: die Erfahrung der industriellen Moderne zu konventionalisieren, indem er in der Mitte auf ein Publikum zugeht, das gerade erst angefangen hatte, sich an die Allwissenheit der klassischen filmischen Erzählung zu gewöhnen.

*Übersetzung aus dem Englischen:
Wilhelm Werthern*

Anmerkungen

1 Russell Merritt: D.W. Griffith Directs the Great War: The Making of HEARTS OF THE WORLD. In: Quarterly Review of Film Studies 6, 1/1981, S. 45-65.
2 »We beg your indulgence for this short prologue. It has no possible interest, save to vouch for the rather unusual event of an American producer being allowed to take pictures on an actual battlefield.«
3 Charlie Keil vertritt die Auffassung, dass die Übergangsphase von 1908 bis 1913 dauerte und dann endete, als die Industrie figurenorientierte Handlungen

und narrative Kausalität als die zentralen Punkte der filmischen Konstruktion etabliert hatte. Allerdings scheinen mir die großen Unterschiede in der Art und Weise, wie Regisseure, Teams und sogar ganze Studios vermittels Bildausschnitt und Filmbearbeitung dieses Ziel erreichen, darauf hinzuweisen, dass es historisch sinnvoll wäre, diesen hypothetischen Zeitraum auszuweiten. Somit könnte gezeigt werden, wie lange es dauerte, solide Filmbearbeitungs- und Bildausschnittskonventionen zu etablieren, an die sich alle Produktionsstudios durchgängig hielten. Siehe Charlie Keil: Early American Cinema in Transition: Story, Style, and Filmmaking, 1907-1913. Madison 2001; Charlie Keil / Shelley Stamp (Hg.): American Cinema's Transitional Era: Audiences, Institutions, Practices. Berkeley 2004. Für Thompsons Kommentar HEARTS OF THE WORLD betreffend, siehe Kristin Thompson: 565: HEARTS OF THE WORLD. In: Paolo Cherchi Usai (Hg.): The Griffith Project, Band 9. London 2005, S. 163.
4 Merritt 1982, a.a.O., S. 51-52.
5 John Keegan: The Face of Battle. London 1978 (2. Auflage), S. 269.
6 Thompson 2005, a.a.O, S. 160.
7 Das New Yorker *44th Street Theater*, ein »legitimes« Broadway-Theater, zeigte HEARTS OF THE WORLD von April bis Oktober 1918, bevor der Film zum *Knickerbocker Theater* umzog (er war fast einen Monat zuvor in Los Angeles uraufgeführt worden). In diesem Jahr wurde er im ganzen Land als Roadshow-Attraktion gezeigt. Siehe Leslie Midkiff DeBauche: Reel Patriotism: The Movies and World War I. Madison 1997, S. 48; siehe auch die Angaben und Statistiken in Thompson 2005, a.a.O., S. 157.
8 James Metcalfe in: Life, 18.4.1919.
9 Ebenda.
10 Colin MacCabe: Theory and Film: Principles of Realism and Pleasure [1976]. In: Philip Rosen (Hg.): Narrative, Apparatus, Ideology: A Film Theory Reader. New York 1986, S. 181-182. Zur repräsentativen Kritik des kinematografischen Realismus oder gar von Bazins Charakterisierung des Realismus als »Dominante« des Kinos im Sinne des russischen Formalismus siehe: Jean-Louis Comolli / Jean Narboni: Cinema/Ideology/Criticism. In: Cahiers du cinéma, Okt. 1969 (Wiederabdruck in: Bill Nichols [Hg.]: Movies and Methods. Band 1. Berkeley 1976, S. 22-30]; Christopher Williams: Bazin on Neo-Realism. In: Screen, Winter 1973-74, S 61-68; Colin MacCabe: Realism in the Cinema: Notes on Some Brechtian Theses. In: Screen, Sommer 1974, S. 7-27; Bill Nichols: Style, Grammar, and the Movies. In: Movies and Methods. Band 1. Berkeley, Los Angeles 1976, S. 607-628. Für eine schlüssige Verteidigung Bazins als Geschichtsphilosophen statt als naiven Realisten siehe Philip Rosen: Change Mummified: Cinema, Historicity, Theory. Minneapolis, London 2001.
11 Das Hollywoodkino hat wiederholt Fantasien über andere, neuere und scheinbar interaktivere Medien ventiliert (Funk/Radio, Fernsehen, Internet), und zwar während der Perioden, in denen diese Medien zu neu waren, um schon klare technische oder darstellende Parameter zu besitzen. Diese Fantasien haben stets den doppelten Effekt, die Debatte über den ästhetischen, kulturellen und politischen Nutzen eines jeden Mediums auszuweiten und gleichzeitig Fragen über die Unvermeidbarkeit oder Notwendigkeit der klassischen kinematografischen Form wieder aufleben zu lassen. Siehe Paul Young: The Cinema Dreams Its Rivals: Media Fantasy Films from Radio to the Internet. Minneapolis 2006, insbesondere Kapitel 1.
12 Siehe André Bazin: The Myth of Total Cinema. In: What is Cinema? Band 1. Berkeley, London 2004 (überarbeitete Ausgabe), S. 17-22. Für Argumente, die sich sowohl von Philip Rosens als auch von meinen unterscheiden, siehe Sam DiIorio: Total Cinema: Chronique d'un été and the End of Bazinian Film Theory. In: Screen, Frühjahr 2007, S. 25-43; Daniel Morgan: Rethinking Bazin: Ontology and Realist Aesthetics. In: Critical Inquiry, Frühjahr 2006, S. 433-481.
13 Morgan 2006, a.a.O., S. 445. »Der Mythos des totalen Kinos«, der die Erfindung des Mediums Bazins Ansicht nach vorantreibt, imaginiert eine unmittelbare Repräsentation, eine Asymptote, die Jay Bolter und Richard Grusin kürzlich als *den unerreichbaren Endpunkt der digitalen Medien* bezeichnet haben. Vgl. Jay David Bolter / Richard Grusin: Remediation: Understanding New Media. Cambridge/Mass. 2000, Kapitel 1 und passim.
14 Jakobson betrachtete für die Analyse einer realistischen Ästhetik die Beziehung zwischen einem Kunstwerk und der materiellen Realität als nicht annähernd so wichtig wie »die Frage, was für eine Einstellung [das Individuum] zu dieser Ästhetik hat«. Roman Jakobson: Über Realismus in der Kunst [1921]. In: Jurij Striedter (Hg.): Russischer Formalismus: Texte zur Allgemeinen Literaturtheorie und zur Theorie der Prosa. München 1994 (5. Auflage), S. 273-391.
15 Keil 2001, a.a.O., S. 31, 35.
16 Frederick J. Haskin: The Popular Nickelodeon. In: Moving Picture World, 18.1.1908, S. 36-37.
17 What Does the Public Want? In: The Nickelodeon, 15. 5. 1910, S. 264.
18 Benjamin bestand, lange nachdem das narrative Kino diese Möglichkeit in ein bloßes Novum verwandelt

hatte, auf der revolutionären Qualität dieser Möglichkeit: »So gibt zum Beispiel die Wochenschau jedem eine Chance, vom Passanten zum Filmstatisten aufzusteigen. Er kann sich dergestalt unter Umständen sogar in ein Kunstwerk – man denke an Wertoffs DREI LIEDER UM LENIN oder Ivens' BORINAGE – versetzt sehen. Jeder heutige Mensch kann einen Anspruch vorbringen, gefilmt zu werden.« Walter Benjamin: Das Kunstwerk im Zeitalter seiner technischen Reproduzierbarkeit [1936]. In: W.B.: Illuminationen. Ausgewählte Schriften 1. Frankfurt/Main 1977, S. 136-169, hier S. 155.
19 Allen Langdake (Hg.): Hugo Münsterberg on Film: The Photoplay: A Psychological Study and Other Writings. New York, London 2002, S. 87.
20 »Die Mär von Griffiths Niedergang ist eng mit der Behauptung verbunden (und dies wird auch als Erklärung angeführt), dass Griffith als altmodischem viktorianischen Moralisten die Sitten und Stile der ›Jazz-Ära‹ der 1920er Jahre immer fremder wurden. Diese Behauptung ignoriert die Hauptrichtung von Griffiths Arbeit als Filmemacher. Diese diente, wie Eisenstein darlegte, nie ausschließlich dem Hochhalten altmodischer ländlicher Werte oder der Akzeptanz des schnellen modernen Lebens, sondern sie war im Wesentlichen eine komplexe Inszenierung der Begegnung dieser beiden gegensätzlichen Welten und ein oft gequälter Versuch, das Alte und das Neue in Einklang zu bringen.« Tom Gunning: 607: The White Rose. In: Paolo Cherchi Usai (Hg.): The Griffith Project. Band 10. London 2007 (Wiederabdruck in: Le Giornate del Cinema Muto 2007 Catalogo, Band 26. Pordenone 2007, S 102.
21 Richard Schickel: D.W. Griffith: An American Life [1984]. New York 1996, S. 353, 343.
22 Ebenda, S. 354.
23 Merritt 1982, a.a.O., S. 50.
24 Fabio Gygi: Shattered Experiences – Recycled Relics: Strategies of Representation and the Legacy of the Great War. In: Nicholas J. Saunders (Hg.): Matters of Conflict: Material Culture, Memory and the First World War. New York 2004, S. 75-76, 78.
25 Ebenda, S. 51.
26 Paul Fussell: The Great War and Modern Memory [1975]. Oxford, New York 2000, Kapitel 4 und 5. Eine andere Möglichkeit der Darstellung war, wenig oder nichts zu beschreiben und noch weniger zu untersuchen. Siehe Ernest Hemingway: Soldier's Home. In: In Our Time [1925, überarbeitete Ausgabe 1930]. New York 1986, S. 69-77.
27 »[Griffith] war es nie möglich, seine Beobachtungen [von europäischen Schützengräben] in etwas anderes als Anekdoten zu verwandeln; von ihm kam nie eine Vision des einzigartigen und beispiellosen Wesens dieses Krieges.« Schickel 1996, a.a.O., S. 347.
28 Ich habe noch nicht herausgefunden, ob Griffith THE BATTLE OF THE SOMME gesehen hatte, als er mit der Produktion von HEARTS OF THE WORLD anfing, aber es scheint mir wahrscheinlich. Sein Koproduzent, Charles Urban, zeigte ihn im Oktober 1919 mit solchem Erfolg im New Yorker *Strand Movie Palace*, dass er ihn 1917 allgemein herausbrachte. Bis November hatten ihn mehrere Millionen Amerikaner gesehen. Griffith reiste im März 1917 nach Großbritannien, um Lord Beaverbrook zu treffen; nur wenige Tage vor dem Kriegseintritt der USA. Siehe Luke McKernan: Propaganda, Patriotism and Profit: Charles Urban and British Official War Films in America During the First World War. In: Film History 3/4/2002, S. 378, 381, 385; und Merritt, a.a.O., S. 45.
29 Kinema Pictures of the Somme Battles. In: Manchester Guardian, 16.8.1916, S. 4; zitiert in: Nicholas Reeves: Cinema, Spectatorship and Propaganda: BATTLE OF THE SOMME (1916) and Its Contemporary Audience. In: Historical Journal of Film, Radio & Television, Band 17, Heft 1, März 1997, S. 5-28. THE BATTLE OF THE SOMME war kaum ein unmanipulierter Bericht; zumindest inszenierte Urban Soldaten, die »es übertrieben«, »um Deutlichkeit sicherzustellen – und damit das Publikum interessiert blieb«. Michael Hammond: The Big Show: British Cinema Culture in the Great War, 1914-1918. Exeter 2006, S. 107. Siehe auch Martin Loiperdinger: World War I Propaganda Films and the Birth of the Documentary. In: Daan Hertogs / Nico de Klerk (Hg.): Uncharted Territory: Essays on Early Nonfiction Film. Amsterdam 1997, S. 30, 31.
30 Bioscope [Great Britain], 7.9.1916, S. 957; zitiert in Reeves, a.a.O., ohne Seitenangabe.
31 Merritt 1982, a.a.O., S. 51.
32 Ebenda, S. 57.
33 Mark Wollaeger: Modernism, Media, and Propaganda: British Narrative from 1900 to 1945. Princeton 2006, S. 13.
34 Siehe beispielsweise Tom Gunning: An Aesthetic of Astonishment: Early Film and the (In)credulous Spectator (1989). In: Leo Braudy / Marshall Cohen: Film Theory and Criticism. New York 2004 (6. Auflage), S. 872-876.
35 Thompson 2005, a.a.O., S. 160.
36 Paul Virilio: War and Cinema: The Logistics of Perception [1984]. London, New York 1989, S. 2, 14, 15, 20. Zu Griffith siehe S. 15.
37 Ebenda, S. 14, Hervorhebung P.Y.
38 Stilistisch hilft die Slapstick-Konvention (lange Einstellungen mit gleichbleibenden Bildausschnitten, um visuelle Gags zu entwickeln) hier dabei, die Lein-

wandrichtung einheitlich zu halten. Siehe Donald Crafton: Pie and Chase: Gag, Spectacle and Narrative in Slapstick Comedy. In: Kristine Brunovska Karnick / Henry Jenkins: Classical Hollywood Comedy. New York, London: 1995, S. 106-119. Siehe auch Tom Gunning: Response to »Pie and Chase«. Ebenda, S. 120-22.
39 Keil 2001, a.a.O., S. 33-34.
40 Cecil B. DeMilles im Ersten Weltkrieg spielende Rückblende-Erzählung JOAN THE WOMAN (1918) beispielsweise enthält viel weniger starfetischisierende Nahaufnahmen als die Filme von Griffith und Pickford aus demselben Jahr.
41 Stephen Prince: True Lies: Perceptual Realism, Digital Images, and Film Theory. In: Film Quarterly, 3/1996, S. 27-37 (Wiederabdruck in: Brian Henderson / Ann Marin / Lee Amazonas (Hg.): Film Quarterly: Forty Years: A Selection. Berkeley 1999, S. 400).
42 Münsterberg, a.a.O., S. 91.
43 Siehe Sándor Ferenczi / Karl Abraham / Ernst Simmel / Ernest Jones: Zur Psychoanalyse der Kriegsneurosen. Wien 1919. Ebenda: Sigmund Freud: Einführung. Der Begriff *shell shock* wurde durch die britischen Neurologen C.S. Myers und Frederick W. Mott diagnostisch legitimiert. Siehe Fredrick Mott: War Neuroses and Shell-Shock. London 1919.
44 Miriam Hansen: The Mass Production of the Senses: Classical Cinema as Vernacular Modernism. In: Modernism/Modernity Band 6, Heft 2. 1999, S. 59-77.
45 Jonathan Crary: Techniques of the Observer: On Vision and Modernity in the Nineteenth Century. Cambridge/Mass. 1990, S. 136.
46 Linda Nochlin: The Body in Pieces. The Fragment as a Metaphor of Modernity. London 1994.
47 Fernand Léger: Essai sur la valeur plastique du film d'Abel Gance, La Roue [1922]. In: F.L.: Fonctions de la peinture. Paris 1965, S. 160. Zitiert in Peter de Francia: Fernand Léger. New Haven, London 1984, S. 56, 67.
48 Mary Ann Doane: The Close-up: Scale and Detail in the Cinema. In: differences, 3/2003, S. 108. Vergleiche aber Balázs, demzufolge eine Großaufnahme des Gesichts eine Synekdoche für die Einheit des Menschen an sich ist. Béla Balázs: Sketches for a Theory of Film [1924]. In: Erica Carter / Rodney Livingstone: Béla Balázs, Visible Man, or the Culture of Film [1924]. In: Screen, Frühjahr 2007, S. 103.
49 Die Infanterie wusste, dass die Zensoren Berichte von Unerfreulichem in ihren Briefen schwärzen würden. Britische Soldaten vermeiden es sowieso, pessimistisch zu sein – »aus Fürsorge für die Gefühle des Empfängers. Was könnte denn schon Gutes dabei herauskommen, wenn man die Wahrheit erzählen würde?« Fussel, a.a.O., S. 182.
50 In ihrer Erörterung der Malerei nach der Französischen Revolution schlägt Nochlin eine Verbindung zwischen den abgetrennten Köpfen und zerbrochenen Statuen von Fürsten, mit denen bildliche Tribute an 1789 übersät waren, und den »abgeschnittenen« Leinwänden von Degas und Manet vor, da beide Arten von Abtrennung auf verlorenen Einheiten verweisen, die früher scheinbar einmal garantiert waren – Aristokratie und Monarchie, Raum und Zeit –, wie sie zuerst auf der politischen Ebene und später auf der Ebene der Wahrnehmung erfahren wurden: »Das Moderne selbst ist aus diesem Verlust konstruiert.« Nochlin 1994, a.a.O, S. 8.
51 Linda Nochlin: Realism. London 1971, S. 245.
52 Malcolm Turvey: The Avant-Garde and the »New Spirit«: The Case of BALLET MÉCANIQUE. In: October 102/2002, S. 50 und passim.

Zum Frühstück Schrift

Traum und Filmvorspann

Von Rembert Hüser

Haben wir das nicht irgendwie schon mal gesehen? Ein markantes Gebäude. New York. Helllichter Tag. Ein einziges Hin und Her. Von hinten kommt ein Fahrzeug.

Der erste Film, den die Thomas A. Edison Incorporated am 11. Mai 1896 mit ihrer neukonstruierten Handkamera dreht, ist HERALD SQUARE, ein einminütiger Film über den Platz mit dem venezianischen Palazzo-Verlagsgebäude des *New York Herald* an der Kreuzung Broadway, Sixth Avenue und 34th Street. William Heise, der Kameramann, hat sich in einem Fenster postiert [1]. »For almost the first time, Edison subjects had no direct ties to popular amusements or leisure activities. Nor did these images have anything to do with either sex or violence. Instead, they recalled the types of photographic images that were routinely presented in lantern shows to religious groups and cultural elites.« [2]

Für den Auftakt zu Edisons Reihe von Filmen zum Alltag draußen gilt das noch nicht. Der dokumentarische Blick auf die Stadt, der an die Stelle von THE MAY IRWIN KISS (1896; R: William Heise) getreten war und Edison konkurrenzfähig mit den Brüdern Lumière macht, hatte sich bei der Wahl des ersten Gegenstandes keineswegs für einen x-beliebigen Ort entschieden. Im Gegenteil, ein Film mit diesem Titel schlägt aus eben genau der Anspielung auf Prostitution, Einkaufen und Unterhaltung massiv Kapital – und das gerade für New-York-Ortskundige. Dass der Schnappschuss des Platzes aus dem im Gentrifizierungsprozess befindlichen Tenderloin-Bezirk – der ehemalige Rotlichtdistrikt wird in diesen Jahren in ein Einkaufsviertel umgebaut; 1902 öffnet *Macy's* seine Türen am Herald Square – im prunkvollen Verlagsgebäude vom *New York Herald* verankert ist, wird dabei zum Metakommentar der »Aktualität« selbst: Hier ist es, wo die Ereignisse stattfinden, hier werden sie aufgezeichnet, hier werden sie klassifiziert und weiter distribuiert.

HERALD SQUARE als Titel (und Programm) weist die neue Beobachtung in freier Luft allererst als kommunikatives Ereignis aus. Die mit der Mobilität der tragbaren Kamera gewonnene Spannbreite bei der Herstellung der kleinen One-Reel-Dokumentarfilme von Ereignissen, Orten und Fähigkeiten und der damit einhergehende große Popularitätsgewinn lässt die alltägliche Praxis der Filmvorführung jedoch zugleich zunehmend problematischer werden. Zu einer Zeit, in der es für Filmaussteller gang und gäbe ist, die ausgeliehenen Filme für eigene Zwecke zu kopieren und zu vervielfältigen, suchen Produzenten nach Lösungen, um ihre Copyright-Interessen wahrzunehmen.

1897 spätestens geht Edison, der zuvor schon Papierausdrucke seiner Filme in der Library of Congress als Produktionsnachweis hinterlegt hatte, dazu über, seinen Filmen in der Postproduktion eine Vorspanntafel beizugeben, die den Titel des Films, den Firmennamen und ein Copyright-Statement enthält [3]. Obwohl die Einfügung von Titeln angesichts der kurzen Rollenlänge einen beträchtlichen Eingriff zu Lasten der Diegese darstellt, wird die Verankerung des filmischen Bildes in Buchstaben und Firmenlogo vom Publikum nicht als Störung empfunden, sondern trägt mit ihrer jeweils variierten Typografie und ihrem nicht unaufwändigen Design im Gegenteil zur Schaulust bei.

Bis zu diesem Zeitpunkt hatten die Filme mit überdeutlich kodierten Anfangsbildern versucht, ein Mindestmaß an Ordnung herzustellen. »Ein- und abfahrende Züge, Boote oder andere Fahrzeuge gehören [zu solchen typischen Anfangsbildern], insbesondere bei Reisebildern, hier könnte man sogar von einer regelrechten Ankündigung des Themas sprechen. Der ›touristische Blick‹, den diese Filme darstellen, die Suche nach malerischen, eindrucksvollen, interessanten Sujets, kurzum nach *Sehenswürdigkeiten* ist eng verbunden mit der ›Ästhetik der Ansicht‹ und schlägt sich auch in der

Filmaufnahme selbst nieder: ›Deutlichstes Merkmal der Ansicht ist die Art und Weise, wie hier der Akt des Schauens oder Beobachtens nachgeahmt wird. Mit anderen Worten, wir erfahren eine *Ansicht* nicht einfach als eine Darstellung eines Ortes, eines Ereignisses oder eines Prozesses, sondern gleichzeitig als Mimesis des Betrachtens selbst. Die Kamera tritt buchstäblich als Tourist, Forscher oder Betrachter auf, und das Vergnügen an diesen Filmen liegt gerade darin, dass sie als Surrogat des Schauens erscheinen.‹« [4]

War es zuvor üblich, den Titel separat auf Dias vor derartige Anfänge zu projizieren, rücken die Abfahrten zu einem Bestimmungsort, die uns auf die filmische Reise schicken, jetzt, wo die Titelkarte selbst Teil des Filmes geworden ist, ins zweite Glied. Die enunziative Funktion gleich zu Beginn des Films wird zunächst verdoppelt, die Ästhetik der Ansicht beibehalten. Die Ankunft der Lokomotiven nimmt vom Alphabet aus ihren Lauf. Im Zuge der Ausdifferenzierung der Titel treten Establishing Shot und enunziative Funktion dann jedoch verstärkt auseinander. Es sind jetzt allein die Buchstaben, die uns auf die Reise schicken. Aufgrund seiner reflexiven Verfasstheit im Spannungsverhältnis von Produktion und Fiktion wird der Vorspann mehr und mehr der Ort einer alternativen Konzeption des Filmischen, der narrative Kondensationstechniken mit einer zugespitzten Lektüre des folgenden Films kombiniert [5].

Die Titelkarte ist gleich zu Beginn bei Edison ein Bündel heterogener Funktionen: Sie dokumentiert die Filmproduktion, programmiert die Lektüren der auf sie folgenden Bilder, trainiert im Umschalten vom dokumentarischen auf den fiktiven Modus, steuert die Rezeption und macht Werbung für die Firma. Titelkarten tragen in nicht unerheblichem Maße zur Produktidentität bei. Es ist daher kein Zufall, dass die Thomas A. Edison Incorporated mit William Heise als Kameramann im Jahr der Titelkarte ihr erstes eigenständiges Commercial, eine Zigarettenwerbung, dreht. Vier Männer, mit Zylinder, Federschmuck, Barett, Stars-and-Stripes-Hose und Zylinder deutlich als Typen gekennzeichnet (Geschäftsmann, Indianer, Geistlicher, Uncle Sam), sitzen vor einem großen *Admiral Cigarette*-Logo an der Wand auf einer Bank und unterhalten sich, als die *Admiral*-Zigarettenschachtel zur Linken auseinanderbricht. Eine Frau in Admiralsuniform steigt aus den Trümmern und verteilt Zigaretten, die sich die Männer anstecken, bevor sie schließlich ein großes Banner, auf dem *We All Smoke* steht, entrollen. Erste Werbefilme werden von einer Vorführkabine auf dem Dach des Pepper Buildings auf ein dem Herald Square zugekehrtes Billboard projiziert. »Crowds jammed the streets; Porter was arrested on a charge of blocking traffic.« [6]

Jenseits des Atlantiks in Wien steckt Sigmund Freud im September 1899 »am vertrauten Platz, sieben Bogen Korrekturen vor mir« in der Postproduktion und bekommt zunehmend schlechte Laune. Er hat die Fahnen seines neuen Buches vor sich und ist alles andere als glücklich. »Es steckt auch in mir irgendwo ein Stück Formgefühl«, schreibt er an Fließ, dem er die Fahnen der *Traumdeutung* zum Korrekturlesen schickt, »eine Schätzung der Schönheit als einer Art der Vollkommenheit, und die gewundenen, auf indirekten Worten stolzierenden, nach dem Gedanken schielenden Sätze meiner Traumschrift haben ein Ideal in mir schwer beleidigt. Ich tue auch kaum unrecht, wenn ich diesen Formmangel als ein Zeichen fehlender Stoffbeherrschung auffasse.« [7]

Freuds böses Aufwachen von seinem großen Traum angesichts der Fahnen des Textes, der ihn berühmt machen wird, ist dem Blick und dem Buchstaben geschuldet. Bei der ersten Retourkutsche, der Rücksendung seines Textes aus dem Verlag, im Moment der Simulation mit dem Text im Druckbild vor sich auf dem Tisch, gewinnt Freud den Eindruck, kein guter Beobachter zu sein. Ein Mangel an Buchstäblichkeit hat sich für ihn in schlechtem Schreiben niedergeschlagen. *Mal vu mal écrit*. Freud bemerkt zu viele Paraphrasen in seinem Text, zu viel ist umschrieben, zu viele Stimmen sind unkenntlich gemacht, zu viele Beobachtungen sind ineinandergezogen, nur um bloß schnell weg zur großen Leitidee zu kommen. Zu oft scheint der Gedanke die Überhand über die Beobachtung gewonnen zu haben. Was fehlt, sind Zitat und Wortlaut. Kurz: Um für Freud schön zu sein, sich seinem Ideal anzunähern, müsste das Schreiben seiner *Traumdeutung* interesseloser und lokalisierter sein. Das Schielen auf die Bedeutung hatte keinen Platz gelassen für das, was so nicht geplant war. Die eigene Traumdeutung ist für ihn selbst zu wenig Traumschrift. Wird der Komplexität des Materials nicht gerecht. Wie es aussieht, kann er das Buch nicht einmal seinem Freund empfehlen.

Freud ist zu streng mit sich. Das Buch ist besser, als er denkt. Liest man *Die Traumdeutung* heute, 100 Jahre später, im Lichte der Lektüre von Jacques Lacan etwa, hat man den Eindruck, dass es ein Buch ist, das eigentlich von nichts anderem handelt als von dem Unterschied, den Buchstaben machen [8]. Genauer noch: von der Platzierung von Buchstaben. Es sind die Buchstaben, die dazu da sind, einen Ort zu bezeichnen.

So träumt Freud zum Beispiel in dem Abschnitt *Die Darstellungsmittel des Traums* im Kapitel VI *Die Traumarbeit* von der Adresse seines (Korrektur-)Lesers, die ihm nach langem Warten verknappt auf elektrischem Wege zugestellt wird. »Ich träumte z.B., nachdem ich längere Zeit vergeblich auf die Adresse meines in Italien weilenden Freundes [Fließ] gewartet habe, daß ich ein Telegramm erhalte, welches mir diese Adresse mitteilt. Ich sehe sie in blauem Druck auf den Papierstreifen des Telegramms; das erste Wort ist verschwommen, etwa

    via,

oder *Villa*, das zweite deutlich: *Sezerno*, oder sogar (*Casa*).

Das zweite Wort, das an italienische Namen anklingt und mich an unsere etymologischen Besprechungen erinnert, drückt auch meinen Ärger aus, daß er seinen Aufenthalt so lange vor mir *geheim*gehalten; jedes der Glieder aber des Ternavorschlages zum ersten Wort läßt sich bei der Analyse als selbständiger und gleichberechtigter Ausgangspunkt der Gedankenverkettung erkennen.« [9]

Der »Ternavorschlag zum ersten Wort« meint einen in Österreich geläufigen Terminus technicus für einen Vorschlag, der mindestens drei der am besten geeigneten Lösungen zugleich enthält. Das gleichberechtigte Nebeneinander wird im Buchstaben des Gesetzes als Verfahrensregel im Aufschub verankert. Viel näher dürften Trauminhalt und Gesetz sich kaum kommen können. Halten wir hier nur fest, dass in Freuds Telegramm-Traum schon allein das erste Wort einen Ternavorschlag von Dreien kriegt.

Der Traum, den Freud erzählt, um sein Konzept der Traumarbeit zu entwickeln, ist nicht zuletzt aufgrund seiner medialen Eingebundenheit interessant. Freud träumt die Arbeit des Traums, indem er von Medien träumt. Wobei selbst das Medium der Kondensierung, Verknappung, Abkürzung und Geschwindigkeit schlechthin zu seiner Zeit – das Telegramm –, bei dem ein jedes Wort zählt, bei ihm gleichsam auf der Stelle wuchert und seinem Leser Versionen präsentiert, die keine Entscheidung erzwingen. Im Trauminhalt, wir erinnern uns, ist »Entweder/Oder« »eine einfache Anreihung« [10], ist »Entweder *und* Oder«. »Oft scheint es, als ob in den [...] Träumen dasselbe Material von verschiedenen Gesichtspunkten aus dargestellt würde.« [11]

Das Beispiel, das in der *Traumdeutung* auf das Telegramm mit den blauen Wörtern einer Adresse aus Italien folgt, bleibt im Medienverbund. Eines anderen Tages sieht Freud sich im Traum mit dem Paratext konfrontiert:

»In der Nacht vor dem Begräbnis meines Vaters träume ich von einer bedruckten Tafel, einem Plakat oder Anschlagezettel – etwa wie die das Rauchverbot verkündenden Zettel in den Wartesälen der Eisenbahnen –, auf dem zu lesen ist, entweder:

        Man bittet, die Augen zuzudrücken
oder   *Man bittet, ein Auge zuzudrücken*,

was ich in folgender Form darzustellen gewohnt bin:
            die
    Man bittet,   *Auge(n) zuzudrücken.*
            ein

Jede der beiden Fassungen hat ihren besonderen Sinn und führt in der Traumdeutung auf besondere Wege. [...] Die Bedeutung der Verschwommenheit, die wir mit einem Entweder-Oder beschrieben haben, ist hier besonders leicht zu erfassen. [...] In einigen Fällen drückt die Zweiteilung des Traumes in zwei gleich große Stücke die schwer darstellbare Alternative aus.« [12]

In einem Raum mit anderen im Dunklen sitzen und warten, dass der Zug einfährt, und auf ein gerahmtes Quadrat oder Rechteck an der Wand starren, auf dem gedruckte Buchstaben Vorschläge zur Wahrnehmung unterbreiten, das Sehen programmieren – Freud träumt hier ganz offensichtlich vom Kino.

Die Rede von L'ARRIVÉE D'UN TRAIN EN GARE DE LA CIOTAT (Ankunft eines Zuges im Bahnhof von La Ciotat; 1896; R: Auguste & Louis Lumière), der erfundenen Urszene des Kinos, in der das Objekt vermeintlich die Leinwand verlässt und in den Raum des Zuschauers eindringt – das älteste Klischee der Filmgeschichtsschreibung –, hatte die Neuheit des Mediums mit der relativen Neuheit der Fortbewegungsmittel im Medium des Schocks zusammengedacht. Freud kennt, wie wir wissen, die Diskussionen über die Behandlung der durch Eisenbahnunfälle hervorgerufenen traumatischen Störungen bei ansonsten unverletzten Unfallopfern in Amerika, dem sogenannte *Railway Spine*, sehr genau. Er hatte in den 1880er Jahren in Berlin und Paris gehört, was jenseits des Atlantiks passierte. Es waren die Erzählungen von diesen Unfällen, die ihn zum Schreiben gebracht, seine frühen Hysterie- und Traumastudien auf die Bahn gebracht hatten. Im Kinowartesaal am Vorabend der Beerdigung des Vaters kommt die Reaktivierung dieses Kontextes für Freud nicht von ungefähr. Klar, es geht hier um die Schockbewältigung, es geht zugleich aber auch ganz formal um etwas, was er zugleich sieht und gelesen hat. Ein statisches Bild war mit einem bewegten kollidiert. Die Eisenbahnreise ist zu jener Zeit als das Paradigma schlechthin für eine schockbasierte Kinozuschauerschaft etabliert. Für etwas, das uns im Sitzen bewegt und aus der Fassung bringt.

Die Verschwommenheit, von der Freud in der Analyse dieses Traums spricht, ergibt sich nicht nur durch das Aus-der-Zeile-Rutschen der Buchstaben, dem kommentarlosen Neben-, Unter- und Übereinander von Möglichkeiten, sondern auch durch die Thematisierung von Wahrnehmung selbst in der Form von einander ausschließenden Alternativen: »Die Augen zudrücken« – nicht-sehen, schlafen, sterben, beerdigen – steht »Ein Auge zudrücken« gegenüber – fokussieren, auf einen Aspekt scharf stellen, wie durch eine Kamera schauen, nicht mehr dreidimensional, sondern flächig sehen, ohne das andere aus dem Auge zu verlieren. Auch im Sinne von zuzwinkern, einen Witz machen. Und beides zusammen, ergibt das »ein Einsehen haben«, »nachsehen«, »eine Ausnahme machen«. Der eine Satz pumpt also wie verrückt: rauf und runter, auf und zu, wie gedruckt.

In der grafischen Aufgabe der Linie, dem Gewinn von »oben« und »unten« im Raum der Tafel, verliert das Lineare, und damit auch das sukzessiv Temporale, sein Erzählmonopol. Beide Versionen sind immer zugleich *nicht* und auf einer anderen Ebene allein für sich realisiert. Das Loch im Befehl lässt uns allererst über den Befehl selbst nachdenken – seine Machart, seine Herkunft und seine Autorität.

Das Rauchverbot in Freuds amerikanischem Kino – *WE ALL DO NOT SMOKE* – in der Parade der Buchstaben vor der Narration, der Beerdigung, hatte im Modus von Schrift zwei an einer Scharnierstelle miteinander kollidierende, konkurrierende Modi von Repräsentation ausgestellt. Und damit zugleich in der Transkription seines Beerdigungsfilms in die bedruckte Tafel im öffentlichen Saal die Lenkung des Blicks vermittels der Kraft der einzelnen, verschobenen Buchstaben verdeutlicht. Was in der *Traumdeutung* vor Augen geführt wird, ist das offen Kleingedruckte des Films. Womit dann auch ein letzter Gruß handhabbar wird, sich anders drehen lässt. Vor dem Auge innen vor dem Begräbnis läuft die Organisation der Varianten ab. Der Film von Vaters Beerdigung wird neu geschnitten. Freud hatte das Kino um Hilfe gebeten. Der Druckbuchstabe als Trauminhalt, Typografie als Dingbild? Rebus?

All das muss Freud nun 1899 wieder lesen, als er durch seine Fahnen geht. Wie findet man ein Bild für das, was man geschrieben hat? Das der notwendigen Unverständlichkeit, Unentschiedenheit Rechnung trägt? »Es handelt sich um die Art und Weise, in der, im analytischen Diskurs, wir die Funktion des Geschriebenen zu situieren haben. Es gibt da Anekdotisches, nämlich daß eines Tages, auf die Umschlagseite einer Sammlung, die ich 'rausbrachte – poubellication habe ich gesagt – ich nichts besseres zu schreiben gefunden habe als das Wort Écrits. Diese Écrits, es ist genug bekannt, daß sie sich nicht leicht lesen. Ich kann Ihnen ein kleines, autobiographisches Geständnis machen – das ist sehr genau das, was ich dachte. Ich dachte, [...] daß sie nicht zu lesen wären. Das ist ein guter Start.« [13]

Wie kommt Freud jetzt von seinem Arbeitszimmer und den Fahnen des Buchs mit den sieben Siegeln zur Abwechslung nach New York ins Kino? Ganz einfach: über Bremen. Zum zehnjährigen Jubiläum der Veröffentlichung der *Traumdeutung* fährt Freud mit Ferenczi und Jung in das Mutterland der damals neuen Medien. Vier Tage nach ihrer Ankunft, am 1. September 1909, gehen die drei in New York zum erstenmal ins Kino [14]. Der sie begleitende Amerikaner beschreibt es so: »[W]e all dined together in Hammerstein's Roof Garden, afterwards going on to a cinema to see one of the primitive films of those days with plenty of wild chasing. Ferenczi in his boyish way was very excited at it, but Freud was only quietly amused; it was the first film they had seen.« [15] Die wilde Jagd, die Attraktion, das Schauspiel – war das nicht bei Freud der Running Gag, warum man überhaupt erst nach Amerika fahren wolle [16]?

Natürlich geht man nie einfach so ins Kino. Die große Frage, die sich Freud zu Beginn der Reise gestellt hatte, war: Mit welchen Bildern will man in New York einlaufen? Wie organisiert man seine Paratexte? Von woher bricht man auf? Bei der Planung der Reiseroute [17] zieht Freud zwei Möglichkeiten in Betracht, die zwei sehr unterschiedliche Bildwelten mobilisieren: Die erste Möglichkeit ist die Klassische: die Reiseroute der Austro-American-Line, die von Triest abfährt, mit Zwischenstopp in Palermo. Freud könnte einen Abstecher mehr ins geliebte Italien in seinen Kalender schreiben. Aber das will er diesmal nicht.

Für die Erfahrung der Neuen Welt verzichtet Freud auf das Land der modellhaften Antike, auf Altertum, Pompeji, Michelangelos *Moses*, Leonardo, auf seine geliebten Vorlagen und Ideen. Stattdessen will er sich auf etwas einlassen, das nur sehr schwer geht in einem Kontext, in dem alles symbolisch ist. »Das Schwerste in Rom, wo nichts leicht ist«, schreibt Freud der Familie 1907, »bleibt das Einkaufen. Bisher war ich sehr bescheiden, heute ist der Anfang mit einigen Marmorschalen gemacht worden.« [18] Freud entscheidet sich für die romantische Möglichkeit, die Route des Norddeutschen Lloyd, die von Bremen aus abfährt. In Termini der Museumstheorie entscheidet er sich für das vaterländische Fragment, die Allegorie [19]. In Termini der Filmtheorie für den *mobilized virtual gaze*. »By introducing the terms *mobilized* and *virtual*, [...] I will argue that to trace the cultural formations that endowed visuality with its ultimately dominant power, it will be necessary also to analyze the cultural contexts for these acts of looking: the social behaviors involved in the examination of goods on display (shopping) and the experience of ›foreign‹ spaces (tourism). The cultural shifts resulting from the organization of the look in the service of consumption, and the gradual incorporation of the commodified experience into everyday life, has, I will argue, profoundly altered the subjective role of memory and history.« [20] Und dabei das Kino auf die Bahn gebracht.

Freud bucht mit Ferenczi eine Überfahrt mit der *George Washington*, später stößt auch noch C.G. Jung zu den beiden hinzu. Am 20. August 1909 frühmorgens kommt Freud in Bremen an. Er schließt eine Reiseversicherung über 20.000 Mark ab und zieht sodann los, um die Stadt mit Ferenczis *Baedeker* zu erkunden. Vor allem der Bleikeller in der Nebenkammer des St. Petri Doms, einer Bremer Touristenattraktion seit dem frühen 18. Jahrhundert, hat es ihm angetan. Eine Variante der Wunderkammer mit, wie es im Reiseführer von 1848 heißt, einem »halben Dutzend eingetrockneter, vergilbter und verlederter Leichnahme, welche – statt verfault – eingetrocknet« [21], steinhart geworden sind. (Und die, viele Jahre später, kurz nach BREAKFAST AT TIFFANY'S, unter Glas in eine Vitrine gelegt werden.)

Anstelle der Modellierung von Idealität in Skulptur und Malerei, des Gradiva-Gipsabgusses, der daheim in Wien über dem Fußende der Analysecouch hängt, interessiert Freud in Deutschland die Konservierung von Vorgefundenem mit wiederholbaren Verfahren. Genauer gesagt, die Data-Storage von Fallgeschichten. Entwickelt im Medium der Bleiplatte in Bremen werden nicht mehr biblische Helden, sondern 400 Jahre alte Dachdecker; im Halbdunkel der Kammer werden Geschichten vermittels gespeicherter Körperspuren erzählt: der Schrei des abgestürzten Dachdeckers (der sich beim Röntgen 1985 als erschossener Offizier aus dem Dreißigjährigen Krieg entpuppt), die fehlende Nasenspitze der angeblich hochadligen Lady aus London, der dicke schwedische General, der eigentlich nur Obrist war, der Tagelöhner von 1788, der über der Bleikammer wohnen durfte, um nach seinem Tode in ihr ausgestellt zu werden, damit alle Welt herausfinden konnte, ob die Mumifizierung durch Einlagerung noch immer funktioniere [22]. Auf die Technik war Verlass: »eine Eintrocknung, die ein Bild wie eine Mumie ergiebt« [23].

Die Aufnahmen der Körper aus der Vergangenheit werden in Bremen im halbdunklen Raum im Takt der Öffnungszeiten für Geld vorgeführt. »So erhält der Domküster am 3. Dezember 1709 ›die Schlüssel zum Bleikeller und die Erlaubnis, Fremden die Mumien zu zeigen [...].‹ [D]as Zeigen der Leichen war eine recht einträgliche Sache.« [24] Im Unterhaltungsprogramm von Freud in Bremen hat die Vorführung von dem, was man mit Narration in Bewegung gesetzte Fotografie-Variante nennen könnte, den Platz der antiken Skulptur aus der Literatur eingenommen.

Der Effekt des Bremer Bleikellers wird am Psychoanalytiker-Tisch ausgiebigst diskutiert. Dort laufen noch ganz andere Filme ab. Freud und Jung fangen an, sich über Speichermedien zu streiten. C.G. Jung erzählt bei Tisch von konservierten Leichen, die in der Nähe von Bremen in Sümpfen gefunden worden seien. Freud fällt daraufhin ohnmächtig um. Während Freud später feststellt, dass das eine Bier, das er gehabt habe, ihm nicht bekommen sei, wird C.G. Jung die Szene dahingehend interpretieren, dass Freud die Leichen im Sumpf als expliziten Todeswunsch an seine Adresse von Seiten Jungs interpretiert habe. Habe er doch schon eine frühere Bemerkung von ihm zu Ferenczi, während der New-York-Reise – »Natürlich haben wir jetzt den Herrn Papa für uns zalen lassen« [25] – in den falschen Hals gekriegt.

Aber zurück zum Bremer Bleikeller und den Speichermedien. Was der Bleikeller zusätzlich zu den Körpern und ihren Geschichten speichert, ist ein Erzählmodell, das aus der Romantik geläufig und dort im Kontext von Traumlektüren als Hieroglyphensprache weiterentwickelt worden ist. Ein Erzählmodell, das man zum Beispiel in Gotthilf Heinrich von Schuberts *Ansichten von den Nachtseiten der Naturwissenschaften* von 1808 findet, und das unter anderem von Johann Peter Hebel und E.T.A. Hoffmann prominent weitergeschrieben worden ist (Schubert war Autor der *Symbolik der Traumes*, auf die Freud in der Traumdeutung Bezug nimmt): Der ganz und gar erhaltene Leichnam eines am Abend vor seiner Hochzeit verschütteten Bergmanns wird nach 50 Jahren wiedergefunden und von seiner Verlobten identifiziert. Sie dankt Gott, dass sie ihren Verlobten noch einmal sehen durfte, feiert seine Beerdigung im Hochzeitsgewand und stirbt.

Womit Bremen Freud für New York ausstattet, was Freud als Erzählmodell für seinen Weg ins Kino ins Handgepäck zugesteckt bekommt, ist genau jenes »unverhoffte Wiedersehen«, das Déjà-vu. Einen Zustand merkwürdig gedoppelter Wahrnehmung, der einen enormen Sog ausübt und der immer zugleich weiß und nicht weiß. Ein Wissen in Form von zerstreuter Wahrnehmung. Freud hat dieses Konzept parallel zur *Traumdeutung* (und auf sie bezogen) in den Jahren 1898 und 1899 vor allem im Konzept der Deckerinnerung (*screen memory*) entwickelt. »Already we find ourselves entangled in paradoxical formulations. How can we assume, much less operate with, a distracted attention, and what is more, a duplicitous attention-distraction to and from oneself? How does knowing and not knowing oneself *at the very same time* complicate the notions of knowledge [...]? In short, a screen memory is genuine to the extent that it presents not its own content as valuable, but the relation between it and some other memory that exists in repression. The screen memory is thus no mere counterfeit, but the temporal folding of two ›memories‹: it represents as the memory of an earlier time data that in fact are connected to a later time, yet are transported back by virtue of a symbolic link.« [26]

Es ist genau diese eigentümliche vorübergehende Faltung, die den Sog, der von Vorspannsequenzen ausgehen kann, ausmacht. Zuschauer einer Vorspannsequenz werden für ein Déjà-vu konditioniert. »Vages Déjà-vu, das keinem genauen früheren Moment zugeordnet werden kann und vollständig aufgeht in diesem Eindruck einer Wiederkehr von etwas (was?), das man zuvor schon einmal wahrgenommen hat. [...]. Was neu ist in der Progression – der Film geht unaufhörlich weiter, die Sequenzen greifen in einem irreversiblen Ablauf ineinander –, ist immer nur die Wiederkehr dessen, was als Vor-Schlag im Vorspann und in der ersten Sequenz bereits gezeigt wurde. Durch die Verschiebung und die Verdichtung, durch das Gleiten und die Überlagerung der Elemente wird der Vor-Schlag unkenntlich gemacht. Ein Vor-Schlag, den ich, der Zuschauer, nach Ablauf des Films nicht in Worte fassen könnte.« [27]

Die erste Kritik von sich, die ein jeder Film in den metaphorischen Kondensierungen seiner Vorspann- und Abspannsequenzen bereits enthält, rahmt, variiert und ermöglicht allererst die Kommunikationen der Bilder des Films, der auf sie folgt. Was in die Diegese einleitet, erzählt bereits stark kondensiert eine alternative Version dieser Diegese. Die Vorspannsequenz macht damit einen jeden Film zu einer Entweder-und-oder-Struktur. Vorspannsequenzen als von außen angelegte Gedächtnisspeicher der Produktion sind die Stellen, wo, bildlich gesprochen, der Film von sich träumt und zugesteht, was er nach außen hin zu verbergen sucht: wie er eigentlich auf die Welt gekommen ist. Die Vorspannsequenz liest einen Film, der schon gedreht worden ist. Und bündelt diese Lektüre, die das Gemachtsein der Bilder betont, in der Postproduktion in einem Rebus. Es ist die Bildschrift, die ins Bild läuft, die die Bilder im Film allererst zum Leben erweckt. In dieser Komplexität der Markierung ist der Vorspann die strukturell intelligenteste Stelle eines jeden Films.

Schauen wir uns jetzt noch einmal an einem Beispiel an, was immer schon Fortsetzung ist. Und was sich ursprünglich um die Ecke, nur einen Block weit von *Herald Square* entfernt, genau abspielt – mittlerweile (und auch schon 1961) an der Ecke von Fifth Avenue and 57th Street in Manhattan, dem Schnittpunkt zweier Straßen an den Kanten eines Gebäudes, das seit 1940 im U.S. National Register of Historic Places geführt wird. Über Eck lassen sich eine Ankunft und ein Abgang hervorragend filmen.

Den Filmvorspann von BREAKFAST AT TIFFANY'S (Frühstück bei Tiffany; 1961; R: Blake Edwards; vgl. Film clip no. 14) scheint jeder schon einmal gesehen zu haben: »The film offers a series of indelible images that have passed into the iconography of the 1960s. There is Audrey as Holly in her famous first entrance, gorgeous in Givenchy, with streaked beehive hair, and dark glasses to match her long black gown, breakfasting on a carton of coffee and a Danish as she gazes into *Tiffany's* window at dawn.« [28] »Some of the images have great staying power. Examples are the opening shot, with Holly emerging from a cab in an evening dress and dark glasses, to lean her head against the cool glass of *Tiffany's* window and breakfast on the black coffee and donut she had brought along with her.« [29] Die enorme Kraft dieser Sequenz wird in all diesen Berichten für gewöhnlich entweder dem Kostümbild zugeschrieben oder als Triumph des Schauspiels gesehen. Auffällig ist zugleich, dass nie mit abgespeichert worden ist, dass es sich bei dieser Sequenz um einen Filmvorspann handelt. Die Buchstaben im Bild scheinen in den Erinnerungen an den Film nicht haften geblieben zu sein. Im Gegenteil, bisweilen wird sogar explizit hervorgehoben, dass diese Szene gar kein Filmvorspann sein kann, so gut, wie sie ist. »Even before the title began to roll, BREAKFAST AT TIFFANY'S established its heroine in a world-famous sequence which showed that she had an eye for the main chance but without suggesting that it was in any way the product of rapacious calculation. [...] When people think of BREAKFAST AT TIFFANY'S they chiefly remember Audrey in the opening apparition.« [30]

Es macht Sinn, dass die verträumte Protagonistin dieser Szene einen Blick für den Zufall hat. Es ist jedoch alles andere als ein Zufall, dass sich dieser Blick für den Zufall in einer Vorspannsequenz findet. Wäre die Sequenz auch ohne Buchstaben so gut? Wenn sie keine Vorspannsequenz wäre? Würden wir sie gleichermaßen im Gedächtnis behalten? Ich denke nicht. Die Buchstaben in diesem Film scheinen hier um einiges wichtiger zu sein als »Audrey Hepburn« oder ihr Givenchy-Kostüm. Als bloßer Establishing Shot wäre die Sequenz nicht im gleichen Maße hängengeblieben. Sie ist vielmehr gerade deshalb so traumhaft, weil sie das Verhältnis von Bild und Buchstabe im Film ganz unmerklich, in schlafwandlerischer Sicherheit, in all seinen Facetten vor unseren Augen durchspielt. Halten wir bei unserem unverhofften Wiedersehen, beim Déjà-vu des Beginns, des Frühstücks, jedoch erst einmal fest, dass das Ereignis, die Party, was auch immer, bereits stattgefunden hat.

Was den beträchtlichen Sog des Filmvorspanns von BREAKFAST AT TIFFANY'S ausmacht, ist, dass er sowohl eine Spur von Nostalgie wie ein nicht genau artikulierbares Gefühl von Verlust – es ist zum Heulen [31] –, an genau der Stelle inszeniert, die dem Driften der Bilder und dem Verlust am meisten im Wege zu stehen scheint: im filmischen Ausweis des Copyrights. An der Stelle größter Bestimmtheit wird etwas ausgesagt, bei dem sich nur schwer entscheiden lässt, ob man gerade träumt, nachdenkt oder sich erinnert. Und es macht die Kraft (*force*, im Austin'schen Sinne [32]) dieses Vorspanns aus, dass er nicht darauf aus ist, diese Schwebe aufzulösen, sondern im Gegenteil, sie gerade aufrechtzuerhalten und als Lektürevorgabe weiter in den Film zu verlängern. Uns weiter träumen lässt. Diese Sequenz hier zu Beginn gewährt Aufschub. Und zeigt uns dabei in dem Sog, der uns auf die Reise schickt, an, woher wir die Elemente der Analyse beziehen können. Wo und wie wir Schaufenster bummeln, Bilder speichern gehen können. Alle Wege und Verzweigungen des Trips, der uns bevorsteht, werden von der Ansammlung von Praxisfeldern zu Beginn des Films immer schon erwartet.

New York. Kein Hin und Her. Kein Mensch weit und breit. Irgendwann zwischen Nacht und Tag. Ganz in der Früh. »Die Stadt auf diesen Bildern ist ausgeräumt, wie eine Wohnung, die noch keinen neuen Mieter gefunden hat.« [33] Frühes Kino, ein *travelogue*. Ein einzelnes Taxi kommt angefahren ... BREAKFAST AT TIFFANY'S fängt als Sequel an. Holly war aus. Sie hat eine Nacht, den Film schon hinter sich. Zwischen dem Berg, dem Paramount-Logo, unter dem das musikalische Thema des Films loslegt, und der New Yorker Häuserschlucht, die ihn umdreht, auf den Kopf stellt, dem Beginn der Diegese, liegt ein Schwarzbild. Es ist das *AT*, um das sich zu Beginn dieses Films alles dreht, das hier vor allem gefilmt wird. Das Ver-

In der Blickachse des Vorspanns: Blake Edwards' Team auf der 5th Avenue, das Taxi erwartend

hältniswort im Titel des Films, das den privaten Beginn (Frühstück) und öffentlichen Raum (*Tiffany*) zueinander in Beziehung setzt. Die Präposition wird dabei wörtlich genommen, die Vorspannsequenz kurzerhand vor die Tür von Company und Archiv, einem ganzen Berg Filme, gesetzt. Keine liebenswürdigen Männer, kein Krokobrieftaschengeruch: *Tiffany* hat noch gar nicht auf. Die Vorspannsequenz ist außen vor. Aus- und eingegrenzt. Hält Abstand zur Diegese.

Mit dieser Anreise macht die Vorspannsequenz von einem Film, der ein Buch filmt, von vornherein klar, dass der Akzent ihrer Lektüre auf Buchstäblichkeit liegt. Was sie filmt, ist nicht die Stelle des Buches, die die Geschichte für seinen Titel liefert, sondern seinen ersten Satz. Nicht »Was mir, wie ich herausgefunden habe, am allerbesten tut, das ist: eine Taxe nehmen und zu *Tiffany* fahren. Das macht mich umgehend ruhig, die Stille dort und der prächtige Eindruck; nichts sonderlich Schlimmes kann einem dort passieren, nicht mit diesen liebenswürdigen Männern da in ihren feinen Anzügen und mit dem herrlichen Geruch nach Silber und Krokodillederbrieftaschen« wird gefilmt, sondern »Es zieht mich stets dorthin zurück, wo ich einmal gelebt habe, zu den Häusern, der Gegend.« [34] Bei Buchstäblichkeit geht es nicht um Stoffidentifikationen, abgezielt wird vielmehr auf die Lokalisierung, die Platzierung der Buchstaben.

Rembert Hüser **Das Kino träumt**

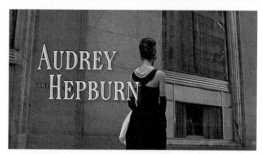

Die Diegese von BREAKFAST AT TIFFANY'S startet also, eigentümlich entrückt von der Diegese, als emblematische Traumsequenz. Mit dem größer werdenden gelben Punkt in der Häuserschlucht mit extremer Tiefenschärfe, dem isolierten Taxi, das die Horizontlinie sorgsam frei lässt, bahnt sich, verstärkt noch durch das Jazz/Pop-Thema von Henry Mancini, etwas an. Etwas kommt geradewegs auf uns zu. Die Kamera zeigt sich von dieser Bewegung nicht weiter beeindruckt. Sie interessiert sich zunächst einmal nur für die Monumentalität des Raums. Sie lässt ihn wirken, macht keinerlei Anstalten, dem Ereignis »Taxi« zu folgen. Die Geschichte wird buchstäblich links liegengelassen. Die Bewegung (der »Film«) und die grafische Markierung des Mittelstreifens, die Adjustierung und Lenkung des Blicks, treten dabei zunehmend auseinander. War die Ausgangsperspektive noch gleichermaßen zentral wie im Rahmen verrückt, setzt die Bewegung aus der Tiefe, die unseren Blick erwidert und auseinanderzieht, die ungewohnte Asymmetrie unter beträchtlichen Druck. Das habt ihr nun davon!

Auf den letzten Metern hat die Kamera schließlich ein Einsehen und nimmt uns, beinahe erschrocken, in einem Schwenk mit. Das Taxi hält neben einem großen Haus (irgendwas zwischen Bestattungsunternehmen, Tempel und Versicherungskonzern), eine Frau steigt aus. Elegant, Abendkleid, ganz in Schwarz. Die Hände angelegt. Das

Taxi blockiert die Sicht, die Frau dreht uns den Rücken zu. Eine Auseinandersetzung nimmt Gestalt an, einander gegenüber stehen: der Ort des Geschäfts und der *mobilized virtual gaze*.

Die Frau, die nach Geld aussieht, bleibt unter der Uhr – viertel vor sechs – vor dem Portal mit der Stahlrosette, das an einen Tresor erinnert, stehen und sieht hoch. Wir alle vollziehen diese Bewegung nach und lesen in Verlängerung von Givenchy-Kleid und Perlenkette neben ihrem Kopf – sie ist da, wo das *& Co.* ist – und mit ihr zusammen intradiegetisch den Namen des Werts. 1. Schritt. *TIFFANY*. Eine amerikanische Institution.

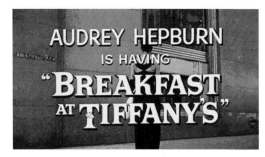

BREAKFAST AT TIFFANY'S: Der Trailer

»Der Film [...] *enthält* viele Partialobjekte, aufgeladene Fetische, unter denen man eine Auslese vornehmen kann (vor allem wenn man das Kino liebt), aber die oft vom vorbeifließenden Strom fortgerissen werden, während ein Fetisch bewahrt, aufrechterhalten und kontrolliert werden muß.« [35] Der Vorspann von BREAKFAST AT TIFFANY'S ist sensibel für die »fetischistischen Umtriebe« [36] des Films. Er schafft für mögliche Blick-Konzentrationen gleich zu Beginn eine Grundlage, indem er in die Bildfolge Stopper einbaut und zugleich vom Umgehen mit einem »Film« und seinen Elementen, vom Shopping [37] erzählt. Dabei fetischisiert sich der Vorspann in der Präsentation eines fetischistischen Verhaltens selbst. Durch den Einsatz von Schrift wird das Vorbeiziehen der Fotogramme, die Serie, ein Stück weit sistiert. Die Frau geht wie hypnotisiert auf das Schaufenster zu, sie hat (wie wir) gerade *Tiffany* gelesen, ist vorbereitet, und wird in dem Augenblick, Schritt 2, selbst beschriftet, AUDREY HEPBURN.

Audrey Hepburn bewegt sich in den Kader. Wird geradezu magisch von ihm angezogen. Wie die Buchstaben auch, geht Audrey Hepburn zum Film. Der Star nimmt in der Einstellung Platz. Mit dem Hinzutreten eines zusätzlichen genuin filmischen (keineswegs fremden [38]) Elements, des Schriftbilds, in der Bewegung, erlangt das Bild eine neue Qualität. Das Bild wird ausgezeichnet, im doppelten Sinne des Wortes. Produkt und Juwel. Es erhält einen Marker. Die von der Schrift verursachte Verlangsamung des Bildes im Vorspann und sein Komplexitätszugewinn macht aus der »vorgeschriebenen Zeit des Lesens« beim Film die »freie Zeit des Neuschreibens« des Fotos im Film [39]. Durch die Störung der Kontur, aufgrund des Hinzutretens eines weiteren Elements, wird die Kontur erst sichtbar.

Die Zuschauer werden damit in ihrer Wahrnehmung programmiert. Man wechselt von einer Bildebene zur anderen, schaltet um, dokumentarisierend, fiktivisierend, hin und her, man liest, schaut, schaut dran vorbei, geradeaus durch, schaltet ab, trinkt einen Schluck Bier, macht die eine oder andere Entdeckung, nimmt das ein oder andere mit. Hat den Bogen auf einmal raus. AUDREY HEPBURN plötzlich in Gold (ein neuer Name des Werts an der Fassade des Films), die goldenen Kapitälchen direkt neben der Hauptdarstellerin – das ist die »zugleich gewaltsame und unfaßbare Überschreitung der Schwelle, die das Objekt der gewöhnlichen Welt entreißt, um es in einer anderen Welt und einer anderen Art Zeit unterzubringen« [40]. Das ist der Grund dafür, dass dieser Vorspann hängenbleibt. Uns so beeindruckt. (Die Produktion des Trailers setzt denn auch genau hier an. Versucht die Buchstaben zu beerben. Frühstücken als erste Aufmerksamkeit und Schrift als Indiz für das Ereignis in eins zu setzen).

Mit demselben Verfahren, transformiert zur Schlagzeile und Mini-Narration, die die Anrüchigkeit der Vorlage in der Schwebe hält, um das Voyeurismusbedürfnis im Kino zu befriedigen – was macht der Paramount-Contract-Star, der gerade für THE NUN'S STORY (Geschichte einer Nonne; 1959; R: Fred Zinnemann) eine Oscarnominierung erhalten hat, in Capotes Prostitutionsgeschichte? – hatte der Trailer, der sich als Extrablatt gibt, zuvor eine andere Geschichte erzählt. Eine Geschichte, die nicht als eine des Wertes verstanden werden will. Im Trailer kann es deshalb auch keine Goldbuchstaben geben.

Das Wechselspiel von Trailer und Vorspann erzählt vom Umbau und der Bereinigung der Vorlage. Audrey Hepburn wie auch der Roman von Truman Capote müssen einem grundlegenden Image-Wechsel unterzogen werden. Bekommen ein Makeover. »Audrey Hepburn« ist zu unschuldig, die Erzählung zu anrüchig; man trifft sich in der Mitte. Es ist der Vorspann, der von Anbeginn einen anderen Ton als das Erfolgsmodell Buch zu etablieren hat. Gar nicht erst Zweifel aufkommen lassen darf. Erzählt wird so einmal mehr die New Yorker Gentrifizierungsgeschichte. Prostitution muss Theater werden und mit Massenkonsum überschrieben werden. Jemand wie Marilyn Monroe (als erster Vorschlag), die mit Nacktfotos bekannt geworden war, konnte für die Hauptrolle unmöglich in Frage kommen. Gesucht wird dagegen jemand, der die hypostasierte Risikobereitschaft des Konsumenten auszuagieren vermag. »Paramount pressed Audrey to make up her mind. What sealed the decision was the reassurance of her director, Blake Edwards, that the character of Holly would be effectively purified by the style in which he would shoot the picture. After the opening scene, Edwards promised, there would be no doubt that Holly's predatory nature was only a charming aberration. And so it turned out. Even before the title began to roll, BREAKFAST AT TIFFANY'S established its heroine in a world-famous sequence which showed that she had an eye for the main chance but without suggesting that it was in any way the product of rapacious calculation.« [41] Vor dem Vorspann? Es muss das Schwarzbild sein, das Audrey als unschuldig etabliert. Audrey ist so rein, dass sie nicht einmal von Buchstaben befleckt werden darf. In der Entfaltung der Diegese wird Hepburn konsequent entlang ihrer Star-Persona [42] inszeniert, es ist nicht mehr das prämenstruelle Syndrom, Capotes »rotes Grausen«, das Holly Golightly in das Juweliergeschäft treibt, sondern die Melancholie des Shoppers, der außen vor zu verbleiben hat. Privates wird Öffentliches in einem Einkaufen, das nicht mehr den Körper betrifft. Aus Prostitution wird nicht viel mehr als ein Partyservice. Der Vorspannmacher macht das mit links, ihn interessiert *the look* nur als Metapher für das luxuriöse Modeprodukt [43].

Dass dieser Vorspann hier, umringt von lauter Kostbarkeiten, betont billig ist, wird im Film daher unweigerlich zum Witz. Die Einblendung von Buchstaben vermittels Glasplatten auf bereits gefilmtes Material ist die technisch bei weitem unaufwändigste Art, einen Vorspann herzustellen. Die völlige Reduktion auf den Schnitt und die Buchstaben unterstreicht dabei zugleich aber auch das Klassische von Kleid und Auftreten. Es ist die Präzision in der Platzierung der Buchstaben, die die Bedeutung einer jeden Einstellung im Verhältnis von Figur und Grund gravierend verändert. Während bekannt ist, dass Blake Edwards diese Sequenz hier hat fotografieren lassen [44], bleiben diejenigen, die sie in unser Gedächtnis eingraviert und sie womöglich auch geschnitten haben, die sie also erst zu dem gemacht haben, was sie ist: die Title Designer des Title Houses, namenlos. Wie eng Regisseur und Vorspannmacher bei der Auswahl der Einstellungen, beim Schnitt und bei der Positionierung des Schriftinserts zusammengearbeitet haben, ist nicht bekannt.

Mit dem Einblenden der Schrift in den Establishing Shot – New York – wird zugleich die Geschichte der Entstehung dieser Form an dieser Stelle im frühen Kino abgerufen. Das Doppelt-Sehen ist kein Schielen hier, wie Freud es in der *Traumdeutung* bei sich beklagt, sondern das Entweder-und-oder der Traumschrift auf einer anderen Ebene. Es sind genau die Schrifteinblendungen im Film, die das Traumhafte ausmachen: »The conscious phantasy superimposes two faces for the fun of it, without believing in their substantial fusion (which is no cause for doubt in the dream), and nevertheless believing in it a little, since the daydream is a step in the direction of dreaming. This divided regime, naive and crafty at the same time, wherein a bit of the wish is reconciled with a bit of reality thanks to a bit of magic, is ultimately rather close to that on which the subject's psychical attention is modelled when he is confronted with a cinematic superimposition like the traditional one of the faces of lover and beloved.« [45]

Audrey Hepburn war also geradewegs in den Filmkader gewandert. War dort hinspaziert, wo sie hingehört. In das Fenster der Attraktionen. Dass sie nicht weiter wichtig ist, macht die zweite Einblendung in dieselbe Einstellung deutlich.

Stars sind austauschbar. Die Funktion, die sie für den Film haben, kann immer auch mit einem anderen Namen belegt und vermittels eines anderen Körpers wahrgenommen werden. Der Eingriff der Buchstaben bei BREAKFAST AT TIFFANY'S, von dem eben die Rede war, der das Bild nicht ohne Gewalt aus der Sequenz herauslöst und mit einer neuen Bedeutung belegt, ja umkodiert hatte, ist hingegen so massiv, dass er bei seinem Wiederauftauchen in einer neuen Einstellung, bei der Einblendung des Titels selbst, fast didaktisch, illustrativ entspannend daherkommen muss. Wir sind vorbereitet. Die Protagonistin beißt in Gebäck: *BREAKFAST*. Der Film schaut sich gelassen den berühmten Buchtitel an.

Dass Schaufenster im Film selbst als sekundäre Leinwände, als Rahmen im Rahmen, als Verweis auf das filmische Bild fungieren [46], ist wiederholt betont worden: »The shop window was the proscenium for visual intoxication, the site of seduction for consumer desire.« [47] Geht man einen Schritt weiter und denkt das Schaufenster in seiner Funktion für das Geschäft, ist hier in der Analogie zum Film nicht der unzugängliche Rahmen entscheidend, die Leinwand, sondern die Auslage, das Display. Es ist die Schaufensterauslage, die das erste Bild eines Geschäfts liefert. Sie ist in einer bestimmten Weise inszeniert, sie koppelt ein Bild an den Namen des Geschäfts, sie wird von eigenen Spezialisten hergestellt, sie stimmt auf das Geschäft ein, zeigt erste Preise, lässt uns träumen, macht ein Versprechen in Bezug auf die Verfasstheit des Raumes hinter ihr, den man nicht einsehen kann. Und steht dadurch in einem Spannungsverhältnis zu ihm. Kurz: Das Schaufenster ist der Vorspann des Geschäfts.

Einmal angelangt im Architektur gewordenen Film im Film, im Vorspann, hat die Protagonistin alle Zeit der Welt. Kann in aller Ruhe, wie wir Zuschauer auch, vor den Bildern Bilder frühstü-

cken. Sie mustern und konsumieren. Uns vormachen, wie das geht. (Was ihr eigentlicher Job ist.) Dazu wird sie als Zuschauerin eingeführt. Die Überschrift, unter der sie läuft – der Vorspann, das Frühstück, die Morgendämmerung der Bilder – metaphorisiert nur die erste Aneignung. Ihr S/Chopping. Schritt 3: Die Frau inspiziert die Einzelkader. Läuft den Filmstreifen ab, geht die Schaufenster der Reihe nach durch. Die Bild-Offerten. (Auch die um die Ecke.) Die Totale wechselt in Halbnah, das Fenster füllt den Rahmen, die diagonale Perspektive wird zum *face to face* im Spiegel.

Die Leinwand wird gemustert, die kostbaren Elemente hinter Glas, die kostbaren Buchstaben und das Phantom des Stars auf dem Glas erweisen

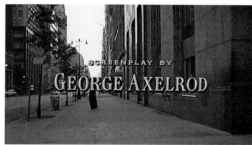

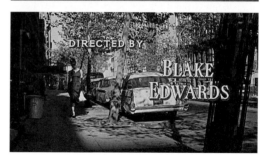

sich als strukturanalog [48]. Verschmelzen miteinander. Sind gegenseitiger Effekt. Die Frau schaut die Auslage an, sieht sich verschwommen in der Auslage, aus der Auslage wird glasklar zurückgeschaut. Wo ist das Produkt? Dem Autor wird zugeprostet.

Die Frau hat um den Hals, was im Display ist; sie ist selbst im Display. (Dieser Film hier hat Audrey Hepburn in der Auslage.) Die schwarze Sonnenbrille, die das Schwarz des Kleides aufnimmt, vor ihrem Blick, den man nicht sieht, das Glas vor dem Glas, doppelt die Situation ein weiteres Mal. Der Ort der Betrachtung ist nicht die 5th Ave, es ist ein Sonstwo. Der Raum unseres Schnittplatzes im Kopf. Mit dem ihm eigenen Sog.

Der Film in unserem Kopf *in the making*. Nicht jedermanns Sache. Darüber ständig die Schrift, die auf das Gemachtsein des Films verweist. Seinen Status als Produkt. Die Frau legt den Kopf schräg – PHOTOGRAPHY.

Die Frau verschwindet hinter einem Pfeiler – *Special Photographic Effects*, *Set Decoration* (die kleingeschrieben sind).

Die Frau wirft die Papiertüte in die Mülltonne – SCREENPLAY. Die Frau re-arrangiert den Schleier, den sie die ganze Zeit über in der Hand gehalten hatte – PRODUCTION.

Schnitt, es ist Tag. Diese Straße hier ist keine Schlucht mehr. Sie ist grün, ist sonnig, hat Bäume, die Frau kommt auf uns zu, das Schaufenster ist ein Lichtkader auf dem Boden, die Schauspielerin tritt hinein – DIRECTOR. Andere Schauspieler warten schon. Das Geschichtenerzählen kann losgehen.

Ab jetzt wird es ohne Unterbrechung weitergehen. Wir sind in Fahrt. Haben den Traum als Handlungsvorgabe. Mal sehen, was wir gelernt haben. Zur Disposition stehen die einzelnen filmischen Entscheidungen. Man muss nicht immer gleich den ganzen Film abkaufen [49].

Am 23. September 1909 befindet sich Sigmund Freud auf der Rückreise von Amerika. An Bord der *Kaiser Wilhelm der Große*, Norddeutscher Lloyd, schreibt er einen sechsseitigen Brief auf Schiffsbriefpapier an seine Tochter Mathilde: »Liebe Mathilde, Vielleicht erkennst Du an meiner Schrift, daß wir ›kinematographirt‹ sind. Unser liebes Schiff ist ein Schnelldampfer u hat dieses rhythmische Zittern. [...] Amerika war eine tolle Maschine. Ich bin sehr froh, daß ich heraus bin u noch mehr, daß ich nicht fort bleiben muß. [...] Die Reise hat mich bis jetzt nichts gekostet. Alles Erübrigte habe ich bei *Tiffany* ausgegeben, aber die ›Mitbrachten‹ leiden unter der Höhe der Dollarpreise.« [50] Louis Comfort Tiffanys jüngste Tochter, Dorothy Tiffany-Burlingham, zieht 1925 nach Wien, beginnt 1927 eine Psychoanalyse bei Sigmund Freud, die zu einer Lehranalyse wird. Als Kinderanalytikerin arbeitet sie eng mit Anna Freud zusammen.

Anmerkungen

1 »»The photographers settled down to work at two o'clock yesterday afternoon, when the square was crowded with cable cars, carriages and vehicles of all sorts, while now and then an ›L‹ train would thunder by. They chose a window on the lower end of the square, where they were within full view of the Herald Building, and at the same time took in Broadway and Sixth Avenue for a radius of several blocks.« (»Herald Square ›Vitascoped‹«, *New York Herald*, 12 May 1896, p. 9). When the film was shown at Koster & Bial's Music Hall, spectators may have had the pleasure of seeing the exterior of the building inside of which they were sitting (assuming, of course, the theater was within camera range). In this play with space, outside became inside – a somewhat disconcerting experience, greatly heightened by the lifelike quality of the image.« Charles Musser: Before the Nickelodeon. Edwin S. Porter and the Edison Manufacturing Company. Berkeley, Los Angeles, Oxford 1991, S. 66.
2 Ebenda, S. 66.
3 Janet Staiger: The Labor Force, Financing and the Mode of Production. In: David Bordwell / Janet Staiger / Kristin Thompson: The Classical Hollywood Cinema. Film Style & Mode of Production to 1960. New York 1985, S. 312.
4 Frank Kessler: Was kommt zuerst? Strategien des Anfangs im frühen *nonfiction*-Film. In: montage/av: Anfänge und Enden, 12/2/2003, S. 113.
5 Vgl. Alexander Böhnke / Rembert Hüser / Georg Stanitzek: Vorwort. In: A.B./R.H./G.S.: Das Buch zum Vorspann. »The Title is a Shot«. Berlin 2006, S. 6-7.
6 Robert Gessner: The Moving Image. Three Americans Created the Art of the Motion Picture, and Made it the Universal Language of the Twentieth Century. In: American Heritage Magazine, April 1960, (www.americanheritage.com/articles/magazine/ah/1960/3/1960_3_30.shtml).
7 Sigmund Freud an Wilhelm Fliess, 21.9.1899. In: S.F.: Briefe an Wilhelm Fliess 1887-1904. Hg. v. Jeffrey Moussaieff Masson. Frankfurt/Main 1986, S. 410.
8 »So handelt die ›Traumdeutung‹ Seite für Seite von nichts anderem als dem, was wir den Buchstaben des Diskurses nennen, im Hinblick auf seine Textur, seine Verwendungen, seine Immanenz in der hier in Frage stehenden Materie.« Jacques Lacan: Das Drängen des Buchstabens im Unbewussten oder die Vernunft seit Freud. In: J.L.: Encore. Das Seminar. Buch XX. Weinheim, Berlin 1986, S. 34.
9 Sigmund Freud: Die Traumdeutung. Studienausgabe. Band II. Frankfurt/Main 1982, S. 315 (VI. Die Traumarbeit; C Die Darstellungsmittel des Traums).
10 Ebenda, S. 315.
11 Ebenda, S. 314.
12 Ebenda, S. 315f.
13 Jacques Lacan: Die Funktion des Geschriebenen. In: Lacan 1986, a.a.O., S. 31.
14 »[G]estern abds ein Varieté mit moving pictures, heute etwas Besseres: Hammerstein roof gardens. [...] Die Vorstellungen natürlich lauter amerikanischer Unsinn, überlaut u geschmacklos. Darauf glänzend geschlafen.« Sigmund Freud, 2./3. September 1909, Brief aus N.Y. an die Familie. In: S.F.: Unser Herz zeigt nach dem Süden. Reisebriefe 1895-1923. Hg. von Christfried Tögel unter Mitarbeit von Michael Molnar. Berlin 2002, S. 305.
15 Ernest Jones: The Life and Work of Sigmund Freud. Bd. 2: Years of Maturity: 1901-1919. New York 1955, S. 56.

16 »It was there [in the Adirondack Mountains near Lake Placid R.H.] that, greatly to Freud's satisfaction, they sighted a wild porcupine, on which incident hangs a tale. He had made the interesting observation that, when faced with an anxious task, such as the present one of describing his startling conclusions to a foreign audience, it was helpful to provide a lightning conductor for one's emotions by deflecting one's attention on to a subsidiary goal. So before leaving Europe he maintained that he was going to America in the hope of catching sight of a wild porcupine *and* to give some lectures. The phrase ›to find one's porcupine‹ became a recognized saying in our circle. Having achieved his double purpose he was ready to return home.« Ebenda, S. 59.
17 »The traveling plans were also very complicated.« Ebenda, S. 54.
18 Sigmund Freud, aus Rom an die Familie, Rom, 21.9.1907, in: Freud 2002, a.a.O., S. 222.
19 Vgl. Wolfgang Ehrhardt: Das Akademische Kunstmuseum der Universität Bonn unter der Direktion von Friedrich Gottlieb Welcker und Otto Jahn. Opladen 1982.
20 Anne Friedberg: Window Shopping. Cinema and the Postmodern. Berkeley, Los Angeles, London 1993, S. 3.
21 Wilhelm Tacke: Der Bleikeller am St. Petri Dom zu Bremen. DKV Kunstführer Nr. 360. München, Berlin 2006 (6., neu bearbeitete Auflage), S. 2.
22 Ebenda, S. 6-8.
23 Sigmund Freud: Reisejournal, Bremen, 21. Aug. 1909, in: Freud 2002, a.a.O., S. 285.
24 Tacke 2006, a.a.O., S. 5.
25 Freud 2002, a.a.O., S. 286.
26 Peter Krapp: Déjà Vu: Aberrations of Cultural Memory. Minneapolis, London 2004, S. 4-5.
27 Thierry Kuntzel: Die Film-Arbeit, 2. In: montage/av: Film als Text, 8/1/1999, S. 78f.
28 Robyn Karney: A Star Danced. The Life of Audrey Hepburn. London 1993, S. 121.
29 Caroline Latham: Audrey Hepburn. London, New York 1984, S. 82.
30 Alexander Walker: Audrey. Her Real Story. New York 1994, S. 174ff. In der stärkeren Aufmerksamkeit für Vorspannsequenzen mag sich das in den letzten Jahren geändert haben. »If there is one aspect about BREAKFAST AT TIFFANY'S that has repeatedly seduced me over the years, it's the film's gorgeous opening credits – Hepburn, dressed in diamonds and Givanchy, sipping coffee from a cardboard container and eating a Danish as she strolls outside *Tiffany's* on a curiously vacant Fifth Avenue at dawn, while Henry Mancini's haunting *Moon River* softly plays on the soundtrack. Magic. I can watch the film's titles over and over again. But the movie itself, I've come to discover, I can take or leave. Sorry.« o.A.: Confessions of a Reformed Movie Critic: Blake Edwards' BREAKFAST AT TIFFANY'S 1961, Mittwoch, 25.7.2007 (http://thepassionatemoviegoer.blogspot.com/2007/07/harry/dean-stanton-siting-frank.html).
31 »Aber das rote Grausen ist gräßlich. Sie fürchten sich und schwitzen wie in der Hölle, aber sie wissen nicht, wovor sie sich fürchten. Außer daß etwas Schlimmes geschehen wird, nur wissen Sie gar nicht, was.« Truman Capote: Frühstück bei Tiffany. Reinbek 1962, S. 34.
32 »[I]ch möchte gerade unterscheiden zwischen der *Rolle [force]* der Äußerung und ihrer *Bedeutung* (im Sinne dessen, worüber sie spricht und was sie darüber sagt).« John L. Austin: Zur Theorie der Sprechakte. [How To Do things with Words.] Deutsche Bearbeitung von Eike von Savigny. Stuttgart: Reclam 1979, S. 118.
33 Walter Benjamin: Kleine Geschichte der Photographie. In: W.B.: Gesammelte Schriften. Band II.1: Aufsätze, Essays, Vorträge. Frankfurt/Main 1977, S. 369.
34 Capote 1962, a.a.O., S. 5.
35 Christian Metz: Foto, Fetisch. 1985, 1990. In: Hubertus von Amelunxen (Hg.): Theorie der Fotografie IV. 1980-1995. München 2000, S. 352f. »Dank seines Prinzips des *mobilen Schnitts*, des variablen und ständig erneuerten Ausschnitts, dank der Wechsel von Einstellungen zwischen den Aufnahmen und innerhalb ihrer, setzt der Film durch eine konstante *passage à l'acte* den Schrecken und die Lust des Fetischismus ins Werk, und zwar als Kombination aus Wunsch und Angst, die ihm eigen ist.« Ebenda, S. 353.
36 Ebenda [zum Schnappschuss], S. 353.
37 »Shopping« bedeutet nicht automatisch »Geld ausgeben«, irgendetwas »abkaufen«, sondern zunächst einmal nicht viel mehr als »sich aufhalten«. Einen Raum konsumieren und seine Zeichen. Etwas mustern, zusammenstellen im Kopf, ausprobieren. Liegenlassen. Erlangt diese Aktivität Eigendynamik, steht sie dem Kaufen im Wege. »Shopping is the crisis of consumerism.« John Fiske: Shopping for Pleasure. Malls, Power, and Resistance. In: Diana George / John Trimbur: Reading Culture. Contexts for Critical Reading and Writing. New York 1999, S. 258.
38 Joachim Paech: Der Schatten der Schrift auf dem Bild. Vom filmischen zum elektronischen »Schreiben mit Licht« oder »L'image menacée par l'écriture et sauvée par l'image même«. In: Michael Wetzel / Herta Wolf (Hg.): Der Entzug der Bilder. Visuelle Realitäten. München 1994, S. 225.
39 Metz 2000, a.a.O., S. 346.

40 Ebenda, S. 349.
41 Walker 1994, a.a.O., S. 174.
42 »Hepburn's star persona manages to merge a number of apparent oppositions: she is playful but elegant, thoroughly American but faintly and aristocratically European, elite but democratic, androgynous but hyperfeminine. More specifically, Hepburn's inscription of filmic fashionability succeeds in solving the contradictions inherent in the transformation of the playful adolescent of androgynous body and immature sexuality into the securely heterosexual, ›grown‹ woman comfortable with conventional femininity.« Gaylyn Studlar: »Chi-Chi Cinderalla«: Audrey Hepburn as Couture Countermodel. In: David Desser / Garth S. Jowett (Hg.): Hollywood Goes Shopping. Minneapolis, London 2000, S.175.
43 »Hepburn's representation is enmeshed in a diverse array of cultural meanings centered on the notion of fashion – and more specifically, of Paris high fashion – as a privileged signifier of a utopian consumer culture linked to an idealized (if ideologically problematic) feminine identity« Desser/Jowett 2000, a.a.O. »Hepburn is incapable of being damaged and/or shopsoiled, yet there is a poignancy in her films that comes from the metamorphosis that invariably lies in wait: her passionate innocence is encased in ›haute couture‹, her beauty gets embalmed in happy endings that solve nothing.« Elizabeth Wilson: Audrey Hepburn: Fashion, Film and the 50s. In: Pam Cook / Philip Dodd (Hg.): Women and Film. A Sight and Sound Reader. London 1993, S. 39.
44 »Came the time to shoot and it was as though God said: well, I am gonna give you a break now, but for the rest of your career you will have to live off this one. And nobody appeared. No cars. No people. It was suddenly deserted. With the sweep of his hand, you know, C.B. DeMille wiped out the whole traffic situation, and we had our shot.« Blake Edwards, in: The Making of a Classic. Special Feature. BREAKFAST AT TIFFANY'S, Anniversary Edition. DVD, 2006.
45 Christian Metz: The Imaginary Signifier. Psychoanalysis and the Cinema. Bloomington 1977, S. 134.
46 »Der Effekt des inneren, des zweiten Rahmens liegt darin, daß er den ersten, d.h. den Ort der Enunziation, heraushebt, wobei er zu den häufigen und identifizierbaren Markierungen dieses Ortes gehört. [...] Der Film zeigt uns mit einer gewissen Bosheit das, was wir im selben Augenblick ebenfalls tun. [...] Der innere Rahmen gehorcht – Leinwand auf Leinwand – einem metadiskursiven Verdoppelungsprinzip.« Christian Metz: Die unpersönliche Enunziation oder der Ort des Films. Münster 1997, S. 58.
47 Friedberg 1993, a.a.O., S. 65.
48 Es ist konsequent, daß der Vorspann seine Palette im Fenster beim Credit des Katzen(jammer)trainers zeigt. »›Es ist ein bißchen unpraktisch, daß er keinen Namen hat. Aber ich habe kein Recht dazu, ihm einen zu geben – er muß warten, bis er einem wirklich gehört. [...] Ich möchte nichts in Besitz nehmen, ehe ich nicht die Stelle gefunden habe, wo ich und mein Besitz gemeinsam hingehören. Ich bin bislang noch nicht so sicher, wo das sein könnte. Aber ich weiß, wie es aussehen müßte.‹ Sie lächelte und ließ den Kater auf den Boden fallen. ›Ganz wie bei *Tiffany*‹.« Capote 1962, a.a.O., S. 33.
49 »Sinon, j'étais un peu chagriné par l'accueil qu'avaient reçu les *Histoire(s) du cinéma*. [...] [C]'était: ›L'auteur a voulu ci ou ça ... Magnifique! Superbe!‹, mais il n'y en a pas un qui m'ai dit: ›Ce n'est pas cette image-là qu'il aurait fallu mettre‹.« Jean-Luc Godard: Une longue histoire. Recueilli par Jacques Rancière et Charles Tesson. In: Cahiers du Cinéma, Mai 2001, S. 32.
50 Freud 2002, a.a.O., S. 312-13.

Traum und Film

Visuelle Formen im Wissenschafts- und Experimentalkino

Von Philippe-Alain Michaud

In seiner 1650 veröffentlichten Abhandlung *On Dreams* (*Über Träume*) weist Sir Thomas Browne darauf hin, dass sich unser Leben zur Hälfte im Schattenreich abspielt und dass ein Großteil unseres Schlafes von fantastischen Visionen und Erscheinungen bevölkert wird: »Der Tag bringt uns das Wahre, die Nacht bringt uns Fiktionen.« So wie nach Thomas Browne die Nacht dient auch das Kino dazu, Träume, also Fiktionen hervorzubringen. *Hollywood: The Dream Factory* lautet daher auch der – die gängige Bezeichnung der Filmindustrie aufgreifende – Titel, den die Malinowski-Schülerin Hortense Powdermaker 1950 in Boston ihrer anthropologischen Analyse des Hollywood-Systems gab. Doch die Metapher der »Traumfabrik« entstammt nicht erst dem Nachkriegs-Kalifornien: Schon 20 Jahre vorher hat der Romancier und Kritiker Ilja Ehrenburg in Berlin ein Buch mit dem Titel *Die Traumfabrik. Chronik des Films* veröffentlicht.

Dream Factory, Traumfabrik: Das ist Traumarbeit im Zeitalter ihrer technischen Reproduzierbarkeit. Auf die filmische Natur des Traums ist in der psychoanalytischen Tradition so manches Mal hingewiesen worden, angefangen bei Freud selbst, der – zwischen 1895 (*Entwurf einer Psychologie*) und 1899 (*Die Traumdeutung*), als er von dem Modell der theoretischen Energetik zu dem der Topik überging – in der Beschreibung der Mechanismen des Traums auf eine Reihe von Metaphern zurückgreift, die von der Filmprojektion beeinflusst, sind und eben dadurch das Traumhafte der filmischen Einrichtungen hervorhebt.

Die Dunkelheit des Saales, die verhältnismäßige Einsamkeit, in die der Zuschauer eintaucht, die hypnotische Bannung des Blicks und die Passivität angesichts der Bildabfolge, der Größenunterschied zwischen den auf die Leinwand projizierten Gestalten und den zuschauenden Personen: Die Kinovorstellung ist ein Analogon des Einschlafens, wenn der im perzeptorischen Fluss versunkene Mensch ohne Orientierungspunkte oder Außenwelt ganz Auge und Ohr wird.

Nicht nur in der konkreten Projektionsanlage erweist sich die Traumdimension des Kinos, auch in seiner imaginären Konstruktion. In *Tissu visuel* [1] beschreibt Jean Epstein mit beispielloser Tiefgründigkeit die Auswirkungen, die die Traumhypothese auf die Konstruktion der filmischen Erzählung hat:

»Im Grunde ist jeder Roman, jedes Gedicht, eigentlich jedes Kunstwerk und jeder Film nichts anderes als organisiertes Träumen. Wobei der Film – und darin liegt seine Macht – dem ursprünglichen Traum, dessen vorrangig visuelle Form er beibehält, am meisten ähnelt.«

Obwohl dieser Text lange nach Einführung des Tonfilms geschrieben wurde, denkt Epstein Film als stumme Kunst, in dem wie im Traum keine logischen Verknüpfungen gelten: Logische Zusammenhänge lösen sich auf. »Es gibt zwar«, sagt Epstein, »auf der Leinwand Mittel der Verknüpfung – tausenderlei unterschiedliche Überblendungen und Wischblenden –, aber jedes davon kann fast jede nur denkbare bei- oder untergeordnete Bedeutung annehmen, darüber entscheidet einzig der Kontext.« Außerdem ist der Symbolismus eines filmischen Bildes immer speziell auf jeden Einzelfall, auf jedes Drehbuch zugeschnitten. Deshalb kann ein Gegenstand durch den Kontext einen einzigartigen Sinn erhalten. Wie der Traum sieht sich der Film also vor die Frage nach der »Rücksicht auf Darstellbarkeit« [2] gestellt, vor die Notwendigkeit, logische Verknüpfungen in Bilder umzuwandeln, die durch ihre bloße Aneinanderreihung geeignet sind, Ideen oder Konzepte zum Ausdruck zu bringen. Innerhalb der Einstellungen und zwischen den Sequenzen ersetzen analoge Bezüge die logischen Verbindungen und verleihen dadurch der Erzählung eine traumhafte Verknüpfung, die sodann, frei nach Freud, als »Wächter des Films« [3] erscheint.

»Der Schnitt versucht immer, das letzte Bild einer Sequenz an das erste Bild der folgenden Sequenz heranzuführen (bzw. statt Bildern Töne, oder auch das Bild der einen an den Ton der nächsten Sequenz) und zwar durch irgendeine bildliche oder tonliche Ähnlichkeit oder Gegensätzlichkeit, durch eine Kontiguität in der Erinnerung, durch Symbolisation, durch eine zufällige Gefühlsassoziation. Bei einem streng logischen Übergang bestünde nämlich die Gefahr, dass die Träumerei des durch den Film in einen hypnoseähnlichen Zustand versetzten Zuschauers aus dem Gleis gerät und abreißt, wenn der Bildwechsel nicht durch ein traumhaftes Gegen-Gleis, durch einen Wächter der Träume abgesichert wird.«

Die Aneinanderreihung der Einstellungen muss durch eine gemeinsame Form abgesichert werden, durch das, was Aristoteles den Gemeinplatz nennt, den Topos, ohne den die filmische Abfolge nicht mehr als eine Reihe von Gedankensprüngen wäre. Genau diese gemeinsame Form, diesen »Zement, der die Darstellungen zusammenhält«, zerbirst in jenen Bildern, die am Rande der Filmindustrie hergestellt werden, im experimentellen oder wissenschaftlichen Film – dort, wo nicht mehr die Erzählordnung herrscht.

1969 hat Ken Jacobs auf der Grundlage des 1905 von G.W. (Billy) Bitzer für die American Mutoscope & Biograph Company gedrehten Films TOM, TOM, THE PIPER'S SON eine 115 Minuten lange visuelle Studie realisiert. Bitzers Film basiert auf einem Kinderlied und erzählt in acht Tableaus die Geschichte von Tom, dem Sohn des Pfeifers, der ein Schwein stiehlt und davonläuft. Er wird gefasst, das Schwein wird gegessen, Tom bekommt eine Tracht Prügel und läuft heulend auf die Straße: Der Film endet damit, wie Tom eingefangen wird (vgl. Film clip no. 15).

Ken Jacobs' Studie ist eine minutiöse, vollständige Erforschung von Bitzers Film, der so wie die Gedanken des Traums durch den Traum einer Arbeit unterworfen wird, das heißt einer Reihe von Transformationen. Flackerbilder, Justieren des Bildausschnitts auf in der Projektion nicht wahrnehmbare Details, Zeitlupe und Standbilder füh-

Bildvergrößerungen in TOM, TOM, THE PIPER'S SON

ren jede Einstellung und jedes Element der Einstellung zum Ereignis ihrer Erscheinung und ihres Verschwindens, das heißt zum Ereignis ihrer Einschreibung. Das Bild löst sich auf in undeutbare Kontraste, in das Schillern heller und dunkler Lichtkreise, in reine Glanz- und Ablauf-Phänomene – in einen Verkehr von Geistern. Die Verfolgung von Tom und seinem Schwein wird zu einer Erzählung der Beherrschung des Bildfeldes durch die dunklen Flecken maßlos vergrößerter, schwebender oder wie eine Kerzenflamme im Wind flackernder Gestalten. Es gibt keine Handlung mehr, nur noch ein Zusammentreffen von Feldern unterschiedlicher Intensität, ein Verschmelzen schwebender Materiepunkte – die im Licht dunkel werdenden Silberpartikel des Zelluloids. In TOM, TOM ... geht Ken Jacobs so nah wie möglich an den Moment der Bildentstehung heran, bis das Kino schließlich zur Geschichte der Lichtempfindlichkeit wird. So wie im Traum verbogene und zerstückelte, wie Treibeis verbundene Fragmente an die Oberfläche kommen, sobald die logischen Beziehungen verschwunden sind, wie Freud das in der *Traumdeutung* so schön bezeichnet, so sprengt Ken Jacobs den figurativen und narrativen Lack von Bitzers Film, um auf der Oberfläche der Leinwand dessen Brüche und Risse auszubreiten. Filmbilder machen die Definition von Gestalt und Ähnlichkeit nur soweit zum Horizont ihrer Darstellung, soweit sich beide von jener undefinierbaren Unähnlichkeit abheben, die TOM, TOM ... plötzlich offenbar werden lässt.

In *De Somniis* (I, 171) beschreibt Philon von Alexandria die Vision des Traums als etwas, das *amudros* ist, schwach oder undeutlich, wie ein in der Tiefe eines Sees sichtbarer Stein oder eine fast nicht mehr lesbare Inschrift: Wie der Traum für die Schriftsteller der Antike bringt das Kino *parasèma* hervor, »mehrdeutige Zeichen«, unscharf und verschwommen, unter denen die scharf umrissene Gestalt mit klarer Kontur und klaren Zügen nicht mehr zu sein scheint als ein Sonderfall der Mehrdeutigkeit.

In ALONE. LIFE WASTES ANDY HARDY (1998; R: Martin Arnold) (der im Anschluss zusammen mit Dreyers VAMPYR [1932; R: Carl Theodor Dreyer] gezeigt werden wird) sprengt Martin Arnold seinerseits die Fassade der Erzählung, indem er wie ein *optischer DJ Sampling*-Techniken anwen-

det, um die Bild- und Tonspur von Hollywoodfilmen neu zu montieren und dadurch hinter der offensichtlichen (und immer der Welt der Familie entstammenden) Erzählung ein unterschwelliges Szenarium freizulegen (vgl. Film clip no. 16).

ALONE ... aus dem Jahr 1998 ist der dritte Teil einer Trilogie: Im ersten, PIÈCE TOUCHÉE (1989), bezog sich Arnolds Dekonstruktion auf eine einzelne Einstellung, im zweiten Teil, PASSAGE À L'ACTE (1993), auf eine Szene und in ALONE ... auf eine aus Ausschnitten verschiedener Filme gebildete Erzählung.

Aus diesen losen, abgerissenen Sequenzen, aus den Erschütterungen und Wiederholungen, die die Erzählung am Entfalten hindern, kommen durch eine Art Neuausrichtung des Bildes auf seine primitiven Ausformungen, um Epsteins Ausdruck aufzugreifen, latente Inhalte wieder an die Oberfläche, die von der filmischen Kontinuität verdunkelt waren.

»Was meine Arbeit interessant macht«, schreibt Arnold, »ist, dass alles, wirklich alles dabei aufbricht. Mein Ziel ist die Idee einer treibenden Aufmerksamkeit, die Weigerung, so zu tun, als wisse man im Voraus was wichtig und was unbedeutend ist – eine ästhetische Psychoanalyse sozusagen. Wie ein Psychoanalytiker versuche ich herauszufinden, was in meinem Ausgangsmaterial dargestellt ist und was daraus eliminiert wurde. Ich suche Sequenzen mit latenter Handlung, die sich im Offensichtlichen verbergen. Ich versuche, einzelne Einstellungen aufzuspüren, die dem Drehbuch als Ganzem widersprechen. Und dazu komme ich immer wieder auf Passagen zurück, die zuallererst unbedeutend erscheinen.« [4]

Durch die Auflösung der narrativen Verknüpfungen, die die sichtbare Oberfläche des Films bilden, zeigen Ken Jacobs und Martin Arnold, dass das Kino im Grunde in den Bereich der Skizze gehört.

Stellen wir also die Hypothese auf, dass das, was den Film mit dem Traum verbindet, auch das ist, was der Film mit dem Zeichnen gemein hat. So wie die Zeichnung ein Blatt nur zum Teil ausfüllt (Walter Benjamin schreibt, dass eine Zeichnung, die das Blatt vollständig bedeckte, keine Zeichnung mehr wäre), verteilt sich auch das Projektionslicht ungleichmäßig auf die Oberfläche der Leinwand und bedeckt sie nur auf unbeständige, ephemere und unvollständige Weise. Das Bild entsteht über eine Leere hinweg und in dem Flackern des Lichtbündels, das ihm sein diskretes Pulsieren einschreibt: Es ist nicht vollständig fixiert. Beim Ablauf des Films lösen sich die Verknüpfungen auf: Hinter der scheinbar logischen Abfolge der Bilder vollzieht sich die unauffällige Arbeit des Auflösens. Mehrere Ansichten derselben Figur folgen aufeinander, sowie sie sich in der Geschichte des Zeichnens in unterschiedlichen Stadien auf Skizzenblättern gegenüberstehen. Die Montage isoliert die Figur, sie fragmentiert und repetiert sie und verweist unter unterschiedlichen Blickwinkeln und in unterschiedlichem Maßstab wiederholt auf sie, indem sie die syntaktischen Mittel der Abfolge von Einstellungen anwendet. Sie zerstört die Figur zur gleichen Zeit, wie sie sie entwirft. Wie beim Zeichnen wirken sich zwei entgegengesetzte Kräfte aus: Die eine neigt dazu, die Figur in einer Erzählung zu stabilisieren, und die gegenläufige Kraft führt sie auf der Schwelle der Sinnbildung zu ihrem ephemeren und instabilen Status zurück.

Henri Matisse hat bezüglich der Serie *Thèmes et Variations*, an der er im Bett liegend von 1941 bis 1942 gearbeitet hat, die Nähe der Traumarbeit zur Arbeit des Zeichnens betont: Er beschreibt, wie das Zeichnen einen Zustand nicht der Beherrschung, sondern der Passivität voraussetzt, eine Art traumhafter Rezeptivität, in der die Kategorien von Tat und Erfindung, die traditionellerweise mit dem kreativen Impuls assoziiert werden, neu definiert werden: »Wenn ich meine *Variations*-Zeichnungen ausführe, hat der Weg, den mein Stift auf dem Papier zurücklegt, zum Teil etwas von der Geste eines Menschen, der im Dunkeln tastend seinen Weg sucht. Damit will ich sagen, dass mein Weg nichts Berechnetes hat: Ich werde geführt, ich führe nicht. Ich gehe von einem Punkt meines Objekt-Modelles zu einem anderen Punkt, den ich immer nur ganz isoliert sehe, unabhängig von den Punkten, zu denen meine Feder sich danach bewegen wird. Ich werde einzig von einem inneren Zwang geleitet, den ich ausformend nach und nach umsetze, und nicht etwa von dem Äußeren, das meine Augen zwar fixieren, das für mich in diesem Moment jedoch nicht mehr bedeutet, als ein schwaches Licht in der Nacht, auf das ich mich zunächst zubewegen muss – um, sobald ich es erreicht habe, ein anderes Licht wahrzunehmen, auf das ich zugehen muss. Dabei muss ich, um anzukommen, meinen Weg ständig erfinden.« [5]

Bezüglich derselben Serie spricht Matisse von der »Kinematografie einer Visionen-Folge«. »Das ist,« sagt er weiter, »was ich das Kino meiner Sensibilität nenne.« Auf diese Weise werden in den *Thèmes et Variations*-Serien Traum, Film und Zeichnung in einer Art gleichseitigem Dreieck zueinander in Bezug gesetzt. In der Serie *H* entfalten sich die Variationen eines Stillleben-Motivs in dicken Kohlestrichen mit leichter Federführung in unberechenbaren Bewegungen, die eine Selbst-Entfaltung des Motivs zu sein scheinen, bei der die Hand kein Gewicht mehr hat, sondern die Bewegungen nur noch begleitet. Die Blumenvase verdoppelt und vergrößert sich, die Blumenstiele verlängern sich, die Zweige und Blätter multiplizieren sich, und das Auftauchen des Kürbisses in der fünften Variation, der die Komposition zunehmend beherrscht, ist nichts anderes als die Ausweitung der Ausbauchung der Vase, die im Laufe der seriellen Arbeit eine autonome Präsenz gewinnt.

Am selben Motiv, mit dem Matisse die Traumstruktur des Zeichnens enthüllt, hat Jean Comandon die Traumstruktur des Films bloßgelegt: in seinem 1927 ohne jeden ästhetischen Anspruch und in streng wissenschaftlichem Kontext per Einzelbildverfahren gedrehten Film CROISSANCE DES VÉGÉTAUX (1927), zehn Studien über das Wachsen und Blühen von neun Pflanzenarten.

Wie in Bertram Lewins Konzept der Traum-Erfahrung [6] findet die Handlung vor einem leeren Hintergrund statt (*blank*: in CROISSANCE DES VÉGÉTAUX handelt es sich um einen schwarzen Hintergrund), von dem sich die Figur abhebt, als wäre sie vom Hintergrund der Einschreibung unabhängig. Wie im frühen Kino bestimmt nicht das Bildfeld, sondern die Figur das Bild: Sie ist wie der antike *Oneiros* unabhängig vom Hintergrund der Einschreibung. Der schwarze Hintergrund der zwischen 1896 und 1898 von Dickson in Edisons *Black Maria* gedrehten Filme, der weiße Hintergrund der ersten von den Brüdern Skladanowsky 1875

Philippe-Alain Michaud   **Das Kino träumt**

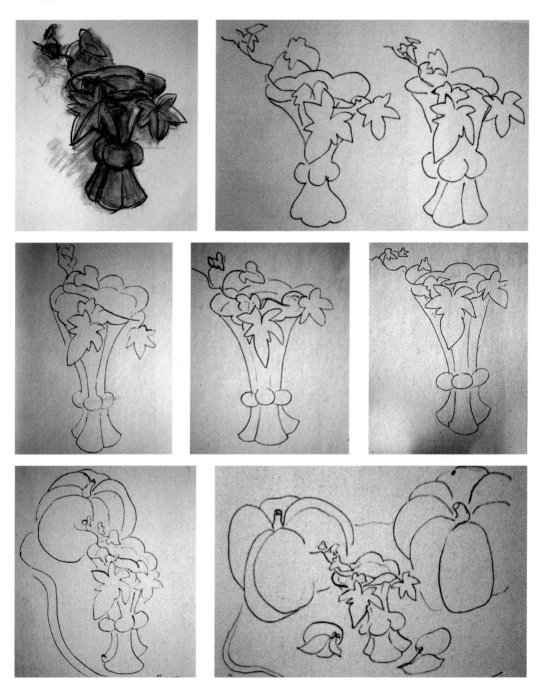

»Kinematografie einer Visionen-Folge«: Henri Matisse' *Thèmes et Variations, Série H* (1941-42; Beispiele)

im Berliner Wintergarten gedrehten Filme ... Der Übergang von der einfachen Aufzeichnung einer Bühnendarbietung zum Einsatz von Montage und Einstellungswechseln, der in den 1910er Jahren mit der Herausbildung der filmischen Erzählweise zusammenfällt, ist oft als eine Neuausrichtung der filmischen Sprache auf den Traum beschrieben worden. Dabei hat sich bei diesem Übergang nur die Fassade des Traums herausgebildet, eine Fassade, die überall dort in der Filmgeschichte brüchig wird, wo die »Phantombilder« wieder auftauchen, Relikte jener Figuren, die sich vor dem einfarbigen Hintergrund des frühen Kinos abhoben.

Die ersten beiden Sequenzen (von CROISSANCE DES VÉGÉTAUX) sind der Blüte des Löwenzahns gewidmet. Die samtige Blütenkrone öffnet sich zunächst symmetrisch wie ein Fächer nach links und rechts. In der nächsten Einstellung öffnet sie sich nur nach rechts, im Uhrzeigersinn. In der dritten Einstellung erscheint folgerichtig, wie von der vorhergehenden Einstellung hervorgerufen, ein Ziffernblatt, dessen Zeiger sich in unnatürlichem Tempo bewegen. Seltsames Detail: Diese Uhr ist nicht der funktionale Zeitmesser, den man in einem Labor erwarten würde, sondern eine Wohnzimmeruhr mit einem Ziffernblatt aus Email, mit römischen Ziffern und schmiedeeisernen Zeigern. Mit diesem Möbelstück bricht der gesamte häusliche Raum in das Bild ein, während die im Zeitraffer auf dem Ziffernblatt kreisenden und somit die Zeit außer Kraft setzenden Zeiger die Bedeutung einer Halluzination gewinnen.

Rechts vom Ziffernblatt, im oberen Teil der Leinwand, lässt ein Loch im schwarzen Leinentuch, mit dem der Hintergrund ausgekleidet ist, ein blinkendes Licht durchscheinen, das den Wechsel von Tag und Nacht anzeigen soll. Das dunkle Feld des Labortisches verwandelt sich in einen künstlichen Himmel, an dem die Mondscheibe der Uhr und die Glühbirne mit ihren intermittierenden Strahlen wie Gestirne befestigt sind. In diesem Universum ohne Atmosphäre scheinen die Pflanzen zu leben: Der weißen Blüte des Alpenveilchens, die sich um einen schwarz schimmernden Stempel herum wie der ausgebreitete Rock einer pflanzlichen Tänzerin öffnet, scheint ihr grotesker Gegenpart, die *Mimosa pudica* (die *Schamhafte Mimose*) zu antworten, die Empfindsame mit dem Zittern eines gerupften Vogels, die in voller Größe auf einem Teppich aus Kieseln wie inmitten einer experimentellen Wüste aufgenommen ist. Bei Einbruch der Dunkelheit, wenn der den Status des Himmels bezeichnende Lichtpunkt erlöscht, falten sich die Blätter wieder zusammen, und die Bewegungen nehmen ab: Ein Zwischentitel klärt uns darüber auf, dass die *Mimosa pudica* nachts schläft, ihre spasmodischen Bewegungen jedoch wieder aufnimmt, sobald die Glühbirne wieder aufleuchtet.

Nach Aristoteles wächst der vegetative Teil der Seele während des Schlafes unabhängig von der Empfindung weiter: Dass er seine Aufgabe zu diesem Zeitpunkt besser erfüllen kann als im Wachen, liegt daran, dass sich das Lebewesen im Schlaf »ernährt und weiter wächst, so als bräuchte es dazu sein Empfindungsvermögen nicht« [7]. Jenseits seines wissenschaftlichen Kontextes zeigt uns Comandons Zeitrafferwachstum im Aufspringen der Pflanzen, in den Bewegungen geschlossener Organe, die sich von sich aus öffnen, um ihrem Inneren Bahn zu brechen, das Bild des vegetativen Teils der Seele, die sich, immer noch nach Aristoteles, auf natürliche Weise im Schlaf manifestiert [8].

Man kann gefahrlos behaupten, dass nichts in den Filmen von Comandon einer ästhetischen Zielsetzung geschuldet ist. Dennoch erscheinen uns seine Pflanzen wie für eine botanische Studie aus den Tiefen des filmischen Unterbewusstseins aufgetauchte Traumwesen, und zwar stärker noch als der Krebs oder der Krake, die Jean Painlevé zur selben Zeit gefilmt hat. Unter dem Auge von Comandons Kamera wird die Bewegung der Pflanzen zur Metapher des Traums, dessen beschleunigte und außer Kraft gesetzte Zeit im Bewusstsein des Träumers Aktivierung signalisiert.

Im antiken Glauben sind Träume Kinder der Nacht: Sie entstammen einer nahe dem Totenreich gelegenen Gegend, einem Anti-Kosmos, dem umgedrehten Spiegel der Welt, wo die Realität endet und die Fabel beginnt. Für das griechische Bewusstsein ist *Oneiros* (die Gestalt des Traums, im Gegensatz zu *Hypnos*, der Traum-Erfahrung) ein Schatten, eine verhüllte Form, ein nicht fassbares Bild. Ebenso ist das auf die Leinwand projizierte Filmbild von der Oberfläche, in die es sich einschreibt, unabhängig: Es ist unbeständig, ephemer und unstet. Es hat die unwiderlegbare und gleichzeitig unwirkliche Helligkeit der *Energeia*, jenes glänzende, immaterielle Weiß, das für die Griechen die Vision der Schläfer kennzeichnet. Das experimentelle und das wissenschaftliche Kino sind die Überbleibsel dieses aus mehrdeutigen Figuren, irrealen Räumen und aufgehobener Zeit bestehenden filmischen Ur-Zustands. Eines Zustands, von dem Dreyers VAMPYR zu einem Zeitpunkt, da der aufkommende Tonfilm die traumhafte Dimension der filmischen Erfahrung zu löschen anfing, indem er die Konstruktion der Erzählung nun der gesprochenen Sprache überträgt, noch Zeugnis ablegt.

Übersetzung aus dem Französischen:
Andrea Kirchhartz

Anmerkungen

1. Jean Epstein: Tissu visue. In: J.E.: La technique cinématographique [1947]. Ecrits sur le cinéma (Band I). Paris 1974, S. 93-98.
2. Nach Freud die Umwandlung eines abstrakten oder konkreten Traumgedankens in die bildliche Sprache des manifesten Trauminhalts. (Sigmund Freud: Die Traumdeutung. Leipzig, Wien 1900, S. 229; Anm. d. Übersetzerin.)
3. Nach Freud ist der Traum »der Wächter des Schlafes« (ebenda, S. 161), »der Schlaf ist der Wächter der Träume« (S. 336). (Anm. d. Übersetzerin).
4. Martin Arnold: Le cinéma et le corps: un art du luxe. Paris 1999, S. 294-295.
5. Henri Matisse: Notes sur les dessins de la série *Thèmes et Variations*. Paris 1972, S. 164.
6. Bertram D. Lewin: Sleep, the Mouth and Dream Screen. In: Psychoanalytic Quarterly 4/1946, S. 419.
7. Aristoteles: Über Schlaf und Wachen. In: A.: Kleine naturwissenschaftliche Schriften. Stuttgart 1997.
8. Aristoteles: Nikomachische Ethik (I, 13). Stuttgart 1986.

Die Zuschauer und das Höhlenhaus

Anmerkungen zu Almodóvars VOLVER

Von Mechthild Zeul

1. Das Höhlenhaus der Träume

Bevor ich Sie in das Höhlenhaus der Träume Almodóvars locke, bedarf es einiger Begriffsklärungen. Ich gehe davon aus, dass Film nicht nur gesehen, sondern zugleich verzehrt und verschlungen wird, er aber auch verschlingt, sich die Zuschauer ihm hingeben, sich in seine Bilder fallen lassen, ihn als körpernah, als Erweiterung der eigenen Körperlichkeit empfinden. Dabei dient mir die Spitz'sche Aussage über das Urhöhlenerlebnis als zentraler Erklärungsansatz. Spitz [1] bezeichnet die Mundhöhle als Urhöhle, in der er die primitivste Wahrnehmung, die Tastwahrnehmung, ansiedelt, zu der sich ab dem zweiten Lebensmonat auch die visuelle Wahrnehmung gesellt, wenn der Säugling beim Trinken an der Brust oder aus der Flasche in das Gesicht der Mutter blickt.

Was Spitz über »die Welt der Urhöhle« [2] sagt, lässt sich meines Erachtens ausgezeichnet auf die von den Zuschauern wahrgenommene Welt des Films übertragen. Die Urhöhle sei »undeutlich, unbestimmt, zugleich lustvoll und unlustvoll, [sie] überbrückt [...] den Abgrund zwischen Innen und Außen, zwischen Passivität und Aktivität. Die ersten Sinneserlebnisse von Ereignissen, die in der Urhöhle stattfinden, werden auf dem Niveau des Primärprozesses verarbeitet und führen doch zur Entwicklung des Sekundärprozesses.« [3] Der dunkle Kinosaal kann als Urhöhle bezeichnet werden, in dem die Zuschauer Lust und Unlust erleben, Innen und Außen, Aktivität und Passivität nicht voneinander zu unterscheiden sind. Ich gehe davon aus, dass das Wahrnehmen von Film überwiegend dem Primärprozess unterliegt; wenn sich die Zuschauer aber aus dem Kinosaal hinausbegeben, nach der Beendigung der Filmvorführung, folgen ihre Gedanken und Einfälle dem Sekundärprozess. In der Film-Höhle gibt es viel zu sehen, und vieles ist passiv aufzunehmen, dem Säugling in der Fütterungssituation ähnlich. So könnte die Leinwand für das Gesicht, aber zuallererst für die Augen der Mutter stehen, in die die Zuschauer hineinblicken, während in ihre Mundhöhle, die auch auf die Leinwand projiziert ist, Nahrung hineinkommt. Wenn der Zuschauer und die Zuschauerin ins Kino gehen, begeben sie sich in die Welt der Urhöhle, in der taktile, visuelle und andere Sinneswahrnehmungen wie Geruch, Geschmack, Schmerzempfinden und Tiefensensibilität nicht voneinander unterschieden werden. Über eine Kombination aus Innen- und Außenwahrnehmung wird der Film – in Abwandlung eines Satzes von Spitz – einerseits passiv hingenommen, aber auch aktiv wahrgenommen (gesehen). Nacht für Nacht begibt sich das Subjekt in die Passivität des Schlafens zurück, dabei kommt es zur Wiederbelebung des Primärprozesses, »und die Urhöhle wird zum Höhlenhaus der Träume« [4]. Wenn ich vom Kino als dem »Höhlenhaus der Träume« spreche, dann geht es mir nicht darum, den Film mit einem Traum gleichzusetzen, sondern die Metapher dient mir vielmehr als Indikator für die Feststellung unterschiedlicher Stufen im Regressionsprozess und, damit verbunden, verschiedener Bewusstseinszustände, die die Filmwahrnehmung begleiten.

Für meine Filmanalysen ist die von Bertram Lewin – einem amerikanischen Analytiker, der in Deutschland mit dem Buch *Das Hochgefühl* bekannt wurde [5], – vorgenommene Erweiterung der Oralität als Teil einer primären (oralen) Objektbeziehung hilfreich, weil der Autor detailliert die »Trias oraler Wünsche« [6] benennt. So fügt er zusätzlich zu dem bereits in der Literatur, insbesondere von Abraham [7] beschriebenen Prozess der aktiven Einverleibung über das Schlucken und Beißen noch einige andere Aspekte hinzu: das lustvoll und zugleich ängstigend erlebte Verschlungen- und Aufgefressenwerden, das Sich-Fallenlassen, Sich-Hingeben, Sich-Aufgeben und den Schlaf. Anhand der Behandlung Erwachsener hat Lewin auch rekonstruktiv das Konzept der Traumleinwand (*dream screen*) als Teil dieser oralen Trias in die psychoanalytische Theorie eingeführt, eine visuelle Erinnerungsspur, die die frühe Fütter- und Schlafsituation, also das Trinken und das Einschlafen an der Mutterbrust, repräsentiert.

Lewin führt zur Traumleinwand weiter aus: »Ich entdeckte, dass die Funktion der Brust, auf die die Traumleinwand verweist, in der Macht bestand, Schlaf zu ermöglichen. Ich sagte, dass die Traumleinwand die Brust repräsentierte, aber auch den Schlaf an der Brust. Ich postulierte die sogenannte Trias oraler Wünsche. Ich kam zu dem Schluss, dass die Traumleinwand die Situation während des Fütterns repräsentierte und dass ihre Anwesenheit in Träumen die halluzinatorische Bedürfnisbefriedigung eines oder mehrerer dieser drei Wünsche anzeigt: den Wunsch zu essen, gegessen zu werden und zu schlafen. Die Traumleinwand ist deshalb nicht einfach eine Projektionsleinwand für das Traumbild.« [8] In ihr manifestiert sich demnach nicht der reale Wunsch, zu schlafen oder auch weiterschlafen zu wollen. Sie stellt nicht etwa eine erfüllende Antwort auf den vorbewussten Wunsch nach Schlaf dar, in ihr kommt vielmehr die halluzinatorische Erfüllung eines Wunsches, nicht die wirkliche Erfüllung, nämlich zu schlafen, zum Ausdruck. Ihre Anwesenheit manifestiert sich im halluzinatorischen Schlafwunsch, während das Aufwachen die Entfernung der Traumleinwand ankündigt. Die Traumleinwand fungiert als Hüterin der halluzinatorischen Wunscherfüllung im Schlaf.

Spitz geht davon aus, dass seine Funde mit den Lewin'schen Thesen von der Traumleinwand (*dream screen*) vereinbar seien, wenn an die Stelle der Brust das Gesicht der Mutter als des visuellen Perzepts trete. Die Annahme Lewins von den die Traumleinwand begleitenden taktilen und thermischen Sensationen wird von Spitz bestätigt. Er fügt die Empfindung der Tiefensensibilität hinzu, die mit dem Schlucken verbunden ist. »Der Knotenpunkt liegt bei der Beobachtung, dass der Säugling, während er an der Brust trinkt, zugleich das Gesicht der Mutter anstarrt; so wird das zeitlich simultane Erlebnis von Brust und Gesicht auch räumlich und körperlich voneinander nicht unterscheidbar und als Einheit erlebt.« [9] Spitz vertritt bekanntlich die These, dass »alle Wahrnehmung in der Mundhöhle beginnt« [10]. Diese Wahrnehmung rechnet er der Tastwahrnehmung zu, die ursprünglicher ist als die Fernwahrnehmung, die sich erst im Prozess der Entwicklung des Säuglings mithilfe der Objektbeziehungen herausbildet. »Wenn das Kind also an der Brust trinkt, *fühlt* es die Brustwarze im Mund, während es zur gleichen Zeit das Gesicht der Mutter *sieht*. Hier vermischt sich Tastwahrnehmung mit Fernwahrnehmung. Beide werden Bestandteile ein und derselben Erfahrung. Diese Vermischung macht den Weg frei für einen allmählichen Übergang von der Orientierung durch Berührung zur Orientierung durch Fernwahrnehmung.« [11] Die Lewin'sche Traumleinwand siedelt Spitz nun in diesem Übergangsstadium an, in dem Tast- oder Kontaktwahrnehmung und visuelle Wahrnehmung noch miteinander vermischt sind. Für dieses Stadium sei das »Überfließen« [12] typisch. »Wenn das Kind gestillt wird und gewisse Sinnesreizungen in der Mundhöhle erfährt, während es zugleich das Gesicht der Mutter anstarrt, so vereinigen sich ihm die taktilen und die visuellen Wahrnehmungen, die ja Wahrnehmungen einer Gesamtsituation sind, zu einer undifferenzierten Einheit, einer ›Gestalt‹, in welcher jedes Teilerlebnis für das Gesamterlebnis steht.« [13]

2. Das Höhlenhaus Almodóvars

Nun gehen die Zuschauer freilich nicht ins Kino, um dort zu schlafen. Ihr psychischer Zustand während der Filmprojektion lässt sich am ehesten mit wachem Dösen beschreiben, in das sich visuelle und taktile Wahrnehmungen zu einer Gesamtwahrnehmung im bereits ausgeführten Spitz'schen Sinn vereinigen. Eine von Almodóvar geschilderte Episode erhellt dieses psychologische Zusammenspiel von Sehen und Essen beim Filmsehen. In seinem Tagebuch, das er während der Dreharbeiten zu VOLVER (2005; R: Pedro Almodóvar) schrieb [14], berichtet er von einem Zuschauer, den er an einem Morgen während der Dreharbeiten beim Frühstück trifft, der sich ihm nähert, um ihm mitzuteilen, dass er den Film LA MALA EDUCACIÓN (2003; R: Pedro Almodóvar) drei Male gesehen habe, aber jedes Mal während der Filmvorführung eingeschlafen sei. Auf die Frage des Regisseurs, ob der Zuschauer sich gelangweilt habe, antwortet dieser: »Nein, im Gegenteil. [...] Ich war völlig gefangen, aber der Schlaf überfiel mich, und ich ließ ihn zu. Natürlich habe ich den Film noch einmal gesehen, das Wenige, was ich sah, versetzte mich in hohe Spannung. [...] Er gefiel mir mehr als beim ersten Mal, aber es gab wieder einen Moment, in dem ich mich so entspannt fühlte, dass ich einschlief. [...] Und das Gleiche passierte mir beim dritten Mal.« [15] Zum Abschluss dieses kurzen Gesprächs versichert er Almodóvar, der ihn fragte, ob er den Film nie ganz gesehen habe: »Ich warte darauf, dass er als DVD erscheint, um ihn in Ruhe zu Hause anzusehen.« [16] Am Ende des Gesprächs bittet der Gesprächspartner den Regisseur, ihm sein Schlafen bei der Filmvorführung nicht übelzunehmen. Er versichert Almodóvar vielmehr, dass er seine Fähigkeit schätze, die Zuschauer in Entspannung und Schläfrigkeit zu versetzen und es ihnen trotzdem zu ermöglichen, dem Argument des Films zu folgen. Mit dieser Auffassung bestätigt Almodóvars Gesprächspartner meine eingangs vorgetragenen Überlegungen vom Höhlenhaus der Träume. Im Höhlenhaus des Kinos, zu dem der Film, der dunkle Vorführraum und die Bewegungslosigkeit der Zuschauer gehören, sind diese passiv den Stimuli des Films ausgesetzt. Es gab offenbar eine Reihe visueller und taktiler Stimuli, die den Almodóvar-Fan LA MALA EDUCACIÓN nicht »in Ruhe« ansehen ließen. In dessen Schilderung lässt sich leicht der zufriedene Säugling Lewins ausmachen, dem die Nahrung aus der Brust der Mutter so gut schmeckt, dass er hochzufrieden darüber einschläft. Aber auch mit den Annahmen von Spitz, dass der Säugling nämlich beim Trinken zugleich (ab dem zweiten Lebensmonat) gespannt in das Gesicht der Mutter blickt, wird sein Verhalten verstehbar. Al-

VOLVER: Almodóvar im Kreis seiner Hauptdarstellerinnen

modóvars Gesprächspartner macht mit der Betonung des Unterschiedes zwischen Filmsehen im Kino und zu Hause auf den Sog aufmerksam, den ein Film im Kino ausüben kann. Zu Hause ist dieser immer kontrollierbar, indem man zum Beispiel aufsteht, die DVD anhält, über den Film spricht und ähnliches mehr, kurz, durch die Aktivität des Zuschauers.

Almódovar schildert das zitierte Gespräch mit Amüsement und Interesse. Er hält sich vor Augen, dass der ungefähr 50-jährige Mann weder geistig verwirrt ist noch regelmäßig Drogen nimmt. Es bleibt für ihn ein Rätsel, wieso sein Fan drei Male eingeschlafen ist. In seinem Tagebuch zu VOLVER verweist er jedoch auf den traumähnlichen Zustand der Zuschauer, der sich beim Ansehen seiner Filme einstellen kann. »Es gefällt mir, wenn der Zuschauer während der Filmprojektion von traumähnlichen Zuständen überfallen wird. Ich träume davon, dass der Zuschauer, obgleich er wach ist, sich in einem Traum gefangen fühlt, der nichts anderes ist als mein Film.« [17] Was Almodóvar hier mit traumähnlichem Zustand meint, bezieht sich auf den regressiven Bewusstseinszustand der Zuschauer und nicht auf eine Parallele zwischen Traum und Film. Tatsächlich hatte sein Gesprächspartner bereits darauf aufmerksam gemacht, dass der Film im Kino diesen Zustand auszulösen in der Lage ist.

Mechthild Zeul   **Das Kino träumt**

Während Raimunda über die Rückkehr in die Kindheit singt, ...

3. Die Bedeutung der Musik und die Abwesenheit des Vaters in VOLVER

In einem Artikel vom 12. Dezember 2007 in der Tageszeitung El País äußert sich Almodóvar über die Bedeutung der Musik für seine Filme. Ihr komme nicht die Funktion zu, den Hintergrund der Filmbilder auszufüllen, sie sei vielmehr Teil filmischer Narration (vgl. Film clip no. 17). Anfang Dezember des vorigen Jahres hat Almodóvar eine CD auf den Markt gebracht, die von ihm ausgesuchte Musik aus seinen Filmen enthält. Für den Regisseur ist Musik Teil des Drehbuchs, sie unterscheide sich von den verbalen Mitteilungen der Protagonisten und Protagonistinnen. Die Songs reicherten die Handlung seiner Filme an, enthüllten Geheimnisse und erklärten Zusammenhänge, die sprachlich nicht fassbar seien. Mit einiger Vorsicht lässt sich sagen, dass die Verwendung von Musik als filmischem Ausdrucksmittel die Zuschauer in die Rolle des Säuglings versetzt, der noch nicht der Sprache mächtig ist und der unmittelbar seinen Stimuli von innen und außen ausgeliefert ist, so wie dies René Spitz [18] für eine frühe Phase im menschlichen Leben beschrieben hatte, in der Sehen und Essen zu einer Wahrnehmungsform zusammenfließen.

In Rezensionen wird VOLVER in Verbindung mit der Rückkehr Almodóvars in sein Dorf Calzada de Calatrava in der Mancha gebracht. Almodóvar bestätigt diese Sichtweise in Interviews und in seinem Tagebuch, das er während der Dreharbeiten zu VOLVER schrieb [19]. Im Folgenden soll anhand der Betrachtung einzelner Szenenverläufe und unter Einbeziehung der Positionierung des Flamenco-Tangos Volver die Annahme vertreten werden, dass es sich wesentlich um die gefürchtete und zugleich herbeigesehnte fiktive Rückkehr der Protagonistin Raimunda handelt, die die Mutter ihrer frühen Kindheit sucht, während der Vater ausgeschlossen bleibt. Stimmig an der biografisch orientierten Interpretation ist wohl, dass der Regisseur mit der Inszenierung seiner ländlichen Frauenfiguren einmal mehr Erinnerungen an seine verstorbene Mutter aufleben lässt. Insbesondere die Figur der Tante Paula, dargestellt von Chus Lampreave, repräsentiert für Almodóvar mütterliche Züge. Volver ist ein Tango des bekannten Tangosängers Carlos Gardel aus dem Jahr 1935, dessen Flamencoversion im Film Almodóvars von der jungen Sängerin Estrella Morente interpretiert wird. Im Playbackverfahren trägt Penélope Cruz als Raimunda das Lied von der Rückkehr vor, die nicht gewollt und doch herbeigesehnt wird. Im Text des Liedes heißt es: »Obwohl ich nicht zurückkehren wollte, so kehrt man immer zu seiner ersten Liebe zurück. Die stille Straße, in der das Echo sprach: ›Dein ist ihr Leben, Dein ist ihre Liebe‹ unter dem spöttischen Blick der Sterne, die mich gleichgültig heute zurückkehren sehen.« [20] Während Raimunda singt, wird über Schnitte Irene (Carmen Maura), ihre Mutter, sichtbar, die sich im Auto verbirgt, um nicht von ihrer Tochter gesehen zu werden. Das Auto ist außerhalb der Gaststätte geparkt, in der Raimunda ein Abendessen für ein Filmteam ausrichtet. Sie hat das Restaurant von ihrem Nachbarn übernommen, allerdings in dessen Abwesenheit und ohne seine Einwilligung einzuholen (vgl. Film clip no. 18).

Als Irene von weitem den Gesang der Tochter hört, bricht sie in Tränen aus. Es bleibt offen, ob sie aus Mitgefühl mit Raimunda oder über ihr eigenes Schicksal weint, weil sie sich in der Musik wiederfindet.

... wird über Schnitte ihre Mutter sichtbar

Von den beiden Frauen ist es Irene, die tatsächlich zurückkehrt. Sie hatte sich vor der Dorfbevölkerung als Gespenst ausgegeben, um eine kriminelle Tat zu kaschieren. Das Ende des Films enthüllt, dass sie den Vater Raimundas mit seiner Geliebten getötet hat: Sie hat eine Hütte außerhalb des Dorfs, in der sich die Verliebten trafen, während diese schliefen, in Brand gesetzt und der Dorfbevölkerung das Gespenst der beim Brand angeblich ums Leben gekommenen Irene vorgespielt. Was Raimunda von der Rückkehr singt, trifft unmittelbar auf Irene zu: dass »ihre Stirn verwelkt und dass der Schnee der Zeit ihre Schläfe grau färbte« [21]. Raimunda jedoch sehnt sich mit ihrem Lied nach ihrer ersten Liebe, die der Mutter ihrer frühen Kindheit. Die vom Leben und der Sexualität gezeichnete Mutter, deren Stirn welk und deren Schläfe ergraut ist, erfüllt Raimunda mit Angst und Abscheu. Zu ihr ist Nähe und Vertrautheit ausgeschlossen. Nur die Zuschauer werden über die Schnitttechnik Zeugen von der eigentümlichen Interaktion zwischen Mutter und Tochter, die räumlich voneinander getrennt sind, sich jedoch aufeinander beziehen. Das Versteckspiel war bereits in einer dieser Szene vorausgegangenen Sequenz inszeniert worden. Die Zuschauer sehen Irene, die sich unter dem Bett ihrer Tochter Sole vor Raimunda verbirgt, und die mit Sommersandaletten bekleideten Füße Raimundas, die an der auf dem Boden liegenden Mutter vorbeischreiten. Vorher war Raimunda zu sehen, als sie das Schlafzimmer Soles betrat. Sie glaubte, die Mutter gerochen zu haben, und befindet sich auf der Suche nach ihr, ohne sie allerdings zu finden. Mit diesen Szenenabläufen legt der Film erneut nahe, was sich in den folgenden Sequenzen zwischen Raimunda und Irene zutragen wird: Trotz wiederholter Begegnungen finden sie nicht zueinander, auch dann nicht, als sie eng umschlungen auf einer Parkbank sitzen.

Der Text des Liedes *Volver* macht darauf aufmerksam, dass es in der Beziehung zwischen Irene und Raimunda in der Vergangenheit zu schmerzlichen Vorfällen gekommen ist, von denen die Zuschauer erst gegen Ende des Films Kunde erhalten. Die Vergewaltigung Raimundas durch den Vater und ihre Schwangerschaft, von der Irene nichts wusste, weshalb sie ihre Tochter auch nicht vor den Zugriffen des Vaters schützte, führten zur Entfremdung zwischen den beiden Frauen. »Ich erahne das Flackern der Lichter, die in der Ferne meine Rückkehr markieren. Es sind dieselben, die mit ihren bleichen Reflexen tiefe Stunden des Schmerzes erleuchteten.« [22] Die Suche nach der heilen Mutter, die nicht »vom Schnee der Zeit« ergraut ist, wird vergebens sein. Drastisch inszeniert dies der Film in seiner letzten Sequenz, wenn sich Irene mit »welker Stirn und grauen Schläfen« im Haus der todkranken Agustina (Blanca Portillo) einschließt. Obwohl ihr Raimunda – in einem letzten Versuch, die gesuchte Mutter zu finden – mitteilt, sie habe ihr noch eine Menge zu sagen, verschließt Irene die Tür vor ihrer Tochter.

4. Das »weibliche Universum« und die Abwesenheit des Vaters

Almodóvars Wunsch, die Zuschauer mögen beim Ansehen seiner Filme in traumähnliche Zustände verfallen, ist mit der Inszenierung von VOLVER in Erfüllung gegangen. Die Mehrdeutigkeit der Filmfiguren und die Verwendung der Musik als Teil der Narration lösen eine Vielfalt primitiver primärer Identifizierungen in der Zuschauerin aus. Es gibt keine Frauengestalt, die eindeutig zur Identifizierung einladen würde. Die Protagonistinnen Raimunda, ihre Mutter Irene, Agustina, die Nachbarin aus dem Dorf und Raimundas Tochter Paula (Yohana Cobo) sind schillernde Figuren, deren Verhalten nicht vorhersehbar, sondern vielmehr willkürlich ist, die faszinierend und abstoßend zugleich wirken und die widersprüchliche Gefühle auslösen. Raimundas Schwester Sole (Lola Dueñas) ist zwar nicht schillernd, aber in ihrer Naivität eine komische Figur. Die Szenen in ihrem Friseurgeschäft, das sie in ihrer Wohnung eingerichtet hat, sind die komischsten des Films. Wie sie mit Raimunda und der wieder aufgetauchten Mutter umgeht, zeugt von Klugheit und Witz. Die Rückkehr siedelt Almodóvar zum einen in der Aktualität der Filmhandlung an, wenn er Irene, die sich versteckt gehalten hatte, zurückkehren lässt. Damit kollidiert die von Raimunda fantasierte Rückkehr: Sie wünscht sich, die frühe Mutter ihrer Kindheit komme wieder, und kann mit der tatsächlich zurückgekehrten Mutter nichts anfangen.

In VOLVER (und in anderen Filmen Almodóvars) bleibt der Vater abwesend. Almodóvar inszeniert ein »weibliches Universum« unter Ausschluss des Vaters. In einem Interview in der Tageszeitung *El País* spricht er davon, dass er im Film VOLVER das »weibliche Universum« inszeniert habe. Der Vater gewinnt in VOLVER nur anhand der Erzählung Irenes Konturen. Um seinen Tod und sein Leben rankt sich ein Geheimnis. Es ist zu erfahren, dass er ein Unhold, ein Betrüger und ein Lügner war. Er hat die eigene Tochter vergewaltigt und geschwängert. Später unterhielt er eine Liebesbeziehung mit der Mutter Agustinas, einer Nachbarin im Dorf. Ich habe oben bereits darauf hingewiesen, dass die Mutter den Vater tötete und der Dorfbevölkerung das Gespenst der Irene vorspielte. Das weibliche Universum war denn auch gut beraten, sich dieses Vaters zu entledigen. Von nun an aber schleppte die Mutter Irene den getöteten Vater, über dessen Verschwinden ein Trauerprozess ausgeschlossen war, als Introjekt in sich herum; er hatte sich in ihrem Inneren eingenistet und hinderte sie daran, lebendig zu sein. Das Geheimnis, das das Verschwinden des Vaters umgab, hing dann weniger mit seinem Tod zusammen als vielmehr damit, dass die Mutter Raimundas ihn als Introjekt in sich beherbergte. Raimunda ihrerseits steht der Mutter nahe, weil auch sie ein Geheimnis in sich beherbergt, das erst am Ende des Films aufgelöst wird. Auch sie birgt den Vater, der sie vergewaltigte und von dem sie schwanger wurde, als Introjekt in sich. Raimunda ist eine attraktive junge Frau. Ihre Brüste bilden eine besondere Anziehung. Während sie im Küchenbecken ein Messer mit einem Schwamm reinigt, nimmt die Kamera von oben die Ansätze ihrer Brüste auf, die vielversprechend wirken. In keiner Szene des Films jedoch werden sexuelle Wünsche ihrerseits deutlich. In der einzigen Nacht, die sie im Bett mit dem Ehemann verbringt, verweigert sie sich ihm sexuell, sodass er sich masturbiert. Der verinnerlichte Vater verhindert die Entwicklung von sexueller Begierde und macht es Raimunda unmöglich, ein männliches Liebesobjekt zu suchen und zu finden. Ist doch der Platz in ihr von einem Objekt besetzt, das nicht betrauert werden konnte.

Paula, Raimundas Tochter, tötet stellvertretend für diese ihren Stiefvater. Von den oben angestellten Überlegungen ausgehend lässt sich die These formulieren, dass der Ehemann stellvertretend für den Vater steht. Dessen Tod inszeniert der Film dann direkt in seinen Bildern, während der Tod des leiblichen Vaters Raimundas nur in den Erzählungen der Mutter Gestalt gewinnt. Mit gewisser Vorsicht lässt sich die These vertreten, dass die Szenen der Entfernung des toten Ehemanns – auch sein Sterben wird nicht gezeigt –, das Aufwischen seines Blutes mit Küchenkrepppapier und Putzlappen und seine Unterbringung in der Tiefkühltruhe den Vorgang der Verinnerlichung des Toten mit filmischen Mitteln darstellen. Später ritzt Raimunda in den Baum, unter dem sie seine Leiche begrub, seine Initialen, sein Geburts- und sein Todesjahr ein. Psychoanalytisch formuliert, vollzieht sie mit dieser Geste die Benennung des inneren ungebetenen Gasts, um einen Trauerprozess einleiten zu können. Aber die Gespräche zwischen Raimunda und ihrer Mutter verweisen darauf, dass es weder für Irene, die Mutter, noch für Raimunda einen Ausweg aus den Folgen der Anwesenheit eines Introjekts in ihrem Inneren geben wird. Sie bleiben vielmehr Teil eines weiblichen Universums, in dem der Mann die Funktion eines Introjekts innehat; der lebendige Mann bleibt von diesem Universum ausgeschlossen. Wenn Almodóvar in seinem Tagebuch zu VOLVER davon spricht, dass er die Einsamkeit der Frauen als Resultat eines fehlgelaufenen Trauerprozesses in sich selbst wie eine schwere Last spüre, dann ist davon auszugehen, dass er sich selbst als Teil dieses weiblichen Universums fühlt, aus dem der Vater ausgeschlossen bleibt.

Der abwesende Vater gehört eng zur Biografie Almodóvars. In einem Fernsehinterview mit dem Schriftsteller Millás bricht er in Tränen aus, als er von seinem Vater spricht, der starb, als er 22 Jahre alt war. Er unterbricht seine Erzählung, trocknet sich die Tränen und sagt mit Erstaunen, das sei doch alles so lange her; er verstehe seine emotionale Rührung nicht. Der Vater war ein schwergewichtiger, einfacher Mann, das zeigen die in das Interview eingeblendeten Bilder, der den Unterhalt für seine Familie verdiente, indem er Getreide und andere landwirtschaftliche Güter mit einem Eselsgespann von Dorf zu Dorf transportierte und manchmal wochenlang unterwegs war. Die Beziehung zwischen Vater und Sohn war offenbar von Ambivalenz geprägt. Millás erwähnt den Umstand, dass der Vater seinen Sohn mit Befremden einerseits und Liebe andererseits angesehen habe. Der einfache Mann reagierte offenbar auf die homosexuelle Orientierung seines Sohnes mit Befremden. Almodóvar war mit 16 Jahren aus Calzada de Calatrava, seinem Dorf in der Mancha, weggegangen, um in Madrid an der offiziellen Filmakademie Film zu studieren. Kurz zuvor war diese Institution allerdings von Franco geschlossen worden. Almodóvar entzog sich mit seinem Weggang dem Blick des Vaters. Mit einiger Vorsicht lässt sich sagen, dass er sich in seiner Filmfigur Irene in VOLVER, selbstverständlich kreativ verfremdet, selbst inszeniert hat. Die Einsamkeit der Frauen, von denen er spricht, hat mit nicht geleisteter Trauer und der Heimsuchung durch den toten Vater zu tun. Ich bin mir der Unzulässigkeit bewusst, von der psychischen Verfassheit eines Regisseurs auf seine Kreation zu schließen. Wie bereits erwähnt, betont Almodóvar jedoch selbst den biografischen Kern seines Werkes. Wirft man einen Blick auf sein Gesamtwerk, so fällt tatsächlich durchgehend die Abwesenheit des Vaters, seine Unzulänglichkeit auf, seine Geilheit, seine Unfähigkeit, die Grenzen zwischen den Generationen zu wahren, sein autoritäres Verhalten der Frau gegenüber. Neben der Idealisierung des Weiblichen ist in Almodóvars Filmen eine starke Entwertung des nicht homosexuellen Mannes zu verzeichnen. In VOLVER wird der Vater zwar einerseits zum Verschwinden gebracht; er fristet aber sein Dasein als Introjekt im weiblichen Universum. Insofern ist seine Verleugnung nicht völlig gelungen. In VOLVER fehlt nicht nur der Vater, sondern damit verbunden auch die sexuelle Begierde zwischen Mann und Frau. Sexualität ist in VOLVER Ausdruck von fehlgelaufener Entwicklung und von Perversion. Dass der Vater mit der Nachbarin fremdgeht, bezahlt er mit dem Tod. Die Schwängerung seiner Tochter Raimunda ist Ausdruck von ungerechtfertigter Nichtbeachtung von Grenzen und führt zu einer tiefgreifenden Entfremdung zwischen Mutter und Tochter.

Filmästhetisch hat es Almodóvar verstanden, primitive Erlebnisfacetten in den Zuschauern auszulösen, die entwicklungspsychologisch im frühen Säuglingsalter anzusiedeln sind. Der Film VOLVER lässt sich durchaus als Höhlenhaus der Träume bezeichnen, in dem Bewusstseinsfacetten angestoßen werden, die zwischen Wachsein und Schlafen angesiedelt sind. Die geschickte bildliche, sprachliche und musikalische Inszenierung einer doppelten Rückkehr, der realen Irenes in der Jetztzeit des Films und der von Raimunda imaginierten, in der die Jetztzeit nur den Auslöser für Wünsche und Fantasien darstellt, die ihre Wurzeln in der Vergangenheit haben, und die filmisch gewollte Mehrdeutigkeit der Protagonistinnen fördern regressive, der Säuglingszeit ähnliche Bewusstseinszustände. Der oben erwähnte Gesprächspartner Almodóvars hatte bereits darauf aufmerksam gemacht.

Anmerkungen

1 René Spitz: Die Urhöhle. In: Psyche – Zeitschrift für Psychoanalyse, 9/1955, S. 641-667.
2 Ebenda, S. 665.
3 Ebenda.
4 Ebenda, S. 666.
5 Bertram Lewin: Sleep, the Mouth and the Dream Screen. In: The Psychoanalytic Quarterly, 15/1946, S.419-434; B.L. [1950]: Das Hochgefühl. Zur Psychoanalyse der gehobenen, hypomanischen und manischen Stimmung. Frankfurt/Main1982; Bertram Lewin: Reconsideration of the Dream Screen. In: The Psychoanalytic Quarterly, 22/1953, S. 174-199.
6 Vgl. insbesondere Lewin 1950, a.a.O.
7 Karl Abraham [1924]: Versuch einer Entwicklungsgeschichte der Libido auf Grund der Analyse psychischer Störungen. Frankfurt/Main, Berlin, Wien 1983.
8 Lewin 1953, a.a.O., S. 175 (Übersetzung sämtlicher Zitate: M.Z.).
9 Spitz 1955, a.a.O., S. 645.
10 René Spitz [1965]: Vom Säugling zum Kleinkind. Naturgeschichte der Mutter-Kind-Beziehungen im ersten Lebensjahr. Stuttgart 1985, S. 89.
11 Ebenda, S. 83 (Hervorhebung im Original).
12 Spitz 1955, a.a.O., S. 648.
13 Ebenda.
14 clubcultura.com, Diario (www.clubcultura.com/clubcine/clubcineastas/Almodóvar/esp/diario01.htm; 13.2.2007).
15 Ebenda, S. 1. »No, al contrario. [...] Estaba completamente enganchado, pero me entró sueño y me dejé ir. Después naturalmente volvi a verla, pues lo poco que vi me dejó muy intrigado. [...] Me gustó más que la primera vez, pero hubo otro momento en que estaba tan relajado que también me dormí. Y lo mismo me occurió la tercera vez.«
16 Ebenda. »Estoy esperando que salga en DVD para verla tranquilamente en casa.«
17 clubcultura.com, Almagro (www.clubcultura.com/clubcine/clubcineastas/Almodóvar/esp/diario04.htm; 13.2.2007), S. 3: »Me gustaría que durante la visión de la película [...] el espectador se sintiera invadido por una sensación onírica permanente. Sueño que el espectador, aunque despierto, se sienta atrapado en un sueño que no es otro que mi película.«
18 Vgl. Spitz 1955, a.a.O.; Spitz 1965; a.a.O.
19 Vgl. culbcultura.com, Almagro, a.a.O., S. 1.
20 »Y aunque no quise el regreso siempre se vuelve al primer amor. La quieta calle, donde el eco dijo: ›Tuya es su vida, tuya es su querer‹, bajo el burlón mirar de las estrellas que con indiferencia hoy me ven a volver.« Das Spanische unterscheidet nicht zwischen ihrem oder seinem Leben bzw. ihrer oder seiner Liebe, wenn von »su vida« und »su querer« die Rede ist. Ich habe für meine Interpretation die weibliche Form gewählt.
21 »Volver, con la frente marchita las nieves del tiempo platearon mi sien.«
22 »Yo adivino el parpadeo de las luces a lo lejos van marcando mi retorno. Son las mismas que alumbraron, con sus pálidos reflejos, hondas horas de dolor.«

Der Stoff, aus dem die Träume sind

Szenenbilder surrealer Traumräume

Von Kristina Jaspers

»Der Wiener Arzt und Seelenforscher, Prof. S. Freud, hat [...] die Behauptung vertreten, dass der Traum aus den zum Teil dem Träumer selbst unbekannten, ihm ›unbewußten‹ Gedanken und Phantasien geformt sei, die im Schlaf nach bestimmten, eigenartigen Regeln zu Bildern umgearbeitet werden. Der Traum wäre demnach das ›Privat-Theater‹ oder vielleicht besser noch der ›Privat-Film‹, den sich jedermann aus eigenen Mitteln herstellt.

Für Menschen, die gern Neues suchen – und solche gibt es sogar in der Filmindustrie –, musste es ein verlockender Gedanke sein, dieses Verfahren der ›Traum-Arbeit‹ bewusst anzuwenden, in Filmbildern einen Traum erstehen zu lassen und ihn dann kunstgerecht in seine ursprünglichen Bestandteile aufzulösen.« [1]

Unsere Traumbilder setzen sich zusammen aus Tagesresten, ungelösten Konflikten, Kindheitserinnerungen – all dies vermengt sich im Schlaf als manifester Trauminhalt zu einer visuellen Szenerie, an die wir uns am nächsten Morgen mehr oder weniger genau erinnern können. Ein Psychoanalytiker kann versuchen, uns bei der Interpretation dieser Traumszenen zu helfen und einen Zugang zu der tieferen Bedeutung dieser inneren Bilder zu finden. Der Regisseur schlägt hingegen zusammen mit dem Drehbuchautoren und dem Production Designer den umgekehrten Weg ein, er konstruiert die Bedeutung der filmischen Traumräume und sucht dafür nach einer adäquaten Gestaltung.

Die Anforderungen, die an eine »realistische« Szenerie gestellt werden, können im Filmtraum entfallen: Die Gesetze der Perspektive, der Schwerkraft und der Proportion sind aufgehoben. Die Objekte können sich verändern, eine Metamorphose durchlaufen und so eine überraschende Bedeutung erlangen. Dass die Raum-, Zeit- und Sinnkoordinaten im Filmtraum außer Kraft gesetzt werden können, macht die visuelle Ausgestaltung eines Traums für die Szenenbildner, Kamera- und Tricktechniker bis heute so verführerisch. Die Konzeption und Konstruktion solcher »innerer Bilder«, dieser ir-realen oder sur-realen Räume, stellt zugleich besondere Anforderungen an die Macher – sowohl im Hinblick auf die künstlerische Konzeption als auch die technische Umsetzung.

Damit der Zuschauer später in der Lage ist, die konstruierten Traumbilder zu entschlüsseln, wird vielfach auf ein bestimmtes visuelles Vokabular zurückgegriffen. Bilder vom Ertrinken oder Abstürzen (man denke an Alfred Hitchcocks VERTIGO; 1958) oder Darstellungen phallischer Symbole wie Türme und Messer sind Beispiele für solche Chiffren. Es handelt sich dabei vielfach um Simplifizierungen der Freud'schen Traumsymbolik. Zahlreiche Lexika der Traumsymbole beschränken und erleichtern zugleich die Interpretation solcher Bilder. Auf diese Weise entstehen Klischees. Szenenbildner arbeiten gerne mit Klischees – der Begriff hat für sie nicht die negative Konnotation, die man gemeinhin damit verbindet, im Gegenteil: Ein Klischee ist ein starkes, wiedererkennbares Zeichen. Und in Traumszenen können solche Klischees als kollektiv verständliche Symbole individuell aufgeladen werden. Mindestens ebenso konstitutiv wie die Bildsymbolik ist für den Filmtraum die Erzählstruktur, in die er eingebunden wird. Der Traum findet seinen Abschluss zumeist im Erwachen des Protagonisten, seine Traumbilder werden von einem Psychoanalytiker analysiert und interpretiert, am Ende der Therapie ist der Träumer geheilt. Dieser linearen Erzählform stehen filmische Modelle gegenüber, die zwischen Träumen und Wachen nicht unterscheiden: Der gesamte Film erscheint traumähnlich, die Gewissheit, ob die dargestellten Ereignisse tatsächlich in der Realität stattfinden oder ob es sich doch nur um ein

Kristina Jaspers **Das Kino träumt**

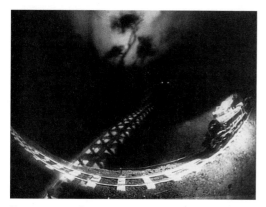
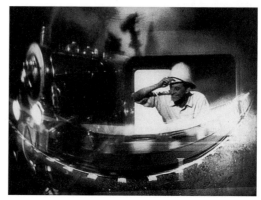

Traumsequenz in GEHEIMNISSE EINER SEELE: »Die Erscheinung der Eisenbahn ist als Naturaufnahme gedacht«

»Alles nur geträumt« handelt, wird dem Zuschauer vorenthalten.

Drei Szenenbilder surrealer Traumräume sollen im Folgenden vorgestellt werden:

1. G.W. Pabsts GEHEIMNISSE EINER SEELE von 1926 entstand noch zu Lebzeiten Sigmund Freuds und setzte Maßstäbe insbesondere in Hinblick auf das Zusammenspiel von Szenenbild und Tricktechnik. Der Einfluss der beiden Psychoanalytiker Hanns Sachs und Karl Abraham auf das Drehbuch lässt sich auch an mehreren buchstäblichen Übersetzungen von Wort- in Bildausdrücke nachvollziehen.

2. Die von dem surrealistischen Künstler Salvador Dalí entworfene Traumsequenz in Alfred Hitchcocks SPELLBOUND (Ich kämpfe um dich; 1945) besticht durch einen artifiziellen, hyperrealistischen Darstellungsstil. Der Film verweist ebenfalls auf das Freud'sche Konzept der Psychoanalyse.

3. Bei LA SCIENCE DES RÊVES von Michel Gondry (Science of Sleep – Anleitung zum Träumen; 2006) übernahm der Regisseur auch die künstlerische Oberleitung und gestaltete den gesamten Film als Traumszenario, das sich der eigenen Spielfreude hingibt, ohne psychoanalytische Deutungsmuster zu bedienen.

Verzerrungen und Missklänge

Mitte der 1920er Jahre hatte sich die Psychoanalyse insbesondere in den Großstädten etabliert, psychoanalytische Vereinigungen waren gegründet worden, und das Thema erschien massenkompatibel. So wundert es nicht, dass 1925 mehrere Versuche unternommen wurden, die Psychoanalyse auch in einem Film zu thematisieren. Im Juni 1925 berichtete der Berliner Psychoanalytiker Karl Abraham seinem Kollegen Professor Sigmund Freud in Wien von einem Angebot des Ufa-Produzenten Hans Neumann, der Freud für die Mitarbeit an einem psychoanalytischen Film gewinnen wolle. Freud lehnte ab, auch auf die Gefahr hin, dass weniger berufene Analytiker diese Chance nutzen könnten: »Das famose Projekt ist mir nicht behaglich. [...] Mein Haupteinwand bleibt, dass ich es nicht für möglich halte, unsere Abstraktionen in irgendwie respektabler Weise plastisch darzustellen.« [2]

In der Folge entspann sich zwischen Abraham und Freud ein weitreichender Disput darüber, wie man sich zu diesem Projekt verhalten solle. Dieser Streit führte beinah zum endgültigen Zerwürfnis zwischen den beiden Weggefährten [3]. Abraham meinte, in dem Versuch, die Erkenntnisse der Psychoanalyse filmisch darzustellen, das »Wesen unserer Zeit« zu erkennen, und wollte daher das neue Medium im Interesse der psychoanalytischen Bewegung nutzen. Auch glaubte er, Freuds Bedenken in Hinblick auf die plastische Übersetzung abstrakter Theorien ausräumen zu können, denn Sachs und er seien der Meinung, »dass es uns im Prinzip gelungen ist, auch die abstraktesten Dinge ›darstellbar zu machen‹. Jeder von uns hatte eine darauf bezügliche Idee, die sich in glücklicher Weise ergänzen.« [4] Die beiden Analytiker fanden offensichtlich Gefallen daran, Träume zu visualisieren, und entwickelten hinsichtlich der Gestaltung eigene kreative Vorschläge. Sigmund Freud blieb bei seiner skeptischen Haltung, stellte es Sachs und Abraham allerdings frei, das Projekt zu begleiten.

Die beiden entschlossen sich zur Drehbuchmitarbeit an der Ufa-Produktion GEHEIMNISSE EINER SEELE. Als Vorlage diente ihnen eine Freud'sche Fallgeschichte, die allerdings stark modifiziert wurde. Eine frühe Drehbuchfassung zeigt die Anlage eines Lehrfilms, der in wechselnden Episoden, die jeweils »Wirklichkeitsbild« oder »Phantasiebild« überschrieben sind, psychoanalytische Deutungen beispielsweise von Fehl- oder Symptomhandlungen illustriert [5]. In mehreren Bearbeitungsschritten entwickelte sich der Lehrfilm zunehmend zu einem komplexen fiktionalen Spielfilm, dessen Handlung mehrfach von raffiniert inszenierten Traum- und Erinnerungsbildern unterbrochen wird: Ein Ehepaar erhält Post von einem weitgereisten Vetter aus Indien, der seine baldige Rückkehr ankündigt. Der Ehemann, ein Chemiker (Werner Krauss), hat daraufhin bizarre, exotische Träume, in denen er unter anderem träumt, dass er seine eigene Frau (Ruth Weyher) erstechen will. Diese Traumbilder bedrängen ihn so sehr, dass er bei dem Psychoanalytiker Dr. Orth (Pawel Pawlow) Rat sucht. Dieser erkennt mithilfe der Analyse, dass sich Kindheitserinnerungen, Eifersucht und Scham über die eigene Kinderlosigkeit in den Träumen des Chemikers vermengt hatten. Er therapiert ihn, und schließlich ist der Ehemann geheilt (vgl. Film clip no. 19).

Für das Szenenbild des Films war der Ungar Ernö Metzner verantwortlich, der bereits Großproduktionen wie I.N.R.I. von Robert Wiene (1923) betreut hatte. Unter der Überschrift »Vorschlag zur Durchführung der Traumaufnahme« [6] notierte Metzner im September 1925 seine grundsätzlichen Überlegungen zu den Traumsequenzen des Films. Diese Notiz verdeutlicht, wie sehr bei der Produktion Szenenbild und Tricktechnik ineinandergriffen; zugleich zeigt sich, wie stark die konzeptionelle Leistung Metzners bei diesen Sequenzen war.

Metzner beginnt mit einer grundsätzlichen Überlegung, die die subjektive Erzählperspektive des Traums für den Zuschauer nachvollziehbar machen soll. Er schreibt: »Im Voraus sei bemerkt, dass [...] die Figur des Träumenden niemals aus dem Bild verschwinden soll, vielmehr seine Bewegung ungestört weiter läuft, während ein Szeneriewechsel vorkommt.« Es folgen konkrete Angaben, wann verkleinerte Modelle oder Doppelbelichtungen zum Einsatz kommen sollen und welche Szenen im Studio oder als Naturaufnahme zu realisieren sind.

Die Eisenbahn-Sequenz wird im Drehbuch [7] wie folgt umrissen: »Der Mann will die Schienen überschreiten, aber es braust ein D-Zug vorbei. Aus dem Fenster eines Wagens heraus (dieser Wagen fährt ganz langsam) winkt höhnisch, im Tropenanzug [...] der Vetter.« Metzner entwickelt die Sequenz sowohl visuell als auch tricktechnisch: »[Die] Erscheinung einer Eisenbahn ist [...] als Naturaufnahme gedacht und zwar so, dass eine richtige Lokomotive vom Hintergrund nach vorn sausend kommt, im Vordergrund stehen bleibt, und in diesem Moment erscheint der quer durchs Bild laufende Eisenbahnzug, der jedoch, um die nötige perspektivische Verzerrung zu erzielen, in einem Kugelspiegel aufgenommen werden soll. Die Aufnahme im Kugelspiegel sollte zweimal übereinander gemacht werden, mit einer geringen Verschiebung der Konturen und mit erheblichem Unterschied in der Geschwindigkeit des Zuges.« Der darauffolgende Szenenwechsel wird im Drehbuch nur knapp angedeutet: »Unmerklich – in langsamer Überblendung – während der Mann weiterschreitet – verändert sich das Bild. Man sieht den Platz einer kleinen italienischen Stadt vor sich – es ist Nacht.« Metzner konkretisiert: »[Die] italienische Stadt müsste während des Fortschreitens des Mannes rings um ihn entstehen, ähnlich wie die Zeitrafferaufnahme die Entwicklung einer Blume zeigt. Auf ähnliche Weise sollte der Turm entstehen, vielleicht so, wie man vor Jahren zeigte, dass Statuen aus Ton aus sich heraus sich entwickeln.«

Abschließend geht Metzner auf die Zusammenarbeit mit dem Kamera- und Tricktechniker Guido Seeber ein und bittet diesen, seine baulichen Vorgaben möglichst bald zu skizzieren, damit

GEHEIMNISSE EINER SEELE: Trickanimation ...

Szenenbild und Tricktechnik aufeinander abgestimmt werden können. Im Fall der eben beschriebenen Turmsequenz wurde der sich heraufschraubende Campanile zunächst als Trickanimation mithilfe eines Modells realisiert. Für die Szene, in der der Träumer zum Glockengestühl herauf läuft, musste der untere Teil des Turms auf dem Studiogelände im Maßstab eins zu eins gebaut werden.

Guido Seeber, ein Pionier des deutschen Films und einer der bedeutendsten Kameramänner seiner Zeit, lieferte eine Meisterleistung ab. Er scheute keinen Aufwand; für einzelne Sequenzen belichtete Seeber das Filmmaterial bis zu sechsmal und kopierte es ineinander, an anderen Stellen wurden Trickbilder und Aufnahmen von Studiobauten zusammengeschnitten oder abwechselnd mithilfe einer Maskierung eingeblendet.

Seeber war auch publizistisch tätig. Seine Bücher über Kamera- und Tricktechnik gelten noch heute als Standardwerke. In dem Band *Der Trickfilm in seinen grundsätzlichen Möglichkeiten* [8], in dem er sich um »eine praktische und theoretische Darstellung der photographischen Filmtricks« bemühte, stellte Seeber ausführlich die von ihm in GEHEIMNISSE EINER SEELE verwendeten Techniken vor. Darin heißt es: »Als eine Impression sollte dem Beschauer ein Traumbild vor Augen geführt werden, welches sich im Gehirn eines Schlafenden entwickelte. [...] Die Aufnahme dieser Szene [mit der Eisenbahn] war etwas schwierig und zeitraubend, denn alle Bilder [...] sind aufgenommene Spiegelbilder einer Glaskugel. Eine Modelleisenbahn mit einem Schienenweg von etwa 15 m dient zunächst zur Aufnahme des ersten Bildes. Mitten in der Schienenlänge wird die Glaskugel aufgestellt und das in ihr übertrieben stark perspektivisch erscheinende Spiegelbild aufgenommen.« Für die Szene mit den schwingenden Glocken, die in Frauenköpfe überblendet werden, ließ Seeber Schaukeln bauen, auf denen die Frauen sich im gleichen Rhythmus wie die Glocken bewegten. Anschließend wurden sie mithilfe einer Maske jeweils abwechselnd in das Bild eingeblendet.

Der Analytiker Hanns Sachs, der bereits am Drehbuch mitgewirkt hatte, übernahm es auch, eine Begleitbroschüre mit dem Titel *Psychoanalyse. Rätsel des Unbewussten* [9] zu verfassen, die das Kinopublikum über die wichtigsten Grundlinien der psychoanalytischen Therapie aufklären sollte. Auch der eingangs zitierte Text stammt vermutlich aus der Feder von Hanns Sachs. Den dort beschriebenen »Verlockungen«, gemäß den Mechanismen der Traumarbeit einen Filmtraum zu konstruieren, um diesen anschließend »kunstvoll« wieder zu zerlegen, konnte Sachs in seiner Begleitbroschüre ausführlich nachgehen. Das Motiv des sich aufschraubenden Turmes und der Glocken mit den eingeblendeten Frauengesichtern interpretiert er darin folgendermaßen: »[Die Reisegedanken des Träumenden] leiten zu seinen schönsten Erinnerungen über, als er auf der Hochzeitsreise eine Zeit ungeschwächter Liebesfähigkeit und ungetrübter Hoffnung durchlebte. So führt ihn der Traum vor ein italienisches Städtchen, wo ein Campanile steil aus dem Boden wächst. Aber in diesem mit Angst durchsetzten Traum endet jeder Trostgedanke mit einem jähen Missklang – die Glocken verwandeln sich in die Gesichter jener Frauen, von denen er sich wegen seiner Kinderlosigkeit verhöhnt fühlt, – der Gattin, der Assistentin und der Dienerin.« [10] Sachs rückübersetzt also gemäß der psychoanalytischen Theorie die sprachliche Analogie des »Missklangs« in ein visuelles Bild [11].

Der Film wurde im September 1926 beim Treffen der Berliner Psychoanalytischen Vereinigung vorgeführt und sorgte dort für regen Gesprächsstoff. Die Kollegen standen der Arbeit von Sachs und Abraham eher kritisch gegenüber. Hier könnte auch Freud, der seinen 70. Geburtstag feierte, den Film gesehen haben. Der Regieassistent Marc Sorkin berichtet in einem Interview [12], Freud sei von der Traumsequenz begeistert gewesen, diese Aussage lässt sich allerdings nicht verifizieren.

Surrealistische Verdichtungen

Schon vor Erfindung der Kinematografie übten Träume eine große und inspirierende Anziehungskraft auf Künstler aus. Die Psychoanalyse, insbe-

... und Nachbau des unteren Turmteils auf dem Studiogelände

sondere Freuds *Traumdeutung*, versuchte einerseits die Traumbildung zu erklären und andererseits die geträumten Bilder anhand ihres symbolischen Gehalts zu entschlüsseln. Insbesondere die surrealistischen Künstler, die das Unbewusste und Assoziative zum Ausdruck bringen wollten, waren von der *Traumdeutung* fasziniert. Wenige Jahre nach dem Film GEHEIMNISSE EINER SEELE kam der von Luis Buñuel und Salvador Dalí konzipierte UN CHIEN ANDALOU (Ein andalusischer Hund; 1929; R: Luis Buñuel) in die Kinos. Dieser Film arbeitete ebenfalls mit Tricks – man denke an den vielzitierten Rasiermesserschnitt durch das Auge einer Frau beziehungsweise eines toten Rindes – der traumwandlerische Eindruck des gesamten Films entsteht jedoch vor allem durch die nonlineare Erzählstruktur. In GEHEIMNISSE EINER SEELE waren die Traumsequenzen klar von der Realität unterschieden – durch Zwischentitel wie *Der Traum*, durch Auf- und Abblenden beziehungsweise das Einschlafen und Aufwachen des Träumers –, in UN CHIEN ANDALOU hingegen kann der gesamte Film als traumähnlich aufgefasst werden [13]. Dabei handelt es sich allerdings weniger um die Darstellung eines Traums als vielmehr um eine bildliche Metaphorisierung der

Traumarbeit selbst – also der Mechanismen der »Verdichtung« und »Verschiebung«. Bei der Uraufführung wurde zunächst ein Text eingeblendet, der den Entstehungsprozess des Filmes beschrieb: »Der Produzent und Regisseur des Films, Buñuel, schrieb das Drehbuch gemeinsam mit dem Maler Dalí. Beide leiteten ihren Standpunkt von einem Traumbild ab, das wiederum andere Traumbilder auf die gleiche Weise prüfte, bis das Ganze eine kontinuierliche Form erhielt. [...] Die Mitarbeiter erkannten nur solche Bilder als gültig an, die auch bei kritischster Untersuchung keinerlei Erklärungsmöglichkeiten boten.« [14] Nicht die Entschlüsselung, sondern die Rätselhaftigkeit der Bilder stand im Vordergrund ihres Interesses. »Angriffslustig heben sie die narrativen Grundfesten aus. [...] freizügig verfügen sie über Raum und Zeit; die Figuren scheinen mit jedem Schritt in eine neue Realität zu fallen. Durch Stopptricks und Blenden verwandeln sich Körper und Requisiten: Aus einer behaarten Achselhöhle wird ein Seeigel. Der Zuschauer wird unerbittlich um den Trost der Kausalität betrogen, in den Schrecken des Diskontinuierlichen führend [...].« [15] Visuelle und sprachliche Analogien – vom Achselhaar zum Seeigel, vom französischen »einen Blick werfen« (*un coup d'œuil*) zum *couper* (dem Augenschnitt) – bildeten vielfach den Ausgangspunkt ihrer Bildmontage [16].

André Breton versuchte wiederholt, Freud für die surrealistische Bewegung zu gewinnen, dieser wollte sich jedoch nicht vereinnahmen lassen. In den 1930er Jahren entwickelte sich zwischen den beiden eine kurze Korrespondenz, die sich an scheinbar Nebensächlichem entspann und dennoch letztlich die Unvereinbarkeit der Positionen markierte. Für die Surrealisten stand der visuelle Ausdruck des Traums im Vordergrund, dessen fantasievolle Gestalt genügte ihnen. Freud entgegnete: »Der oberflächliche Aspekt von Träumen, [das,] was ich den manifesten Traum nenne, ist für mich nicht von Interesse. [...] Mir ist es immer um den ›latenten Inhalt‹ gegangen, der sich vermittels psychoanalytischer Interpretation aus dem manifesten Traum herleiten lässt. Eine Sammlung von Träumen ohne Assoziationen und Kenntnis des Zusammenhangs, in dem er geträumt wurde, sagt mir gar nichts, und ich kann mir nur schwer vorstellen, was sie für jemand anderen bedeuten kann.« [17] Auch Salvador Dalí bemühte sich viele Jahre um eine persönliche Begegnung mit Freud. Im Juli 1938 kam es dank der Vermittlung von Stefan Zweig in London zu einer Porträtsitzung, und Freud revidierte altersmilde seine Haltung: »Der junge Spanier [Salvador Dalí] [...] hat mir eine andere Schätzung [des Surrealismus] nahe gelegt. Es wäre in der Tat sehr interessant, die Entstehung eines solchen Bildes analytisch zu erforschen.« [18] Insbesondere rühmte Freud in seiner konservativen Kunstauffassung Dalís altmeisterlichen Malstil, seine »unbestreitbare technische Meisterschaft« [19].

Auch in der Neuen Welt wurde Salvador Dalí als berühmtester Exponent des Surrealismus sehr geschätzt. 1941 richtete ihm das Museum of Modern Art in New York eine große Retrospektive aus. Die Presse liebte den exzentrischen Selbstdarsteller. Schließlich versuchte Hollywood, sich die surrealistische Kunst, die gerade so *en vogue* war, einzuverleiben, indem man Salvador Dalí bat, für den Film SPELLBOUND von Alfred Hitchcock eine Traumsequenz zu entwerfen.

Lange Schatten, scharfe Konturen

Alfred Hitchcock hatte eine recht klare Vorstellung davon, wie die Traumsequenz in seinem Film aussehen sollte: »Als wir bei der Traumsequenz ankamen, wollte ich unbedingt mit den Kinoträumen brechen, die meist nebelhaft und verworren sind, mit zitternden Bildern und so weiter. Ich habe Selznick gebeten, Salvador Dalí als Mitarbeiter zu verpflichten [...]. Mein einziger Grund war, rein visuelle Träume zu bekommen, mit spitzen, scharfen Konturen, härter als die Bilder des eigentlichen Films. Ich wollte Dalí [...] wegen der langen Schatten, der unendlichen Entfernungen, der Fluchtlinien, die sich im Unendlichen treffen, der formlosen Gesichter.« [20] Hitchcock wusste also sehr genau, was er von Dalí erwartete. Die Traumsequenz sollte keine unscharfen Doppelbelichtungen enthalten, sondern eher in einem hyperrealistischen Stil gehalten sein. Dalís malerischer Gestus entsprach durchaus Hitchcocks filmischer Methode, Alltagsgegenstände plötzlich fremd und beängstigend erscheinen zu lassen, indem sie von ihrem Hintergrund abgehoben oder aus einer ungewohnten Perspektive aufgenommen wurden [21].

Dalí, der bereits mehrfach versucht hatte, in Hollywood Fuß zu fassen, war an dem Angebot durchaus interessiert und wurde mit Hitchcock innerhalb von zwei Wochen einig. Am 17. August 1944 unterzeichnete Dalí einen Vertrag, in dem ein Honorar von 4.000 Dollar festgeschrieben wurde. Seine Aufgabe sollte darin bestehen, alle Skizzen und Entwürfe für die sogenannte »Traumsequenz« zu entwerfen, zu zeichnen und zu malen (insgesamt vier Bilder). [22] Dalí würde also die Sequenz konzipieren und malerisch umsetzen. Gemäß der Drehbuchfassung von Ben Hecht waren vier verschiedene Szenerien mit wechselnden Hintergründen festgeschrieben. Ein Team aus erfahrenen Animateuren, Special-Effects- und Trick-Technikern wurde Dalí zur Seite gestellt, darunter der Art Director James Basevi, der ihn bereits von einem anderen Projekt her kannte [23]. Das Studio war der Meinung, dass es sich bei dem Honorar (aus damaliger Sicht) zwar um eine beträchtliche Summe handele, dass dies aber durch die Prominenz Dalís leicht wieder wettgemacht würde. Der Produzent David O. Selznick hatte vorab Informationen einholen lassen und erfahren, dass Dalís Name in den letzten zwölf Monaten allein sechsmal im *Life Magazine* genannt worden war und veranschlagte daher dessen Publicitywert auf 50.000 Dollar [24]. Dies bewegte ihn schließlich dazu, Dalí zu engagieren [25].

Wie in GEHEIMNISSE EINER SEELE, so ist auch in SPELLBOUND der Traum in eine Krankengeschichte eingebunden (vgl. Film clip no. 20). Der Patient (Gregory Peck) schildert seinen Traum den beiden Analytikern Dr. Petersen (Ingrid Bergman) und Dr. Brulov (Michael Chekhov, der deutlich erkennbar als Karikatur von Sigmund Freud angelegt ist). Die beiden Therapeuten versuchen, den Traum zu deuten und so das Trauma des Patienten, das zu seinem Gedächtnisverlust geführt hatte, aufzudecken. Zugleich geht es um die Aufklärung eines Verbrechens, denn der Patient John Ballantine steht unter Mordverdacht. Den Traumbildern kommt also innerhalb der Erzählung eine narrative Funktion zu; sie sollen einerseits rätselhaft genug sein, um die Unergründlichkeit der Seele zu veranschaulichen, andererseits soll der Zuschauer auch Anhaltspunkte für ihre Entschlüsselung erhalten, um – ähnlich wie ein Detektiv – die verdeckte Wahrheit und damit auch den Hergang des Verbrechens rekonstruieren zu können.

Das *shooting script* enthielt bereits sehr konkrete Vorgaben zu den Motiven und Symbolen, die in der Traumsequenz vorkommen sollten [26]. Vier verschiedene von Dalí gestaltete Szenerien wurden schließlich gefilmt: *1. In einem Spielkasino / 2. Auf einem steil abfallenden Dach / 3. In einem Tanzsaal / 4. Auf dem Abhang einer Pyramide.* Dalí zeichnete insgesamt über 100 Entwürfe und führte schließlich vier Gemälde in Grautönen sowie eines in Farbe aus. Zunächst skizzierte er das Spielkasino. Er entwarf einen Bühnenvorhang, auf dem unzählige Augen abgebildet waren. Die Anfertigung des Vorhangs übernahm das Grosh Scenic Studio in Hollywood [27]. In der Filmszene wird dieser Vorhang zerschnitten, und dahinter erscheint ein einzelnes Auge. Dieses Bild führte Dalí als blautöniges Gemälde aus. Das Motiv eines Augenschnittes war übrigens bereits lange Zeit vor der Mitarbeit Dalís von dem Autor Ben Hecht im Drehbuch festgeschrieben worden. In den 1940er Jahren war Dalí in der Presse allgegenwärtig, so konnte man durchaus davon ausgehen, dass auch ein breiteres Kinopublikum den Schnitt durch das Auge als Anspielung auf den Rasiermesserschnitt in UN CHIEN ANDALOU verstehen konnte. Pressefotos zeigten Dalí, der in dandyhafter Pose Anweisungen für den Augenschnitt des Vorhanges gab. Dalí ergänzte das Set noch um weitere »surrealistische Anspielungen« seiner Künstlerkollegen: So ließ er im Casino Tische mit Frauenbeinen platzieren, die an Kurt Seligmanns *Ultra-Furniture* von 1938 erinnern, und auf diese Tische stellte er Metronome mit schwingenden Augen – ein Zitat von Man Rays *Objet indestructable* (1932). Man könnte zahlreiche weitere Motive benennen [28], die einem surrealistischen Bildvokabular entnommen zu sein scheinen, ohne explizit auf Dalís Urheberschaft zurückzugehen. Unklar bleibt allerdings, inwieweit es sich tatsächlich um Zitate durch Dalí handelt oder ob nicht bereits durch die Produktionsfirma gewisse surrealistische Motive vorgegeben waren.

Kristina Jaspers

Das Kino träumt

Entwurf, gemalter Vorhang und realisierte Filmszene: Dalís Bühnenvorhang in SPELLBOUND

Auch für die Szene auf dem Dach ist ein Ölgemälde Dalís erhalten. Es diente in der Filmszene als Hintergrund, der mittels Tricktechnik in die Spielszene integriert wurde. Nur bei der Szene im Tanzsaal wurde auf eine gemalte Kulisse verzichtet. Diese Episode bereitete allerdings auch die meisten Probleme bei der Umsetzung. Ingrid Bergman alias Dr. Constance Petersen sollte sich in eine antike Statue verwandeln. Bergman war von der Episode ganz begeistert, in ihrer Erinnerung wuchs die kurze Szene zu einer umfangreichen Sequenz: »Es war eine wundervolle 20-Minuten-Sequenz [...] Ich war in eine griechische Robe gewickelt, mit einem Diadem auf meinem Kopf und einem Pfeil durch meinen Hals.« [29] Dalí wünschte sich allerdings, dass über die Statue, und damit über den Körper von Ingrid Bergman, Ameisen krabbeln sollten. Dagegen wehrte sich die Bergman erfolgreich. Hitchcock kommentierte lakonisch: »Natürlich hat Dalí ziemlich seltsame Dinge erfunden, die nicht zu realisieren waren: Eine Statue, die Risse bekommt, aus denen Ameisen über sie kriechen, und dann sieht man Ingrid Bergman ganz bedeckt mit Ameisen.« [30] Für Hitchcock war dies mit einem Star wie Ingrid Bergman nicht zu machen, für Dalí hätten die Ameisen eine Anknüpfung an sein Frühwerk bedeutet: In UN CHIEN ANDALOU kriechen Ameisen aus einer Handwunde, und auch in zahlreichen seiner Zeichnungen und Gemälden findet sich das Ameisen-Motiv wieder. Auch mit seinem Vorschlag, dass eine Kakerlake, auf deren Rücken ein einzelnes Auge klebt, über die Spielkarten laufen sollte, konnte er sich nicht durchsetzen.

Um einen albtraumhaften Eindruck zu erzeugen, wünschte sich Dalí, dass 15 schwere Pianos von der Decke hängen und langsam über den Köpfen der Tanzenden schwingen sollten: »Um diesen Eindruck einer bedrückenden Atmosphäre und des Unbehagens zu erzeugen, wollte ich 15 der schwersten und opulentesten Konzertflügel unter den Himmel des Ballsaals hängen, und diese sollten sehr niedrig über den Köpfen der Tänzer schwingen. Alle Tänzer befinden sich ausschließlich in exaltierten Posen, aber sie bewegen sich nicht, sie [...] werden in einer beschleunigenden Bewegung zu immer kleiner werdenden Silhouetten, bis sie sich in der unendlichen Dunkelheit verlieren [...].« [31] Hier ist ganz deutlich Dalís theatralische Konzeption zu spüren, die Raum und Körper in eine expressive Beziehung zueinander setzt. Entsprechend absurd erscheint die Umsetzung der Szene, die David O. Selznick anordnete: Um Kosten zu sparen, verlangte er, die Flügel sollten als verkleinerte Modelle gebaut werden, und als Tänzer bestellte er 40 kleinwüchsige Statisten. Dalí war frus-

Das Kino träumt **Der Stoff, aus dem die Träume sind**

Die SPELLBOUND-Traumsequenz: William Cameron Menzies' Storyboard

triert. Er war sich mit Hitchcock einig, dass die Zwerge nicht wie perspektivisch verkleinerte Menschen aussahen und dass die Szene jede Kraft verloren hatte. Die komplette Episode wurde schließlich aus dem Film geschnitten – es handelte sich dabei allerdings nur um 60 Sekunden und nicht 20 Minuten.

Am 12. September 1944 waren die Dreharbeiten abgeschlossen, Hitchcock bestätigte, wie zufrieden er mit Dalís Arbeit war, und ließ ihm sein Honorar auszahlen. Hitchcock und Dalí reisten nach New York ab, bevor David O. Selznick das Material gesehen hatte. Als dieser die Traumsequenz begutachtete, war er mit dem Ergebnis äußerst unzufrieden. Er schrieb seinem Justiziar: »Es ist nicht Dalís Schuld. Seine Arbeit ist viel schöner und besser für unsere Zwecke geeignet als ich jemals gedacht hätte. Es sind die Kamera-Aufnahmen, die Ausstattung, die Beleuchtung etc. – all das ist so, wie man es gemeinhin von ›Monogram‹

Kristina Jaspers   Das Kino träumt

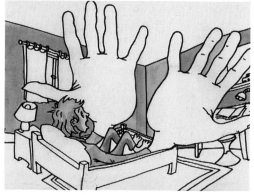

Vom Entwurf zur Realisierung: ...

erwarten würde.« [32] Selznick engagierte daher William Cameron Menzies, der unter anderem das Szenenbild zu GONE WITH THE WIND (Vom Winde verweht; 1939; R: Victor Fleming) entworfen und dafür als Erster den Titel des *Production Designers* in den Credits erhalten hatte. Menzies sollte das bisherige Material sichten und entscheiden, was davon noch zu verwenden sei und was neu gedreht werden müsse. Im Dezember sandte Menzies sein Storyboard an Hitchcock und Dalí [33].

Ein Storyboard mutet wie ein Comicstrip an, die Szenen werden in ihrer Abfolge deutlich, Kameraperspektiven und Zooms können bereits festgelegt werden. Dalís Gemälde hatten die Atmosphäre der Traumsequenz entwickelt, Menzies übersetzte diese in seinem Storyboard in eine filmische Bewegung. Interessanterweise ist das Rad, das in der letzten Szene vom Dach gleitet, in Menzies' Skizzen noch rund gezeichnet und rollt den Dachsims hinunter. In der endgültigen Fassung wurde das Rad an einer Seite deformiert; diese Form konnte leicht mit Dalís zerfließenden Uhren aus seinem berühmten Bild *Die Beständigkeit der Erinnerung* (1931) in Verbindung gebracht werden, das damals bereits im Museum of Modern Art hing. Auch diese »surrealistische Anspielung« war also nicht vom Meister selbst vorgesehen, sondern wurde nachträglich durch das Studio eingebracht.

Nachdem Dalí Menzies Pläne studiert hatte, reagierte er unverzüglich und ließ Selznick ausrichten, dass er gern umsonst bereit wäre, die nötigen zusätzlichen Zeichnungen zu liefern, da auch er sich für seinen ersten Hollywood-Beitrag »Perfektion« erhoffe [34]. Selznick zeigte sich interessiert [35], aufgrund von Terminschwierigkeiten entschloss er sich jedoch letztlich, eine komplett neue Version der Traumsequenz ohne Dalís Mitarbeit von Menzies herstellen zu lassen. Auch bezüglich der Credits einigte man sich, darin heißt es nun: »Based upon the designs by Salvador Dalí«. Menzies wollte nicht genannt werden, nur der Art Director James Basevi wird im Abspann aufgeführt.

Insgesamt kostete SPELLBOUND 1,6 Millionen Dollar und spielte sieben Millionen Dollar ein – die Investition hatte sich also gelohnt. Für Dalí war es dennoch ein zwiespältiges Erlebnis, er hatte sich bedeutend mehr von dem Projekt versprochen. Das Studio war vor allem an seinem Namen interessiert, an einem bestimmten Look, im Sinne einer

Das Kino träumt   **Der Stoff, aus dem die Träume sind**

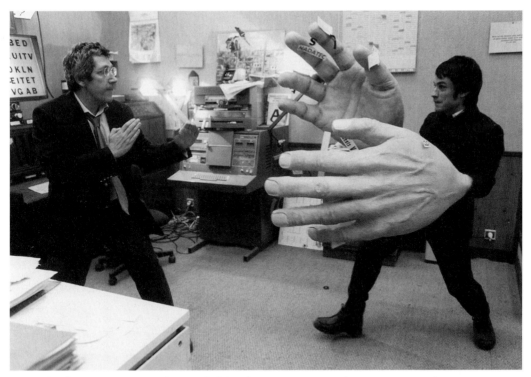

... Die überdimensionierten Hände in Michel Gondrys LA SCIENCE DES RÊVES

glatten Oberfläche. Darüber hinausgehende konzeptionelle oder womöglich experimentelle Anregungen waren nicht gefragt. Die von Dalí konzipierte Traumsequenz wird im Film mehrfach von den Kommentaren der beiden Analytiker unterbrochen [36], der Bilderfluss konnte daher nur schwer einen Sog entfalten und wurde auf seinen narrativen Gehalt zurechtgestutzt. Dennoch bleibt die Traumsequenz gerade wegen ihrer klaren hyperrealistischen Konturen und der starken Symbolkraft der Motive (die durchtrennten Augen, die vermummten Köpfe usw.) in der Erinnerung haften [37]. Der Eindruck der Sterilität und Zweidimensionalität, der durch die gemalten Hintergründe entsteht, die übersteigerten Perspektiven und Proportionen unterscheiden sich deutlich von den üblichen, eher nebulösen und unscharfen filmischen Darstellungen von Träumen oder Erinnerungen. Hitchcocks Anspruch war also eingelöst worden.

Eine Anleitung zum Träumen

Einer sehr eigenwilligen künstlerischen Handschrift folgt auch der Regisseur Michel Gondry mit dem Film LA SCIENCE DES RÊVES. Gondry hat allerdings wiederholt beteuert, dass er mit der »Psychoanalyse« überhaupt nichts anfangen könne, darin unterscheidet er sich maßgeblich von den beiden vorangegangenen Beispielen. Dabei hat Gondry sich bereits in einem früheren Werk, in ETERNAL SUNSHINE OF THE SPOTLESS MIND (Vergiss mein nicht!; 2004) mit inneren Bildern beschäftigt, genauer: mit dem Versuch, Erinnerungen aus dem Gehirn zu löschen. Die verworren raffinierte Geschichte spielt teilweise im Kopf des Protagonisten und zeigt unter anderem, wie sich Kindheitserinnerungen in den hintersten Hirnregionen verstecken können. Das Drehbuch stammt von Charlie Kaufman, der auch die Vorlage für Jonzes

Kristina Jaspers   Das Kino träumt

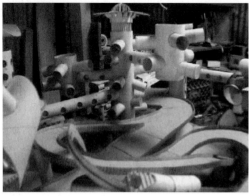

LA SCIENCE DES RÊVES: Nachbau der Stadt aus Toilettenpapierrollen

BEING JOHN MALKOVICH (1999) verfasst hat und ein Meister der Übersetzung unbewusster Mechanismen in skurrile Bilder ist. In einem Interview behauptet Kaufman, das Drehbuch zu BEING JOHN MALKOVICH sei in einer Art *Écriture automatique* nach dem Muster der frühen Surrealisten entstanden.

Michel Gondry hat wie Spike Jonze zunächst Videoclips gedreht, Björk und Massive Attack verdanken ihm wegweisende Musikvideos, für die White Stripes baute er ein komplettes Set aus Legosteinen (FELL IN LOVE WITH A GIRL) [38]. In einem Video für die Foo Fighters hatte Gondry ein Paar gezeigt, das in seinen Träumen interagieren konnte [39]. In LA SCIENCE DES RÊVES visualisiert er mit verspielten und sehr poetischen Bildern die unbewussten Sorgen, Wünsche und Sehnsüchte eines jungen Mannes, in dem unschwer der Regisseur selbst wiederzuerkennen ist. Gondry hat

mehrere Jahre an dem Drehbuch gearbeitet und zahlreiche autobiografische Elemente eingebaut. Wie sein Hauptcharakter arbeitete er einige Zeit in einer Druckerei, in der er vollkommen unterfordert und sehr unglücklich war. In Interviews betonte er, dass viele der Filmideen aus seinen eigenen Träumen stammen. Er überarbeitete das Drehbuch allerdings wiederholt, um die Geschichte weniger autobiografisch, sondern »objektiver« und »realistischer« erscheinen zu lassen [40].

Zunächst fertigte Gondry zahlreiche Skizzen insbesondere von den Traumszenen an, die Produzenten ließen diese Entwürfe später ins Drehbuch heften, um dem Team eine bessere Vorstellung von dem Projekt zu vermitteln. Ein wiederkehrendes Motiv sind beispielsweise Hände, die plötzlich überdimensioniert groß werden und für die kleinteiligen Büroarbeiten in der Druckerei völlig ungeeignet sind [41]. Da das Budget mit etwa sechs Millionen Dollar eher gering war, wurden die meisten Tricks »selbst gemacht«, das heißt, es wurde nur sehr wenig digital nachbearbeitet. Gondry skizzierte die Ausstattung der Traumszenen und die Umsetzung der Tricks, und die beiden Szenenbildner Pierre Pell und Stéphane Rozenbaum erarbeiteten dann konkrete Vorschläge für die Modelle und die genaue Realisation.

Es wird eine Liebesgeschichte erzählt, oder besser: die Geschichte einer Annäherung. Der Protagonist Stéphane (Gael García Bernal) ist ein Träumer, Traum und Realität sind bei ihm schwer zu unterscheiden. Bei seiner Nachbarin Stéphanie (Charlotte Gainsbourg) trifft er auf eine ähnlich kindlich-verspielte Fantasie, dennoch stehen ihrer Annäherung einige Hindernisse im Weg. Immer wieder entfliehen sie in ihre Traum- und Fantasiewelten. Bei Stéphane wird der Wechsel zwischen den Welten durch sein Einschlafen und Aufwachen deutlich, doch zunehmend greifen die surrealen Elemente der Parallelwelt auch direkt in das Alltagsgeschehen ein. Seine Träume mischt sich Stéphane in einer Art Fernsehstudio selbst zusammen. Ein Traum, den er sich in seiner Fernsehküche zusammenrührt, zeigt ein albtraumhaftes Büroszenario mit kafkaesken Zügen (vgl. Film clip no. 21): Eine perspektivisch verzerrte Treppe führt ins Nichts, ein insektenhafter Rasierapparat krabbelt durch den Raum und lässt einen Bart wachsen, statt diesen zu kürzen. Im Hintergrund eines Panoramafensters ist die Kulisse von Paris zu erkennen. Es gibt in diesem Film komplexe Tricksequenzen, die bereits mehrere Monate vor den Dreharbeiten mit den Schauspielern fertiggestellt worden sind. Die ganze Stadt wurde in mehrwöchiger Arbeit ausschließlich aus Toilettenpapierrollen zusammengebastelt. Das Trickteam bestand aus zehn Personen, die innerhalb von zwei Monaten sämtliche Animationsszenen im Stop-Motion-Verfahren aufnahmen; teilweise waren gleichzeitig bis zu 70 Elemente zu bewegen (vgl. Film clip no. 22). Gondry schätzte das Pappmaterial der Rollen insbesondere deshalb, weil es niemals ganz perfekt aussah, selbst bei sehr präzisem Schnitt blieben unsaubere Kanten. Das Individuelle, Imperfekte entsprach genau dem Stil, den er sich für diese Sequenzen wünschte. Das schwankende, sich wieder aufrichtende Panorama von Paris wurde übrigens ganz ähnlich inszeniert wie die italienische Stadt in GEHEIMNISSE EINER SEELE, auch dort sollte das Kulissenhafte nicht kaschiert, sondern offengelegt werden.

LA SCIENCE DES RÊVES: Taucheinsatz mit Rückprojektion

Für Gondry war es deshalb so wichtig, die Animationsszenen bereits vor dem eigentlichen Dreh fertigzustellen, damit er sie bei der Arbeit mit den Schauspielern als Rückprojektionen integrieren konnte und so nicht auf die Bluescreen-Technik angewiesen war [42]. Da die Schauspieler im Hintergrund die surrealen Stadtlandschaften selbst sehen konnten, war es für sie leichter, in den Traumräumen zu agieren. Für die Stunt- und Tricksequenzen wurde teilweise großer physischer Einsatz gefordert: Für einen »Flug über der Stadt« musste Gael García Bernal in einem Aquarium schwimmen, während im Hintergrund die animierten Stadtsequenzen eingeblendet wurden. Bei dieser Form der Tricktechnik war nur schwer absehbar, wie das Ergebnis ausfallen würde. »Bei meinen Projekten ist es immer so, dass das Endresultat nicht hundertprozentig vorhersehbar ist. Ich brauche diesen Überraschungseffekt, um mein Interesse wach zu halten. Ich glaube, das kommt aus der Zeit, als ich noch Stopp-Trick-Animationen gemacht habe. Dort ist es ja auch so: Sie drehen ein Bild, und dann noch eins, aber Sie wissen nicht, wie es aussehen wird, bis Sie das Material aus dem Labor zurückbekommen. Es ist zwangsläufig so etwas, wie ein Experiment. Bei diesem Film wollte ich tief in einen Teil meines Hirns einsteigen, ohne mir allzu viel Zwänge anzutun. Ich hinterfrage meine Ideen nicht.« [43] Gondry, der mit ETERNAL SUNSHINE OF THE SPOTLESS MIND eine amerikanische Großproduktion realisiert hatte, schätzte bei LA SCIENCE DES RÊVES die Arbeit in einem kleinen Team. Wie früher bei seinen Videoclips war es eine überschaubare kreative Gruppe, die ihm ein wesentlich schnelleres Arbeiten ermöglichte, da seine Einfälle sofort umgesetzt werden konnten und nicht erst später in einem Digitalstudio hergestellt werden mussten. So konnte er vor Ort das Ergebnis stets sofort überprüfen.

Die beiden Szenenbildner Pell und Rozenbaum erhielten für den Film den Europäischen Filmpreis in der Kategorie »Bester künstlerischer Beitrag«. Bei diesem Projekt wurde jedoch nicht nur das Drehbuch, sondern auch die visuelle Ästhetik stark durch den Regisseur geprägt. Er gestaltete sowohl

Kristina Jaspers — Das Kino träumt

Digitale Traumaufzeichnung in Wenders' BIS ANS ENDE DER WELT

die äußere Lebenswelt seiner Protagonisten als auch ihre Traum- und Fantasiewelten. Und Gondrys Film stimulierte zugleich die Träume seiner Zuschauer. Während der Filmvorführung auf dem Sundance Festival schlief ein Journalist mehrfach ein und »montierte« so seinen eigenen Film: »Und ich bin dreimal eingeschlafen. Nicht, weil der Film langweilig oder schleppend gewesen sei – ich genoss jede Minute. Es hat mich einfach vollkommen umgehauen. Ein Zehn-Uhr Film entspricht den Filmen der Mitternachtsvorstellung in meiner Heimatstadt und daran habe ich mich noch nicht gewöhnt. Das Lustige daran ist, als ich einschlief, träumte ich Szenen, die gar nicht im Film vorkamen. Der Film, den ich gesehen habe, unterscheidet sich also deutlich von dem was auf der Leinwand gezeigt wurde. In gewisser Hinsicht war dies selbst ein Michel Gondry-Film.« [44] Im Internet entstanden mehrere Videoblogs, in denen User ihre eigenen verfilmten Träume zeigen konnten [45]. Die »Anleitung zum Träumen« erstreckte sich also auch auf den Raum außerhalb des Kinos.

Visueller Formenwandel

Bei der Gestaltung sur-realer oder ir-realer Traumräume haben die Regisseure zusammen mit den Drehbuchautoren, den Szenenbildnern und Tricktechnikern die Möglichkeit, einen latenten Trauminhalt zu konstruieren und dafür den manifesten Traumraum zu gestalten. Der Versprachlichung der Traumbilder in der Freud'schen Psychoanalyse steht hier die Visualisierung eines Drehbuchs entgegen. Ob ein Skript eine lineare oder eine eher assoziative, nonlineare Erzählstruktur vorgibt, bestimmt fundamental die Lesart der Filmträume. Dem kriminalistischen Prinzip, demzufolge eine eindeutige Erklärung zum Täter beziehungsweise zum Verständnis des Traums führt, stehen andererseits offenere Konzepte eines vielschichtigen, mehrdeutigen Ausdrucks gegenüber. Traumräume können die Gesetzmäßigkeiten der realen Welt hinter sich lassen, Proportionen und Perspektiven verschieben, Metamorphosen durchlaufen. Dieser Formenwandel hat auch zur Folge, dass filmische Traumräume keine klassischen begehbaren Sets sein müssen, Trick- und Animationstechnik lassen die Raumbilder häufig erst in der Nachbearbeitung entstehen. Spätestens seit den 1990er Jahren ist auch der fiktionale Film im digitalen Zeitalter angekommen. Digitalisierte Bilder prägen unseren Alltag und hinterlassen auch ihre Spuren in unserem Unbewussten. Auch unsere visuelle Vorstellung von Träumen hat sich in den letzten Jahren erheblich gewandelt. In der Neurobiologie werden mithilfe moderner bildgebender Verfahren die Hirnströme während eines Traums auch visuell fassbar. Wim Wenders hat dies in seinem Film BIS ANS ENDE DER WELT (1991) als Erster themati-

Das Kino träumt

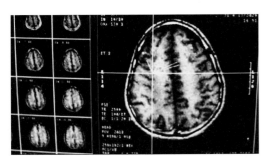

Hirnschnitt in ETERNAL SUNSHINE OF THE SPOTLESS MIND

siert. Die während des Schlafens generierten Traumbilder können von den Protagonisten mittels moderner Labortechnik digital aufgezeichnet werden, ästhetisch erinnern sie an Infrarotbilder oder Wärmediagramme. In Gondrys ETERNAL SUNSHINE OF THE SPOTLESS MIND (2004) verortet ein Hirnschnitt die Erinnerungs- und Traumbilder des Protagonisten. Werden in der Zukunft also immer häufiger Traumbilder in Form von Hirndiagrammen auf der Leinwand erscheinen? Gondry selbst hat einen anderen Weg eingeschlagen. Ob digitale Animation oder filigrane Bastelarbeit: Starke Bildmotive können einem Lexikon der Traumsymbole, dem surrealistischen Bildvokabular oder der Fantasie der Filmschaffenden entstammen. Ob diese Bilder als Stereotypen oder Klischees, als psychoanalytische Symbole oder kollektive Archetypen aufgefasst werden, bleibt nach wie vor dem Publikum überlassen. Die Freiheit der Assoziation und die Interpretation dieser Traumräume liegt beim Zuschauer und wird daher immer subjektiv bleiben.

Anmerkungen

1 Reklame-Ratschlag für GEHEIMNISSE EINER SEELE (R: Georg Wilhelm Pabst), Neumann-Film der Ufa, 1925.
2 Sigmund Freud: Brief vom 9. Juni 1925. In: S.F. / Karl Abraham: Briefe 1907-1926. Frankfurt/Main 1981, S. 357f.
3 Karl Abraham starb am 25. Dezember 1925 infolge einer Infektion.
4 Karl Abraham: Brief vom 18. Juli 1925. In: Freud/Abraham 1981, a.a.O., S. 362.
5 Deutsche Kinemathek – Nachlass G.W. Pabst. Der Wiener Psychoanalytiker Siegfried Bernfeld befürchtete, der Pabst-Film könne zu einer »irreführenden Darstellung« und »unsinnigen Verballhornung« der Psychoanalyse führen, und plante daher ein Konkurrenzprojekt. Zusammen mit seinem Kollegen Josef Storfer verfasste er ein Filmskript, das sich als *Entwurf zu einer filmischen Darstellung der Freudschen Psychoanalyse im Rahmen eines abendfüllenden Spielfilms* verstand. Zur Darstellung des Unbewussten forderte er eine assoziative Erzähltechnik und eine Ästhetik, die sich realistischer Stilmittel bediene. Die Gestaltung von »Träumen, visionären Erscheinungen und Tagtraumstücken« sollte »nicht durch verschiedene Grade der Deutlichkeit, durch Schleier oder dergleichen übliche Regiemaßnahmen unterschieden« werden, sondern durch »Stilunterschiede«: »Wo innerhalb der realen Umgebung phantastische Elemente auftreten, [...] ist nicht der phantastische Einschluss schattenhaft in die deutliche Realität zu stellen, sondern es ist umgekehrt die Realität, ohne ihren Stil zu wechseln, zum Verschwimmen zu bringen.« In: Karl Sierek (Hg.): Der Analytiker im Kino. Frankfurt/Main 2000; hier: Abdruck des Bernfeld'schen Entwurfes, Szene 5a, S. 45. Sigmund Freud musste erkennen, dass die Verfilmung der Psychoanalyse tatsächlich im »Wesen der Zeit« lag. An Sándor Ferenczi schrieb er: »In Filmsachen gehen dumme Dinge vor. Die Gesellschaft, die Sachs und Abraham betörte, hat es natürlich doch nicht unterlassen können, meine ›Zustimmung‹ vor der Welt zu proklamieren. [...] Unterdes kam heraus, daß Bernfeld mit Storfer in eine ähnliche Unternehmung verwickelt ist. Ich werde sie nicht zurückhalten, denn die Verfilmung läßt sich sowenig vermeiden wie, scheint es, der Bubikopf, aber ich lasse mir selbst keinen schneiden und will auch mit keinem Film in persönliche Verbindung gebracht werden.« In: Sigmund Freud / Sándor Ferenczi: Briefwechsel. Bd. III/2: 1925-1933. Wien 2004, S. 49f.
6 Deutsche Kinemathek – Sammlung Ernö Metzner.
7 Das Drehbuch von Hans Neumann und Colin Ross (unter Mitarbeit von Karl Abraham und Hanns Sachs) wird im Münchner Filmmuseum verwahrt. Hier: Szene 37, S. 14. Dank an Klaus Volkmer.
8 Guido Seeber: Der Trickfilm in seinen grundsätzlichen Möglichkeiten. Berlin 1927.
9 Hanns Sachs: Psychoanalyse. Rätsel des Unbewussten [1926]. In: Wolfgang Jacobsen (Hg.): G.W. Pabst. Berlin 1998, S. 175-184. Das Originalmanuskript mit handschriftlichen Änderungen trägt den Arbeitstitel *Fehlhandlungen*. Beide Dokumente im Archiv der Deutschen Kinemathek (Nachlass G.W. Pabst und Schriftgutarchiv).

10 Sachs 1926, a.a.O., S. 182.
11 Eine ähnliche wortwörtliche Übersetzung findet sich zu Beginn der Traumsequenz. Der Polizist, der den Träumer vom Fliegen abzuhalten sucht, wird mit dem »Zensor« gleichgesetzt, mit dem Mechanismus also, der die Bewusstwerdung bestimmter intimer Gedanken unterdrückt. Im Drehbuch heißt es: »[der Mann] stellt befriedigt fest, dass der Zensor – Schutzmann – verschwunden ist und geht die Stufen herunter, die in den Garten führen.« Diese buchstäbliche Transformation eines psychoanalytischen Begriffes in ein filmisches Bildmotiv dürfte auf den Einfluss von Abraham und Sachs zurückgehen. Vgl. Drehbuch zu GEHEIMNISSE EINER SEELE, a.a.O. S. 13.
12 Gero Gandert: Interview mit Marc Sorkin, 1980er Jahre, Tonarchiv der Deutschen Kinemathek.
13 »Im Film werden surrealistische Ästhetik und die Entdeckungen Freuds verschmolzen [...] Obwohl ich mich etlicher Traumelemente bediente, ist der Film nicht die Beschreibung eines Traumes [...] Der Film richtet sich an die unbewussten Gefühle des Menschen.« Luis Buñuel, zitiert nach: Francisco Aranda: Luis Buñuel: A Critical Biography. London 1969, S. 56ff.
14 Michael Schwarze: Buñuel. Hamburg 1981, S. 32f.
15 Gerhard Midding: Die Realität des Imaginären. In: Louis Buñuel. Essays, Daten, Dokumente. Berlin 2007, S. 20. Bereits die zeitgenössische Presse registrierte diese assoziativen Bild-Metamorphosen als die eigentliche Neuheit von UN CHIEN ANDALOU: »Die optische Assoziation, dies ist vielleicht die ursprünglichste Entdeckung der Surrealisten. [Es gibt] eine geniale Szene: Die Großaufnahme eines Handtellers mit einem Ameisenhaufen in der Mitte geht plötzlich in eine Koralle auf dem Meeresdünensand über und wird ebenso plötzlich zur Achselhöhle einer liegenden Frau – ohne dass sich die Konturen des Bildes änderten, nur durch die zwingende Logik der Form-Assoziation. Die Szene wirkt überzeugend filmisch, so überzeugend unlogisch sie gesprochen klingt ...« Arthur Koestler, Vossische Zeitung (Berlin), 24.11. 1929.
16 Siehe hierzu Andreas Rost: Frustrierte Traumlust. Freuds Traumdeutung und die Bilderseligkeit des Surrealismus. In: Kristina Jaspers / Wolf Unterberger (Hg.): Kino im Kopf. Psychologie und Film seit Sigmund Freud. Berlin 2006, S. 90-99, insbesondere »Der Fundus der Sprache und die ›paranoisch-kritische‹ Verkettung der Bilder«, S. 95f.
17 Sigmund Freud an André Breton, 8. Dezember 1937. Zitiert nach: Mark Polizzotti: Revolution des Geistes. Das Leben André Bretons. München 1996, S. 553 und 988. Vgl. auch: Drei Briefe Freuds an Breton. In: André Breton: Die kommunizierenden Röhren. München, Frankfurt/Main 1988 (Anhang).
18 Brief an Stefan Zweig vom 20. Juli 1938. In: Sigmund Freud: Briefe 1873-1939, S. 465.
19 Ebenda, S. 465. Dalí notierte seinerseits: »An dem Tag, da ich Sigmund Freud kurz vor seinem Tod im Londoner Exil besuchte, begriff ich durch seine Alterslektion in klassischer Tradition, wie viele Dinge mit dem bevorstehenden Ende seines Lebens nun in Europa schließlich zu Ende gingen. Er sagte mir ›In klassischen Bildern suche ich das Unbewusste, in einem surrealistischen Bild das Bewusste.‹« Zitiert nach: Salvador Dalí: Das geheime Leben des Salvador Dalí. München 1984, S. 490.
20 François Truffaut: Mr. Hitchcock, wie haben Sie das gemacht? München 2003, S. 155f. (engl.: »I was determined to break with the traditional way of handling dream sequences through a blurred and hazy screen. I asked Selznick if he could get Dalí to work with us and he agreed, though I think he didn't really understand my reasons for wanting Dalí. [...] The real reason was that I wanted to convey the dreams with great visual sharpness and clarity, sharper than the film itself. I wanted Dalí because of the architectural sharpness of his work [...] the long shadows, the infinity of distance, and the converging lines of perspective.« Zitiert nach: François Truffaut: Hitchcock. New York 1983, S. 164f.)
21 Siehe hierzu John A. Walker: Art and Artists on Screen. Manchester, New York 1993. Darin: The Artist in Hollywood: SPELLBOUND (1945), S. 152.
22 »To create, draw and paint all sketches / or designs.« Laut »SPELLBOUND, Salvador Dalí Contracts« im David O. Selznick Archive der University of Texas at Austin. Zitiert nach: Matthew Gale (Hg.): Dalí & Film. London 2007, S. 185, Anm. 1.
23 Art Director James Basevi kannte Dalí bereits von einem anderen Filmprojekt, MOONTIDE (Nacht im Hafen; 1942; R: Archie Mayo), bei dem Dalí eine Albtraumszene entworfen hatte, die dann allerdings keine Verwendung fand.
24 Diktierte Notiz von Selznick an den Publicity Director Don King vom 17. Juli 1944. In: Gale 2007, a.a.O., Anm. 5.
25 »We would make the deal with Dalí only if there is an important publicity value to be obtained.« Selznick an King, ebenda.
26 Im April 1944 war die erste Drehbuchfassung fertiggestellt, die sich von der finalen Fassung noch deutlich unterschied. Diese Fassung ist auf den 29. Juni datiert (und tatsächlich am 7. Juli beendet worden). Vgl. Gale 2007, a.a.O., S. 185, Anm. 23; sowie John Gassner / Dudley Nichols (Hg.): Best Film Plays 1945. New York 1946, S. 98-101. Dank an Doug Johnson von der Margaret Herrick Library, Los Angeles.

27 Das Grosh Scenic Studio durfte den Vorhang nach den Dreharbeiten behalten und weitervermieten; er kam in mehreren Fernsehsendungen zum Einsatz und ist heute in der Ausstellung *Dalí Universe* in der Londoner County Hall Gallery ausgestellt.
28 Die vermummten Männerköpfe in der Dachszene erinnern beispielsweise an Gemälde von René Magritte, vgl. z.B. *Les Amants* (Die Liebenden, 1928).
29 »It was a wonderful, twenty-minute sequence [...] I was dressed in a draped, Grecian gown, with a crown on my head and an arrow through my neck« Zitiert nach: Donald Spoto: The Art of Alfred Hitchcock. New York 1976, S. 158.
30 Alfred Hitchcock in: Truffaut 2003, a.a.O., S. 155 (»Dalí had some strange ideas; he wanted a statue to crack like a shell falling apart, with ants crawling all over it, underneath, there would be Ingrid Bergman, covered by the ants! It just wasn't possible.« Zitiert nach: Truffaut 1984, a.a.O., S. 165.)
31 »In order to create this impression [of oppressiveness and unease], I will have to hang fifteen of the heaviest and most lavish pianos possible from the ceiling of the ballroom, swinging very low over the heads of dancers. These would be in exalted dance poses, but they would not move at all, [...] they would only be diminishing silhouettes in very accelerated perspective, losing themselves in infinite darkness.« Dalí News, 20.11.1945 (Übersetzung: K.J.).
32 »It's not Dalí's fault. For his work is much finer and much better for the purpose than I ever thought it would be. It is the photography, set-ups, lighting, et cetera, all of which is about what you would expect from *Monogram*.« Aktennotiz vom 25. Oktober 1944 an O'Shea. Gale 2007, a.a.O., S. 185, Anm. 32. Monogram war ein drittklassiges Studio, das B-Movies produzierte.
33 James Bigwood hat den Ablauf anhand der Korrespondenz von David O. Selznick detailliert recherchiert. Siehe hierzu James Bigwood: Solving a SPELLBOUND Puzzle. In: American Cinematographer, Juni 1991, S. 34-40; sowie auf der SPELLBOUND-DVD: A Nightmare Ordered by Telephone. An In-depth, Illustrated Essay on the Salvador-Dalí-designed Dream Sequence by James Bigwood. Criterion Collection 2002.
34 Salvador Dalís Agent Felix Ferry, genannt Fefe, an David O. Selznick, 19. Dezember 1944: »I want you to realize how anxious he is that his work in his first American picture should be perfection. He is so anxious that the entire work have the usual Dalí quality.« Alfred Hitchcock Collection, Margaret Herrick Library, Los Angeles. Dank an Barbara Hall, Leiterin der Hitchcock Collection, Margaret Herrick Library Los Angeles.
35 Noch am 26. Dezember schrieb Selznick an den Produktionsleiter Richard Johnston und in Kopie an Alfred Hitchcock : »I am enormously eager that this sequence be as outstanding as possible, and since we have the excellent opportunity of getting Mr. Dalí to contribute further to it without additional expense [...] we will be very foolish if we don't make the most of these opportunities.« Alfred Hitchcock Collection, Margaret Herrick Library, Los Angeles.
36 GEHEIMNISSE EINER SEELE und SPELLBOUND entstanden beide in enger Bezugnahme zur Psychoanalyse, dies wird bereits in den Filmvorspännen, in denen auf Sigmund Freud verwiesen wird, deutlich. Die Schilderungen der Traumerlebnisse werden in beiden Filmen immer wieder von Szenen im Behandlungszimmer unterbrochen, in denen die Analytiker die Traumsymbole interpretieren. Die Drehbuchfassung von SPELLBOUND vom 14. Mai 1944 kommt noch völlig ohne Visualisierung eines Traums aus, der gesamte Traum wird in das Gespräch zwischen John Ballantine und den beiden Analytikern Dr. Petersen und Dr. Brulov verlegt. Ballantine schildert in knappen Dialogen, was er geträumt hat. Sein Traum spielte auf einer Theaterbühne, deren Bühnenhimmel schließlich zerrissen und verschwanden: »The skies fell down. There were two of them hanging overhead, you know ... They didn't fall on me. It's very confused here. They – they disappeared.« Dies könnte die Vorahnung des später zerschnittenen Augenvorhangs gedeutet werden. Das Skript wird in der Drehbuchsammlung der Margaret Herrick Library Los Angeles verwahrt.
37 Wie bei GEHEINISSE EINER SEELE, so war auch während der Dreharbeiten von SPELLBOUND ein Psychoanalytiker am Set anwesend, um die Beteiligten über Freuds Theorien aufzuklären. Elliott H. King bemerkt, dass die Entschlüsselung der Traumsymbole sehr stark simplifiziert angelegt wurde, einzig der Aspekt der zur Statue versteinerten Constanze hätte in Anlehnung an Freuds Interpretation von Wilhelm Jensens Novelle *Gradiva* (1903) einige tiefer gehende interpretatorische Schlussfolgerungen zugelassen. Siehe Elliot H. King: Dalí, Surrealism and Cinema. Harpenden 2007, S. 87; Sigmund Freud: Der Wahn und die Träume in W. Jensens »Gradiva«. In: S.F. Gesammelte Werke, Band VII, S. 29-126; Wilhelm Jensen: Gradiva. Ein pompejanisches Phantasiestück. Dresden, Leipzig 1903.
38 Zu Gondrys Musikvideos siehe: Laura Frahm: Bewegte Räume: Zur Konstruktion von Raum in Videoclips von Jonathan Glazer, Chris Cunningham, Mark Romanek und Michel Gondry. Studien zum Theater, Film und Fernsehen; Bd. 44. Frankfurt/Main u.a. 2007. Darin: Raum und visuelle Musik bei Michel

Gondry, S. 102-119; siehe außerdem: Henry Keazor / Thorsten Wübbena: Video Thrills the Radio Star. Musikvideos: Geschichte, Themen, Analysen. Bielefeld 2005, S. 288-313, auch online unter www.vttrs.de sowie www.director-file.com/gondry.

39 »Der Ursprung liegt ein paar Jahre zurück: Für ein Video der Foo Fighters hatte ich damals die Idee, die Geschichte des Songs (*Everlong*) über ein Paar zu erzählen, das seine Träume ›teilt‹, d.h. die Protagonisten kommen jeweils im Traum des anderen vor, agieren also als Gehirnströme und als reale Personen. Ich spielte diese Idee aus, und so ergaben sich ineinandergreifende Fäden, die sich darum drehten, wie Träume einerseits die Beziehungen zwischen Menschen beeinflussen und wie Beziehungen umgekehrt deren Träume beeinflussen.« Interview mit Michel Gondry, in: Presseheft zu LA SCIENCE DES RÊVES. Gaumond und Partizian Films 2006. Zur Analyse dieses Videoclips siehe Keazor / Wübbena 2005, a.a.O., Anm. 149, S. 312.

40 Zitat aus dem *Making of* des Kameramanns Jean-Louis Bompoint auf der DVD SCIENCE OF SLEEP – ANLEITUNG ZUM TRÄUMEN, Universal 2007.

41 Das Motiv der immer größer werdenden Hände findet sich bereits in dem Musikvideo EVERLONG für die Foo Fighters. Michel Gondry erinnert sich, dass er als Kind häufig entsprechende Albträume hatte. Grund dafür waren seine schlecht durchbluteten Hände, die ihm seine Mutter massieren und wärmen musste, bis er wieder einschlafen konnte. Siehe »I've been 12 forever« auf der DVD THE WORK OF DIRECTOR MICHEL GONDRY. Directors Label 2003.

42 Die Verwendung von Rückprojektionen erklärt Gondry auch als nostalgische Reverenz an Alfred Hitchcock: »[The back projection in Hitchcock-Movies] is interesting because it's a very technical idea, but it gives the feeling of falling back onto something that doesn't hold you, like in VERTIGO. Maybe there is some sense of nostalgia, but I like using back projection – which is basically, you shoot a scene, then you project it on the screen from behind and then you put your subject in front and you shoot it all. Now people use blue screen most of the time because of the loss of definition of back projection. But what you get is perfect integration. [...] So I guess when Hitchcock did it, it was state-of-the-art technology, but for me it's different. It's still pretty advanced in that there are a lot of things you can do that people don't realise.« Zitiert nach: Sandra Hebron: Interview mit Michel Gondry. In: The Guardian, 7.2.2007.

43 Interview mit Michel Gondry anlässlich der Premiere beim Sundance Film Festival 2006, Presseheft THE SCIENCE OF SLEEP, a.a.O.

44 Peter Sciretta auf www.slashfilm.com. »And I fell asleep three times. Not because the movie was boring or slow, I was loving every minute of it. It was the forementioned crash and burn. A ten o'clock movie is midnight in my home town, and I haven't yet adjusted. The funny part of it all is that when I slipped off to sleep I dreamt scenes that never happened in the movie. So the film I saw was much different from what was screened. In a way, it was a Michel Gondry film in itself.« (Übersetzung: K.J.)

45 Siehe z.B. www.dreamblog.co.uk, www.thescienceofsleep.imeem.com/video.

Traum-Reisen, Traum-Geschichte

Lars von Triers Europa-Trilogie

Von Dietmar Kammerer

In einem Interview auf der *Hypnotic Features* betitelten Bonus-DVD der insgesamt vier Silberscheiben umfassenden Edition *Lars von Triers Europa Trilogy* spricht der Regisseur in den ersten Minuten gleich dreimal vom Träumen [1]. Das erste Mal in einem relativierenden Nachsatz zu dem Geständnis, dass er so wenig wie möglich unterwegs ist. »Ich träume gerne davon, dass ich auf Reisen bin.« Und nur wenig später bekennt er: »Europa war immer das Reiseziel meiner Träume«, wobei die Doppeldeutigkeit der Formulierung – ist Europa reales oder fantasiertes Ziel? – im Kontext der Aussage unaufgeklärt bleibt. Das dritte Mal geht von Trier auf die Dreharbeiten von EUROPA (1991) ein. Da es in der frisch wiedervereinigten Bundesrepublik keine geeigneten Schauplätze gab, die für das am Boden liegende Deutschland im Oktober 1945 einstehen konnten, wich die Produktion kurzerhand nach Polen aus, das kurz nach dem Fall des Eisernen Vorhangs ebenfalls seine Stunde Null erlebte. Ohnehin war es nicht historische Genauigkeit, was von Trier in Polen suchte und fand. »Ich weiß nicht, wie Deutschland damals ausgesehen hat, und ich wollte es nicht historisch richtig darstellen. Aber es [Polen] repräsentierte meine Träume über dieses geschichtliche Zeitalter.« Reisen, Europa, Geschichte. Oder genauer: geträumte Reisen, geträumtes Europa, geträumte Geschichte. In von Triers kurzer Selbstauskunft kommen diese drei Begriffe nur als ihr oneirisches Doppel vor, in ihrer verschobenen, entgegengesetzten, entgleitenden, entglittenen, kurz: in ihrer »traumhaften« Gestalt.

Traum-Reise: THE ELEMENT OF CRIME

Nicht reisen, sondern davon träumen, dass man reist. Dass von Trier »wenig unterwegs« ist, ist wohl eine Untertreibung. An anderer Stelle hat er zugegeben, unter panischer Flugangst zu leiden [2]. Das mag, neben seinem bekanntermaßen komplizierten Verhältnis zu Amerika, dazu beigetragen haben, dass von Trier, trotz seines anhaltenden internationalen Erfolges, sich entschlossen hat, in Dänemark und also in Europa zu bleiben, anstatt, wie beispielsweise sein Landsmann Bille August, in die USA und also in die internationale Filmproduktionsmaschine Hollywood zu übersiedeln, was unweigerlich eine Menge Reiseverpflichtungen mit sich gebracht hätte. Es gibt zwei Arten von Reisen, selbstgewählte und auferlegte, solche, in denen man sich verliert, und solche, in denen man sich begegnet. Manchmal muss man beide zugleich unternehmen. FORBRYDELSENS ELEMENT (The Element of Crime; 1984) erzählt von solch einer doppelten Reise. Der Kriminalbeamte Fisher (Michael Elphick) ist nach Kairo zurückgekehrt. Mithilfe von Hypnose lässt er sich in die unmittelbare Vergangenheit zurückversetzen, in die Wochen zuvor, die er in Europa verbracht hat, wo er eine Mordserie an jungen Mädchen – die »Lotterie-Morde« – aufklären sollte. Etwas ist geschehen, dass seine Erinnerung blockiert und ihm schreckliche Kopfschmerzen verursacht, die Hypnose soll es an den Tag und zu Bewusstsein bringen (vgl. Film clip no. 23). Der Analytiker begleitet ihn durch Fragen durch seine Erinnerungen. Was wir sehen, ist also die induzierte Suggestion einer Reise, die wirklich stattgefunden hat.

Es ist eine Reise ohne Aussicht. Kairo versinkt im Sand, »Europa« (geografisch genauer wird es nie) steht unter Wasser. Der allegorisch benannte Fisher (dessen Vornamen wir nicht erfahren) bewegt sich träumend/erinnernd durch eine postapokalyptisch anmutende Landschaft, in der alles Verfall und Fäulnis ist. Seit Jahren scheint die Sonne nicht mehr. Visuell und kompositorisch orientiert sich von Trier in seinem ersten Langfilm an Tarkowski; der Film verwendet vornehmlich lange, ungeschnittene Kamerafahrten und setzt auf eine atmosphärisch klaustrophobische Inszenierung. »Wir wollten den Eindruck eines sehr dich-

Dietmar Kammerer **Das Kino träumt**

Lars von Trier und Michael Simpson in EPIDEMIC

ten, geschlossenen Milieus vermitteln. Die Welt in demselben Licht zeigen, wie man es in einer Höhle vorfindet«, erklärte der Regisseur später [3]. In dieser Höhle (der Film endet mit einem Schuss/Gegenschuss auf eine Höhle sowie Fishers verzweifelter Frage: »I want to wake up now. Are you there?«) wird Fisher sich verirren, nicht obwohl, sondern weil er sich streng an das Buch gehalten hat, an den titelgebenden Leitfaden *The Element of Crime*, verfasst von Fishers Mentor, dem blinden Kriminologen Osborne (Esmond Knight). Dessen Methode wird als *mental exercise* beschrieben, tatsächlich handelt es sich um ein sehr handgreifliches Programm der Einfühlung in den Verbecher. Was dieser tat, muss Fisher tun, wo dieser war, muss Fisher sein. Eine Art *method acting* des Sich-Hinein-Versetzens, das von dem zusehends erschöpften Fisher verlangt, sich auf einen vorgezeichneten Weg zu machen: »First part, the body. Second part, the soul.« Die Forderung an konventionelle Detektivarbeit, sich »auf die Spur« des Verbrechers zu begeben, wird wörtlicher Befehl. Fisher findet heraus, dass der Gesuchte »Harry Grey« heißt [4]. Er folgt ihm, und er folgt ihm nach. Lernt dessen Geliebte kennen. Wohnt in denselben Hotels. Nimmt dieselben Tabletten gegen Kopfschmerzen.

Aber ein Psychopath kennt keine Methode. »You're drifting, Mr. Fisher. Take care«, warnt ihn sein ägyptischer Analytiker aus dem Off. Und irgendwann: »What are you doing?« – »I honestly don't know anymore.« Die beiden Modi der Bewegung – Sich-an-die-Fersen-heften und *drifting*, zielgerichtete Nachstellung und zielloses Umherschweifen – treffen sich im Moment des Kontrollverlustes: Das planmäßige Verfolgen zwingt den Verfolger zur Selbstaufgabe, Fisher desintegriert systematisch. Das paradoxe Miteinander von Verfolgen und Abirren, von Kalkül und Kontingenz findet sich in der Zeichnung abgebildet, die Osborne entwickelt hat, um den Mörder zu stellen: ein Quadrat, das eine ornamental gewundene Linie – und damit die Wege, das Verhalten des Mörders – »erklären« soll. Fisher erweitert das Quadrat zu dem Buchstaben »H«: Wechsel aus der Geometrie in die Bedeutung, aus den nüchtern-distanzierten Prinzipien des *more geometrico* in die Welt von Initialen, von bedeutsamen, aber unleserlichen Zeichen. »H« für Harry, und »H« für Hypnose. Wenn man will, stehen Quadrat und ornamentale Linie, die Regel und das Regellose, auch für THE ELEMENT OF CRIME selbst, einer entschlossenen Übung im Verbiegen und Verkrümmen vorgegebener Genremuster: »Wir wollten keinen Kunst-Film machen. Wir wollten zeigen, dass man ein bestimmtes Genre, zum Beispiel den Kriminal-Film, auf eine andere Weise benutzen kann, als man es gewohnt ist.« [5]

Katastrophale Traum-Geschichte:
EPIDEMIC

Keine Geschichte, sondern der Traum von Geschichte. So wie THE ELEMENT OF CRIME zwei Reisen in einer erzählt, verbindet EPIDEMIC, der nächste Film der Trilogie, zwei Geschichten in einer: zum einen die Geschichte, in der Lars von Trier und Niels Vørsel ihr ursprüngliches Drehbuch an einen Computervirus verlieren (erstes Anzeichen der kommenden Ansteckung) und innerhalb von fünf Tagen, bis zum Besuch ihres Produzenten Claes, ein ganz neues Skript zu Papier bringen müssen. Zum anderen dieses neue Filmprojekt selbst, das *Epidemic* getauft wird, und das als Film-im-Film in Ausschnitten parallel zur Drehbuchentwicklung gezeigt wird. Darin begibt sich der junge und idealistische Arzt Mesmer (Lars von Trier) nach Ausbruch einer unheilbaren und höchst ansteckenden Seuche auf eine Reise in das kontaminierte Gebiet, um Hilfe zu bringen. EPIDEMIC ist demnach eine »reale« und eine »ausgedachte« Geschichte, die Wirklichkeit und die Fingierung des Als-Ob. Und der prekäre Übergang zwischen beidem.

Auch in einem extradiegetischen Sinn ist die Rahmenhandlung »real«. Hier spielen alle Beteiligten sich selbst. Claes Kastholm Hansen war auch im echten Leben vom dänischen Filminstitut als Berater für EPIDEMIC abgestellt. Niels Vørsel hat alle Drehbücher der Europa-Trilogie geschrieben. Das im Rechner verschwundene Skript trug den Arbeitstitel *Der Kommissar und die Hure*, eine unmissverständliche Anspielung auf THE ELEMENT OF CRIME. Keiner der beiden Autoren trauert dem Buch nach, das nicht nur aus dem Datenspeicher, sondern auch aus ihrer eigenen Erinnerung völlig verschwunden scheint. Ohnehin lösen Fehlfunktionen, Missgeschicke oder Katastrophen in EPIDEMIC bei von Trier und Vørsel selten anderes als ungestüme Heiterkeit, zuweilen gar hysterisches Gelächter aus. Ihre unbeirrbar gute Laune verlässt sie nicht einmal im Krankenhaus oder in der Pathologie. Auf Recherche in Deutschland, besuchen sie Udo Kier in Köln, der ihnen unter Tränen eine sehr persönliche Geschichte erzählt (während sie feixend ein Bier öffnen), bei der er zwar »anwesend« war, die er aber erst von seiner Mutter und kurz vor deren Tod erfuhr: wie sie und ihr Neugeborenes im Krieg bei einem Brandbombenangriff beinahe im brennenden Hospital eingeschlossen wurden und wie sie anschließend mit dem Kind auf dem Arm durch die zerstörte Stadt gelaufen ist [6]. Die drei besuchen gemeinsam den Weiher, in den die Menschen damals vor den Flammen flüchteten. Die Katastrophe lauert immer unter der Oberfläche in EPIDEMIC. Eine »nur« erzählte Geschichte rührt zu echten Tränen, die Affekte der Seele rühren die Bewegungen des Körpers:

Dokumentation realer Hypnose: EPIDEMIC

Erst »the soul«, dann »the body« – das Motto von Fisher wird gewissermaßen umgekehrt.

Während die »äußere« Geschichte in einem dokumentarischen Proto-Dogma-Stil gefilmt ist, mit einer locker gehandhabten 16mm-Handkamera und natürlichen Lichtquellen, ist der Film-im-Film weitgehend klassisch, beinahe schulmäßig in 35mm in Szene gesetzt [7]. Diese gut etablierte Unterscheidung zwischen den Ebenen beginnt jedoch zu verschwimmen, als Vørsel ein frisches

Blatt Papier in die Schreibmaschine – dem Computer wird nicht mehr vertraut – einspannt und den Titel des neuen Projekts eintippt. Die Typenhebel schlagen bis auf die Leinwand durch, fortan wird durchgehend links oben im Bild in roten Lettern das Wort *Epidemic*, mit nachgestelltem und eingekreistem *e*, zu sehen sein – in Art eines Brandzeichens oder eines Branding.

Dieses Gleiten des Ausgedachten in die Realität wird radikalisiert. Der Film findet Schlusspunkt und Peripetie in der Szene, in der dem Produzenten bei einem feierlichen Abendessen das »fertige« Drehbuch vorgelegt werden soll. Der dünne Stapel Papier überzeugt diesen nicht. Vorsorglich haben die beiden Autoren eine Performance organisiert, die die Transformation von den Worten ins Fleisch, von der Fiktion in die Wirklichkeit herbeiführen soll. Ein Hypnotiseur und eine junge Frau werden hereingebeten. Die Frau hat das Skript gelesen, unter den Suggestionen der Hypnose soll sie es nacherzählen (vgl. Filmclip no. 24). Wieder also »Einfühlung«, unter Fremdanleitung und Ausschaltung des kritischen Selbst-Bewusstseins, und wieder führt ein *mental exercise* zu einer veritablen körperlichen Transformation: Während das Medium den Horror der im Drehbuch beschriebenen Epidemie durchlebt, bricht unter der Abendgesellschaft tatsächlich eine Seuche aus, mit blutigen Folgen. Autoren- wird Gothic-Horrorfilm, Arthouse mündet unversehens in Splatter [8]. Statt metafiktionaler, cooler Distanz erleben die Beteiligten – und mit ihnen die Zuschauer – die Kraft der Suggestion. »Du verlässt den Film, du verlässt EPIDEMIC«, befiehlt der Hypnotiseur vergebens dem immer hysterischer schreienden Medium. Sie wacht nicht auf.

Doppelte Leinwand: EUROPA

Die Hypnose in EPIDEMIC war nicht gespielt, sondern »fast die Dokumentation einer Hypnose«, in der die Darstellerin wirklich in Trance versetzt wurde [9]. Dazu von Trier: »Hypnose und Film liegen nah beieinander. Das ganze Drumherum, wenn man im Kino ist, ist sehr ähnlich einer Situation, in der man hypnotisiert wird: das Licht, das langsam ausgeht, die Konzentration, alles, was stört, sollte außerhalb bleiben, in der Trance genau wie im Kino. Es liegt auf der Hand, eine Parallele zu ziehen. Speziell, wenn man einen Film mit einem Erzähler sieht, ist man sehr nah dran an der Technik des Hypnotisierens. [...] Hypnose ist das Thema in allen drei Filmen – nur in unterschiedlicher Weise.« [10] In EPIDEMIC setzte die Hypose den Schlussakkord, in EUROPA bildet sie die Ouvertüre (vgl. Film clip no. 25). Wir hören: orchestrale Streichermusik, die regelmäßigen Geräusche einer Eisenbahnfahrt. Wir sehen: Eisenbahnschwellen, die aus einem Dunkel von oben herab durchs Bild gleiten, wie Regentropfen an einer Scheibe. Das Bild ist schwarzweiß, das Format Cinemascope. Eine Stimme setzt an: »You will now listen to my voice. My voice will help you and guide you still deeper into Europa.« [11] Also »Europ-a«, mit einem »a« am Ende ausgesprochen, nicht wie im Englischen eigentlich korrekt, »Europ«. Dieses Europa ist ein mehrsprachiges Hybrid, im Film wird Englisch, Deutsch und Dänisch gesprochen [12]. Der Sprecher beginnt mit der hypnotischen Induktion, indem er langsam bis zehn zählt. Bei »zehn« sind wir »in« »Europ-a«, sind wir »im« Film.

»Hypnovision« nannte von Trier diesen Einstieg, der den Kinozuschauer als Medium adressiert [13]. EUROPA ist voll von Motiven aus dem Umfeld des griechischen Gottes Hypnos, von Schläfern, Träumern, Stimmenimitatoren und Tierverwandlungen [14]. Der deutschstämmige Amerikaner Leopold Kessler (Jean-Marc Barr) trifft kurz nach Kriegsende in Frankfurt am Main ein. Er will eine Stelle als Schlafwagenschaffner beim staatlichen Eisenbahnunternehmen *Zentropa* antreten. Er sieht diesen Schritt als Beitrag zur Völkerverständigung, wird jedoch durch die Bekanntschaft mit Katharina (Barbara Sukowa), der Tochter des Gründers von *Zentropa*, in die Intrigen und Pläne der deutschen »Werwölfe« verwickelt, Partisanen, die Anschläge gegen die Besatzung durchführen. Am Ende wird er aus Rache, Eifersucht und Enttäuschung selbst zum Terroristen, sprengt einen Zug in die Luft und stürzt zusammen mit ihm in den Fluss.

Komplementär zur Anfangssequenz setzt die Coda des Films mit einer weiteren Hypnose ein. Eingeschlossen im sinkenden Waggon, kämpft Leo-

Das Kino träumt   Traum-Reisen, Traum-Geschichte

»Hypnovision«: Die Eingangssequenz von EUROPA

pold unter Wasser um sein Leben. Wieder setzt der Erzähler ein: »You will drown. On the count of ten, you will be dead.« Jeder induzierte hypnotische Zustand (ein Umstand, der im gängigen Vergleich von »Im-Film-sein« und »In-der-Trance-Sein« gerne ignoriert wird) braucht als Gegenstück eine Exduktion: die Aufhebung der Suggestionen und die Herausführung aus dem somnolenten Zustand durch den Hypnotiseur, damit der Schläfer erwacht. Leopold jedoch wird im Fluss ertrinken. Die Stimme fährt dennoch fort, ihn anzusprechen. In seinen *Vorlesungen zur Einführung in die Psychoanalyse* spricht Freud davon, dass Sterben im Traum oft durch eine Eisenbahnfahrt symbolisiert werde, die Geburt hingegen durch einen Sturz ins Wasser [15]. Fisher findet aus seinen Erinnerungen und der Hypnose nicht mehr heraus, die Abendgesellschaft in EPIDEMIC sehen wir tödlich erkrankt, aber nur Leopold Kessler stirbt und wird wiedergeboren.

So ist EUROPA durchsetzt von Motiven des Schlafens und des Träumens. Die augenfälligste Beziehung zum »Traum« unterhält der Film jedoch in seinem wichtigsten Gestaltungsmittel. Die Technik der Rückprojektion wurde ursprünglich entwickelt, um die Illusion von Mobilität auch auf einer Studiobühne zu ermöglichen. Ihre klassische Einstellung ist die frontale Sicht in das Innere eines Autos, durch dessen Heckscheibe wir den Straßenverkehr sehen. Dieser Versuch, durch die Überlagerung von Außen- mit Innenaufnahmen mehr Realismus in geschlossene Studios zu bringen, ist bekanntlich nur selten gelungen; trotz ihrer zeitweilig massenhaften Verwendung gilt die Rückprojektion als illusionszerstörend. Der irreale Effekt, den sie hervorruft, ließ sich viel besser in Bildern zur Wirkung bringen, die nicht nach außen, sondern in ein verzerrtes Inneres wollten, in die Psyche der Figuren; oft genug diente sie der Ins-Bild-Setzung vor allem wahnhafter und halluzinatorischer Vorstellungen. Von Trier setzt sie zum Geschichtsunterricht ein. In der allgemeinen Euphorie über Wiedervereinigung und Fall des Eisernen Vorhangs erinnert er an den barbarischen Schrecken, der von Deutschland ausging.

Coda

»Übrigens gibt es zwei Arten von Industrie, und das Bild gehört zur zweiten Art. Es gibt die Tagesindustrie – ich nenne das die Tagesindustrie –, die nämlich, bei der die Körper sich bewegen. Die Gesten der Arbeiter, die die Gegenstände machen, wenn sie ein Bett zusammenbauen oder ein Auto, wobei der Körper in Betrieb ist und in gewisser Weise ausgenutzt wird. [...] Und dann gibt es die Nachtindustrie. Die Industrie, bei der das Innere des Körpers in Betrieb ist, dazu gehören die Lüste, die Psychologie, die Nerven, die Empfindungen, die Sexualität. [...] [W]o der Umstand ausgebeutet wird, daß man aus sich selbst heraus möchte – die Aubeutung, die nach der Tagesindustrie kommt –, und dann, was man heute, grob gesagt, die Mafia nennt, die zu dieser Industrie gehört, und dann die Schauspielindustrie, das Showbusineß, das Filmindustrie, Fernsehen und Musik umfaßt – sie alle gehören zu dieser Industrie.« [16]

Zu dieser schönen und klarsichtigen Erkenntnis Godards sollte ergänzt werden, dass auch Bett und Auto Orte sind, an denen Menschen nicht »in Betrieb« sind, sondern ruhiggestellt für eine andere Bewegung: Das Auto erlaubt die Fortbewegung im Sitzen, das Bett erlaubt die innere Bewegung in Ruhe, die »Traumarbeit«, wie Freud sie nannte. In einem Schlafwagen kann man beides: träumen und sich fortbewegen. Kein Wunder, dass von Trier und sein Produzent Peter Aalbæk Jensen ihre gemeinsame Produktionsfirma *Zentropa* tauften, nach der fiktiven Schlafwagengesellschaft in EUROPA [17].

Anmerkungen

1   TRIERS ELEMENT (1991; R: Nikolaj Buchardt).

2   Vgl. Lars von Trier: Ich habe einen Traum. Traumreise. In: Die Zeit, 23.10.2003, S. 62. Dort erklärt der Regisseur, dass Reisen für ihn gleichbedeutend sei mit Enttäuscht-Werden. »Ich finde es besser, nicht zu reisen, dann bleibt die Welt ein wunderbarer Ort.« Wenn die Vorstellung zu fantastisch ist, kann die Realität nur ernüchtern. Statt realer unternimmt von Trier lieber »das, was man eine schamanische Reise nennt«, einen mithilfe einer Trommel herbeigeführten meditativen oder tranceähnlichen Zustand, als dessen mentalen Ausgangspunkt der Träumende immer die Vorstellung einer Höhle wählt. Er betont die Intensität der Erfahrung: »Wenn man sich auf diese Fantasiereisen begibt, lacht man, schwitzt man, weint man, als wäre alles real.« Alles ist möglich, sogar, sein Schutztier zu treffen. Bei von Trier ist es der Otter. »Und der Otter ist immer da, wenn ich es will. Ich kann ihm Fragen stellen. Wir sprechen darüber, was ich tun sollte und was nicht. Mein Otter wird mich immer retten.« Gleichviel, ob man solche Selbstaussagen des Enfant terrible für bare Münze, für gelegentliche Übertreibung oder für höhere Buffonerie hält, sie dürfen, wie jedes Interview, als Teil der Produktion der künstlerischen Persona des Filmemachers in Betracht gezogen werden.

3   Lars von Trier im Gespräch mit Alain Carbonnier und Doug Headline für Cinema, wieder abgedruckt in: RealFiction-Filmverleih (Hg.): THE ELEMENT OF CRIME (Presseheft). Der Einsatz von Natriumlampen, die das charakteristisch kränklich-gelbe Licht des Films produzieren, brachte dem Film in Cannes einen Spezialpreis für technische Innovation ein. Der Nachteil der Lampen war, dass sie bei Berührung mit Wasser sofort explodierten.

4   Dieser »Grey« ist nicht nur weder schwarz noch weiß, eine ungreifbare Figur im Schatten. Sein Vorname – Harry – scheint in der Filmgeschichte zudem

regelmäßig für Personen reserviert, deren Tod oder Verschwinden die Hauptfigur auf eine Reise schickt: Siehe THE THIRD MAN (Der dritte Mann; 1949; R: Carol Reed) und ein paar Jahre später THE TROUBLE WITH HARRY (Immer Ärger mit Harry; 1955; R: Alfred Hitchcock). Der Detektiv in ANGEL HEART (1987; R: Alan Parker), der auf der Suche nach einem Serienkiller am Ende feststellt, dass er selbst der Mörder war, heißt natürlich Harry Angel (Mickey Rourke).

5 Lars von Trier im Gespräch mit Alain Carbonnier und Doug Headline, a.a.O.

6 Krankenhäuser können zur tödlichen Falle werden (ein Vorgeschmack auf RIGET / Geister; 1994; R: Lars von Trier]), die Wissenschaft bringt der Menschheit das Unheil, das sie abwenden sollte. Das wird in EPIDEMIC nicht nur in den Anspielungen auf die Geschichte des Pharma- und Chemieunternehmens Bayer AG – während des »Dritten Reiches«: IG Farben – formuliert, deren Fortschritt ebenso Kopfschmerztabletten (für gestresste Drehbuchautoren) hervorbringt wie Brandbeschleuniger (für Luftangriffe) oder Zyklon B. Auch im Film-im-Film erkennt der Arzt, der auszog, die Krankheit zu bekämpfen, zu spät, dass er selbst der Überträger der tödlichen Seuche war. Die spielerische Entdeckerfreude, mit der Lars und Niels eine Tube Zahnpasta aufschlitzen, um herauszufinden, wie die schönen Streifen entstehen, hat ihren »ernsthaften« Widerpart in der Szene gegen Ende, als der Hypnotiseur beginnt, die eiternden Pestbeulen aufzuschneiden.

7 Die Kamera für diesen Teil übernahm Henning Bendtsen, der auch die letzten beiden Regiearbeiten von Carl Theodor Dreyer, ORDET (Das Wort; 1954) und GERTRUD (1964), fotografiert hatte. Von Trier verpflichtete Bendtsen auch für EUROPA.

8 Von Triers Affinität zu den »abjekten« Genres lässt sich auch am Casting von ME ME LAI als Geliebte/Prostituierte in THE ELEMENT OF CRIME ablesen. Die burmesisch-britische Schauspielerin wurde in den 1970er Jahren vor allem durch Auftritte in den Filmen der MONDO CANNIBALE-Reihe (IL PEASE DEL SESSO SELVAGGIO; 1972-1980; R: Umberto Lenzi u.a.) bekannt.

9 Lars von Trier im Interview mit Peter Kremski, in: Filmbulletin 3/1991.

10 Lars von Trier im Interview mit Peter Kremski, a.a.O. »Mesmer«, der Name des Arztes, den Lars von Trier im Film-im-Film spielt, ist natürlich eine Referenz auf den Entdecker des »animalischen Magnetismus«, Franz Anton Mesmer (1734-1815). Zu Kino und Trance allgemein vgl. Ute Holl: Kino, Trance & Kybernetik. Berlin 2002.

11 Sprecher: Max von Sydow, der als Kind noch »Carl Adolf« gerufen wurde und in der Schule Deutschunterricht nahm.

12 EUROPA entstand in dänisch-französisch-deutsch-schwedischer Koproduktion. Trotz seines Titels spielt der Film ausschließlich im Deutschland des Jahres 1945, das zu diesem Zeitpunkt jäh aus seinen großeuropäischen Träumereien gerissen wurde.

13 Lars von Trier im Interview mit Peter Kremski, a.a.O.

14 Hypnos, der griechische Gott des Schlafes, hat drei Söhne: Morpheus, Gott des Traumes, der jede beliebige (beseelte) Gestalt annehmen kann; Phobetos, der sich in Tiere, und Phantasos, der sich in die seelenlosen Elemente verwandelt.

15 Sigmund Freud: Vorlesungen zur Einführung in die Psychoanalyse. In: S.F.: Vorlesungen zur Einführung in die Psychoanalyse Und Neue Folge (Studienausgabe Band I). Frankfurt/Main 2000, S. 43-445, hier S. 162-163.

16 Jean-Luc Godard: Einführung in eine wahre Geschichte des Kinos. München 1981, S. 248.

17 Online: www.zentropa.dk. Die fingierte Film-*Zentropa* wiederum lieh ihren Namen von der »Mitteleuropäischen Schlaf- und Speisewagen Aktiengesellschaft«, oder kürzer und bekannter: *Mitropa*, einem Unternehmen, das 1916 mitten im Ersten Weltkrieg in deutsch-österreichisch-ungarischer Zusammenarbeit gegründet wurde zu einer Zeit, als Europa in Flammen stand und der Service der Feindes – die belgisch-französische »Internationale Schlafwagengesellschaft« – nicht länger erwünscht war.

Über die Autorinnen und Autoren

Matthias Brütsch, Dr. des., ist Oberassistent und Lehrbeauftragter am Seminar für Filmwissenschaft der Universität Zürich, außerdem in der Film- und Kulturförderung engagiert (Zürcher Filmstiftung, Pro Helvetia, Swiss Films). Veröffentlichungen u.a.: »Zur Ästhetik der Traumdarstellung am Beispiel des Kurzfilms REM« (in: Vinzenz Hediger u.a. [Hg.]: Home Stories: Neue Studien zu Film und Kino in der Schweiz [2001]); »Kunstmittel oder Verleugnung? Die klassische Filmtheorie zu Subjektivierung und Traumdarstellung« (in: Leo Karrer / Charles Martig [Hg.]: »Traumwelten. Der filmische Blick nach innen« [2003]); »Die Kunst der Reduktion: Zur Dramaturgie des Kurzspielfilms« (in: Filmbulletin, 10/2004); »Traumbühne Kino: Der Traum als filmtheoretische Metapher und narratives Motiv« (2009).

Rembert Hüser ist Associate Professor of German an der University of Minnesota. Forschungsschwerpunkte: Fama und Kanonbildung, Theoriemüdigkeit, Film und Museum. Ausstellung: »Filmtitel – Titelfilme, Bed of Film VI.« Kunst-Werke Berlin e.V. (mit Alexander Böhnke, 2002). Veröffentlichung: »Das Buch zum Vorspann: ›The Title is a Shot‹ « (Hg. mit Alexander Böhnke und Georg Stanitzek; 2006).

Kristina Jaspers studierte Kunstgeschichte und Philosophie in Hamburg und Berlin; sie ist Kuratorin am Museum für Film und Fernsehen, Berlin. Sonderausstellungen u.a. über Marlene Dietrich, F.W. Murnau, Werner Herzog und Ulrike Ottinger, über Production Design, Psychologie und Film sowie zum Spannungsfeld von Film und Kunst. Veröffentlichungen: »Flügelschlag – Engel im Film« (Hg. mit Nicole Rother; 2003); »Bewegte Räume. Production Design + Film« (Hg. mit Peter Mänz und Nils Warnecke; 2005); »Kino im Kopf. Psychologie und Film seit Sigmund Freud« (Hg. mit Wolf Unterberger; 2006); »film.kunst: Ulrike Ottinger« (Hg. Deutsche Kinemathek – Museum für Film und Fernsehen; 2007).

Dietmar Kammerer, Dr. phil, ist Publizist, Medienjournalist und Filmkritiker in Berlin. Rezensionen, Interviews und Essays von ihm erscheinen in: *die tageszeitung, Der Standard, Tip, kolik.film, FAZ, Kölner StadtRevue, Intro, Spex* und anderswo. Studium der Allgemeinen und Vergleichenden Literaturwissenschaft, Philosophie und Politikwissenschaft in Konstanz, Warwick und Berlin. Veröffentlichung: »Bilder der Überwachung« (2008); daneben zahlreiche Aufsätze zu Filmtheorie, zum Urheberrecht im digitalen Zeitalter und zur Geschichte und Gegenwart foto- und videografischer Überwachung.

Philippe-Alain Michaud ist Kustos der Filmsammlung des Centre Pompidou in Paris. Veröffentlichungen u.a. »Sketches. Histoire de l'art, cinéma« (2006); »Le mouvement des images« (Ausstellungskatalog, Centre Pompidou 2006); »Comme le rêve, le dessin« (Ausstellungskatalog, Musée de Louvre – Centre Pompidou 2005); »Le peuple des images « (2002); »Aby Warburg et l'image en mouvement« (1998).

Winfried Pauleit ist Professor für Kunstpädagogik und Medientheorie an der Universität Bremen. Studierte Kunstpädagogik, Filmwissenschaft und Literaturwissenschaft in Berlin, London und Chicago. Wichtigste Publikationen: »Das ABC des Kinos. Foto, Film, Neue Medien« (2008), »Filmstandbilder – Passagen zwischen Kunst und Kino« (2004). Er ist Mitherausgeber des Internetmagazins *nachdemfilm.de* und der Zeitschrift *Ästhetik und Kommunikation*.

Kathrin Peters ist wissenschaftliche Mitarbeiterin am Kunsthistorischen Institut der Freien Universität Berlin. Sie studierte Kommunikationsdesign in Essen, danach Kulturwissenschaft und Kunstgeschichte an der HU Berlin, dort auch Promotion zu Geschlechterwissen und Medialität um 1900. Sie ist Mitherausgeberin des Online-Magazins *nachdemfilm.de* und hat u.a. »die stadt von morgen« in der Akademie der Künste Berlin (2007) kuratiert. Veröffentlichungen: »Future Bodies. Visualisierungen von Körpern zwischen Science und Fiction« (Hg. mit Marie-Luise Angerer und Zoe Sofoulis; 2002); »die stadt von morgen. Beiträge zu einer Archäologie des Hansaviertels Berlin« (Hg. mit Annette Maechtel; 2008); »Rätselbilder des Geschlechts. Körperwissen und Medialität um 1900« (erscheint 2009).

Laura Rascaroli ist Senior Lecturer für Filmwissenschaft am University College Cork, Forschungsschwerpunkte sind europäisches Kino, Moderne und Postmoderne, Filmtheorie, Raum und Ort, nichtfiktionales Kino. Derzeit arbeitet sie an einer Buchpublikation zum Essayfilm und dem subjektiven, nichtfiktionalen Kino. Veröffentlichungen: »From Moscow to Madrid: European Cities, Postmodern Cinema« (2003); »The Cinema of Nanni Moretti: Dreams and Diaries« (2004), »Crossing New Europe: Postmodern Travel and the European Road Movie« (2006).

Karl Sierek ist Professor für Geschichte und Ästhetik der Medien an der Friedrich-Schiller-Universität Jena. Veröffentlichungen u.a.: »Foto, Kino und Computer. Aby

Warburg als Medientheoretiker« (2007); »Ophüls: Bachtin. Versuch mit Film zu reden« (1994); »Aus der Bildhaft. Filmanalyse als Kinoästhetik« (1993); »Der Analytiker im Kino« (Hg. mit Barbara Eppensteiner; 2000).

Paul Young studierte Film und Literatur an der University of Chicago und ist derzeit Leiter des Film Studies Program und Associate Professor of English an der Vanderbilt University (USA). Veröffentlichungen u.a.: »The Cinema Dreams Its Rivals: Media Fantasy Films from Radio to the Internet« (2006); »Media on Display: A Telegraphic History of Early American Cinema« (in: Lisa Gitelman / Geoffrey B. Pingree [Hg.]: »New Media 1740-1915« [2003]); ein Essay zu Filmgenres und Videospielen für das »Oxford Handbook of Film and Media Studies« (Hg. von Robert Kolker; 2008).

Mechthild Zeul, Dipl.-Psych., Dr. phil., Psychoanalytikerin, ist in eigener Praxis in Frankfurt am Main und Madrid tätig; langjährige Redakteurin und Mitherausgeberin der Zeitschrift *Psyche*; zahlreiche Veröffentlichungen auf den Gebieten Psychoanalyse und Weiblichkeit, psychoanalytische Fallgeschichten, Psychoanalyse und Film. Buchpublikationen zu Psychoanalyse und Film: »Carmen & Co. Weiblichkeit und Sexualität im Film« (1997); »Das Höhlenhaus der Träume. Filme, Kino & Psychoanalyse« (2007).

Index

A
Abraham, Karl 128, 129, 131, 141, 142
Acconci, Vito 56
Aeppli, Ernst 51
Akerman, Chantal 54
Allen, Richard 30, 48
Almodóvar, Pedro 8, 119-126
ALONE. LIFE WASTES ANDY HARDY 114
Amants, Les (René Magritte) 143
ANABELLE SERPENTINE DANCE 68
ANDALUSISCHER HUND, EIN 131, 133, 134, 142
ANGEL HEART 151
ANKUNFT EINES ZUGES IM BAHNHOF VON LA CIOTAT 99
Anschütz, Ottmar 11
Ansichten von den Nachtseiten der Naturwissenschaften (Gotthilf Heinrich von Schubert) 101
Aragon, Louis 19
Aristoteles 113, 117
Arnold, Martin 114
ARRIVÉE D'UN TRAIN EN GARE DE LA CIOTAT, L' 99
Artaud, Antonin 61
ästhetische Unbewußte, Das (Jacques Rancière) 17
Atget, Eugène 19
August, Bille 145
Austin, John L. 103

B
Balázs, Béla 65, 76, 90, 95
BALLET MÉCANIQUE 90, 92
BALLON ROUGE, LE 76
Balzac, Honoré de 16, 18
Barr, Jean-Marc 148
Barthes, Roland 8, 9, 16, 26
Basevi, James 133, 136, 142
BATTLE OF THE SOMME, THE 85, 94
Baudry, Jean-Louis 7, 30-32, 36, 37, 39, 42, 53

Bausteine einer psychoanalytischen Filmtheorie (Mechthild Zeul) 30
Bazin, André 76, 80, 81, 93
Beaujour, Michel 54, 55
Beaverbrook, Lord 78, 94
BEING JOHN MALKOVICH 138
Bellmer, Hans 12
Bellour, Raymond 54
Bendtsen, Henning 151
Benjamin, Walter 7-14, 16, 18, 19, 93, 114
Bergman, Ingmar 36, 45
Bergman, Ingrid 133, 134, 143
Bernfeld, Siegfried 141
Beständigkeit der Erinnerung, Die (Salvador Dalí) 136
Bigwood, James 143
BIRTH OF A NATION, THE 79, 87, 92
BIS ANS ENDE DER WELT 140
Bitzer, George William 113, 114
Björk 138
Blossfeldt, Karl 11
Boiffard, Jacques-André 19
Bolter, Jay 93
BORINAGE 94
Brain as a Dream State Generator, The (Allan J. Hobson / Robert McCarley) 33
Branigan, Edward 72
Brassaï 19
BREAKFAST AT TIFFANY'S 8, 100, 102-107, 110
Breton, André 19, 26, 27, 132
Browne, Thomas 112
Brunius, Jacques 26, 43
Buber, Martin 77
Buchardt, Nikolaj 150
Buñuel, Luis 26, 131, 132
BURNING OF THE RED LOTUS TEMPLE, THE 67

C
CAFÉ LUMIÈRE 76
Canudo, Ricciotto 50, 53
Caouette, Jonathan 8, 53, 56-62, 64
Capote, Truman 105, 106
Carpenter, John 77
Carroll, Noël 20, 30, 38, 39, 41, 48
Chan Po-chu, Connie 66
Chan, Jackie 66

Chaplin, Charles 18, 86
CHAT GIM 71
Chekhov, Michael 133
CHIEN ANDALOU, UN 131, 133, 134, 142
CHINESE GHOST STORY, A 68, 69
Ching Siu-Tung 68
Chirico, Giorgio de 19
Cinéma ou l'homme imaginaire, Le (Edgar Morin) 65
Cinéma: langue ou language, Le (Christian Metz) 51
Cobo, Yohana 124
Cocteau, Jean 47
Comandon, Jean 115, 117
Corps Étranger (Mona Hatoum) 56
CROISSANCE DES VÉGÉTAUX 115, 117
Crosland, Alan 87
CROUCHING TIGER, HIDDEN DRAGON 67, 74
Cruz, Penélope 123

D
Dalí, Salvador 19, 128, 131-137, 142, 143
De Palma, Brian 12, 101, 112
De Somniis (Philon von Aexandria) 114
Degas, Edgar 95
DeMille, Cecil B. 95, 111
Descartes, René 77
Desnos, Robert 26, 43
Dickson, William K.L. 69, 115
Didi-Huberman, Georges 19
Dispositif, Le (Jean-Louis Baudry) 30
Doane, Mary Ann 90
Drei Frauen (Fernand Léger) 83, 91, 92
DREI LIEDER ÜBER LENIN 94
Dreyer, Carl Theodor 114, 118, 151
DRITTE MANN, DER 151
Duchamp, Marcel 12
Dueñas, Lola 124

E
Eberwein, Robert 30, 31, 48
Edison, Thomas Alva 96, 97, 115
Edwards, Blake 102, 106
Ehrenburg, Ilja 7, 112
Eisenstein, Sergej 94
ELEMENT OF CRIME, THE 145-147, 151

Elphick, Michael 145
Entwurf einer Psychologie (Sigmund Freud) 112
Entwurf zu einer filmischen Darstellung der Freudschen Psychoanalyse im Rahmen eines abendfüllenden Spielfilms (Siegfried Bernfeld / Adolf Josef Storfer) 141
EPIDEMIC 146-149, 151
Epstein, Jean 27, 50, 112
Ernst, Max 12, 19
Ersatz für die Träume, Der (Hugo von Hofmannsthal) 20, 22
ETERNAL SUNSHINE OF THE SPOTLESS MIND 137, 139, 141
EUROPA 145, 148, 149, 151
Europa-Trilogie (Lars von Trier) 8, 145-151
Everlong (Foo Fighters) 144
EVERLONG (Video) 144

F

Fairbairn, W.R.D. 51
Farocki, Harun 54, 73
Fell in Love with a Girl (The White Stripes) 138
FELL IN LOVE WITH A GIRL (Video) 138
Ferenczi, Sándor 100, 101, 141
Feuillade, Louis 26
Film and Dream. An Approach to Bergman (Vlada Petriæ) 36
Film and the Dream Screen (Robert Eberwein) 30
Film de fiction et son spectateur, Le (Christian Metz) 30
Film und Traum (Uwe Gaube) 48
Fleming, Victor 136
Fließ, Wilhelm 97, 98
Fondane, Benjamin 26
Foo Fighters 138, 144
FORBRYDELSENS ELEMENT 145
Foucault, Michel 8, 18
Franco, Francisco 125
Freud, Anna 109
Freud, Mathilde 109
Freud, Sigmund 8, 9, 11-14, 17, 18, 25, 30-32, 34, 39, 50, 51, 53, 55, 62, 97-101, 106, 109, 110, 112-114, 118, 127-129, 131-133, 140-143, 149, 150

FRÜHSTÜCK BEI TIFFANY 8, 100, 102-107, 110
Fuller, Loë 68
Fussel, Paul 91

G

Gainsbourg, Charlotte 138
García Bernal, Gael 138, 139
Gardel, Carlos 122
Gaube, Uwe 48
GEBURT EINER NATION, DIE 79, 87, 92
GEHEIMNISSE EINER SEELE 8, 128-131, 133, 139, 143
GEISTER 151
George, Lloyd 78
GERTRUD 151
GESCHICHTE EINER NONNE 105
GEWEHR ÜBER! 86
Gish, Dorothy 86
Gish, Lillian 87
Givenchy, Hubert de 102, 105
GLANEURS ET LA GLANEUSE, LES 55
Godard, Jean-Luc 54, 150
Gondry, Michel 8, 128, 137-141, 144
GONE WITH THE WIND 136
Gradiva (Wilhelm Jensen) 143
Grand déjeuner, Le (Fernard Léger) 83, 91, 92
Granet, Marcel 75
Griffith, D.W. 8, 78-80, 82-86, 88-92, 94, 95
Grusin, Richard 93
Gunning, Tom 82, 85

H

HALLOWEEN 77
Hansen, Claes Kastholm 147
Hansen, Miriam 89
Harron, Bobby 86, 88
Haskin, Frederick J. 81
Hatoum, Mona 56
HEARTS OF THE WORLD 8, 78-82, 84, 85, 87-89, 91-94
Hebel, Johann Peter 101
Hecht, Ben 133
Hegel, Georg Wilhelm Friedrich 77
Heidegger, Martin 77
Heise, William 96, 97
Hepburn, Audrey 102, 105-108, 110, 111

HERALD SQUARE 96
HERO 73, 74, 76
Hervey de Saint-Denys, Marquis d' 38
Hitchcock, Alfred 8, 18, 127, 128, 132-137, 143, 144, 151
Hobson, Allan J. 33-36, 42, 43, 45
Hochgefühl, Das (Bertram Lewin) 119
Hoffmann, E.T.A. 101
Hofmannsthal, Hugo von 20, 22, 24, 26
Holl, Ute 19
Hollywood: The Dream Factory (Hortense Powdermaker) 112
Hou Hsiao-Hsien 65, 76
HOUSE OF FLYING DAGGERS 68, 69, 72
Hugo, Victor 16
HUO SHAO HONG LIAN SI 67

I

I.N.R.I. 129
ICH KÄMPFE UM DICH 8, 128, 132, 133, 136, 143
imaginäre Signifikant, Der (Christian Metz) 52
IMMER ÄRGER MIT HARRY 151
INTOLERANCE 92
Ivens, Joris 94

J

Jacobs, Ken 113, 114
Jakobson, Roman 81, 85, 93
Jarman, Derek 54
Jensen, Peter Aalbæk 150
Jensen, Wilhelm 143
Jia Zhang-Ke 65
JOAN THE WOMAN 95
Johnston, Richard 143
Jonze, Spike 137, 138
Jullien, François 66, 69, 70, 75, 76
Jung, Carl Gustav 50, 100, 101

K

Kaufman, Charlie 137, 138
Kawin, Bruce 36
Kayssler, Friedrich 22
Keil, Charlie 78, 79, 92
Kier, Udo 147
Kinder, Marsha 36
King, Elliott H. 143
Klein, Melanie 51

Index

Kleine Geschichte der Photographie, Die (Walter Benjamin) 9, 11, 14, 15
Knight, Esmond 146
Koch, Gertrud 30
KÔHÎ JIKÔ 76
Kracauer, Siegfried 7, 48
Krauss, Rosalind 8, 9, 11, 12, 17, 19
Krauss, Werner 129
Kunstwerk im Zeitalter seiner technischen Reproduzierbarkeit, Das (Walter Benjamin) 9, 10, 14, 16
Kyrou, Ado 43

L

Lacan, Jacques 51, 52, 98
Lamorisse, Albert 76
Lampreave, Chus 122
Langer, Susanne 48
Lee, Ang 66, 67, 74
Lee, Bruce 66
Léger, Fernand 83-85, 89-92
Lenzi, Umberto 151
Leonardo da Vinci 100
Lewin, Bertram 30, 32, 46, 51, 53, 115, 119-121
Lindner, Burkhardt 18
Lou Ye 65
Lukács, Georg 7, 22
Lumière, Auguste 50, 54, 96, 99
Lumière, Louis 50, 54, 96, 99

M

MacCabe, Colin 80, 81
Magritte, René 143
MALA EDUCACIÓN, LA 121
Malinowski, Bronislaw 112
Malins, Geoffrey 85
Man Ray 12, 19, 133
Manchel, Frank 46
Mancini, Henry 104, 110
Manet, Edouard 95
Marey, Jules-Étienne 11
Marin, Louis 19
Massive Attack 138
Matisse, Henri 115
Maura, Carmen 123
Maury, Alfred 38
MAY IRWIN KISS, THE 96
Mayer, Heinrich Theodor 21, 22, 24
Mayo, Archie 142

McCarley, Robert 33, 34
McDowell, J.B. 85
ME ME LAI 151
Méliès, Georges 50
Menzies, William Cameron 136
Merritt, Russell 79, 84, 85
Mesmer, Franz Anton 151
Metapsychologische Ergänzung zur Traumlehre (Sigmund Freud) 32
Metcalfe, James 79
Metz, Christian 8, 30, 33, 39, 41, 42, 48, 51-53
Metzner, Ernö 129
Michaels, John 36
Michaud, Philippe-Alain 68
Michelangelo 100
Millás, Juan José 125
Miró, Joan 61
Mitchell, John Cameron 56
Mitry, Jean 48, 50
Mondrian, Piet 12
Monroe, Marilyn 106
Moon River (Henry Mancini) 110
MOONTIDE 142
Morente, Estrella 123
Morgan, Daniel 81
Morin, Edgar 7, 48, 50, 65
Morris, Robert 56
Moses (Michelangelo) 100
Münsterberg, Hugo 39, 82, 89
Murphy, Dudley 90
Musatti, Cesare 32

N

N. Brinckmann, Christine 70-73
NACHT IM HAFEN 142
Nature morte à la chope (Fernard Léger) 83
Neumann, Hans 128
Nichols, Bill 54
Nieh Hsiao-Tsing 68
Ning Tsai-Shen 69
Nochlin, Linda 89, 92, 95
NUN'S STORY, THE 105

O

Objet indestructable (Man Ray) 133
On Dreams (Thomas Browne) 112
ONCE UPON A TIME IN CHINA 66
ONE MINUTE MEMORIES 56
Optical Unconscious, The (Rosalind E. Krauss) 11
ORDET 151

P

Pabst, G.W. 8, 128, 141
Painlevé, Jean 117
Parker, Alan 151
Partie de cartes, La (Fernand Léger) 83
Pasolini, Pier Paolo 51, 53, 54
PASSAGE À L'ACTE 114
Passage à niveau, Le (Fernand Léger) 83, 91
Passagen-Werk, Das (Walter Benjamin) 15
Pawlow, Pawel 129
PEASE DEL SESSO SELVAGGIO, IL 48, 50, 151
Peck, Gregory 133
Pell, Pierre 138, 139
PERSONA 36
Petric, Vlada 36, 42, 43, 45, 46
Philon von Alexandria 114
Picasso, Pablo 12
Pickford, Mary 95
PIÈCE TOUCHÉE 114
Platon 53
Polgar, Alfred 20, 22
Pollock, Jackson 12
Portillo, Blanca 124
Powdermaker, Hortense 112
Pratt, John 42
Prince, Stephen 89
Projecting Illusion (Richard Allen) 30
Psychoanalyse. Rätsel des Unbewussten (Hanns Sachs) 130
Psychopathologie des Alltagslebens (Sigmund Freud) 11

Q

Quinn, Marc 56

R

Ramain, Paul 27
Rancière, Jacques 8, 9, 16, 17
Rank, Otto 47
Rascaroli, Laura 46
Reed, Carol 151
Reeves, Nicholas 85
Rembrandt 56
Renoir, Jean 80
Resnik, Salomon 51
RIGET 151
Rossellini, Roberto 80
ROTE BALLON, DER 76
Rourke, Mickey 151
Rozenbaum, Stéphane 138, 139

S

Sachs, Hanns 128-131, 141, 142
SAMMLER UND DIE SAMMLERIN, DIE 55
Schickel, Richard 79, 81-83
SCHLACHT AN DER SOMME, DIE 85, 94
Schneider, Irmela 46
Schubert, Gotthilf Heinrich von 101
SCIENCE DES RÊVES, LA 8, 128, 137-139
SCIENCE OF SLEEP – ANLEITUNG ZUM TRÄUMEN 8, 128, 137-139
Seeber, Guido 129, 130
Self (Marc Quinn) 56
Seligmanns, Kurt 133
Selznick, David O. 132-136, 142, 143
SEVEN SWORDS 71
SHI MIAN MAI FU 68, 69, 72
SHOULDER ARMS 86
Siao, Josephine 66
Siegmann, George 86, 87
SIEN NUI YAU WAN 68, 69
Skladanowsky, Emil 115
Skladanowsky, Max 115
SMULTRONSTÄLLET 45
Sorkin, Marc 131
Sparshott, F.E. 48
SPELLBOUND 8, 128, 132, 133, 136, 143
Spitz, Réne 119-122
Sternberg, Josef von 19
Storfer, Adolf Josef 141
Sukowa, Barbara 148
Sun Yat-sen 66
Sürrealismus, Der (Walter Benjamin) 14, 19
Sydow, Max von 151

T

Tarkowski, Andrej 145
TARNATION 8, 53, 56-64
THEME SONG 64
Thèmes et variations (Henri Matisse) 115
THIRD MAN, THE 151
Thompson, D.W. 86
Thompson, Kristin 79, 81, 82, 86, 89, 93
Tiffany, Louis Comfort 109
Tiffany-Burlingham, Dorothy 109
TIGER & DRAGON 67, 74
TOM, TOM, THE PIPER'S SON 114
Traumdeutung, Die (Sigmund Freud) 9, 30, 50, 53, 97-101, 106, 112, 114, 131
Traumleinwand (Gertrud Koch) 30
Trickfilm in seinen grundsätzlichen Möglichkeiten, Der (Guido Seeber) 130
Trier, Lars von 8, 145-151
TRIER'S ELEMENT 150
TROUBLE WITH HARRY, THE 151
Tsui Hark 65, 66, 68, 71
Turvey, Malcolm 92

U

Über Realismus in der Kunst (Roman Jakobson) 81
Ultra-Furniture (Kurt Seligmann) 133
UNBELIEVER, THE 87
Urban, Charles 94
Urformen der Kunst (Karl Blossfeldt) 11

V

VAMPYR 114, 118
Van Sant, Gus 56
Varda, Agnès 54, 55
VERGISS MEIN NICHT! 137, 139, 141
VERTIGO 127, 144
Vertov, Dziga 94
Virilio, Paul 86
Vogl, Joseph 14
VOLVER 8, 119-126
Volver (Carlos Gardel) 122, 124
VOM WINDE VERWEHT 136
Vorlesungen zur Einführung in die Psychoanalyse (Sigmund Freud) 149
Vørsel, Niels 146, 147
VOYAGE DU BALLON ROUGE, LE 76

W

Wenders, Wim 140
Weyher, Ruth 129
White Stripes, The 138
Wiene, Robert 129
WILDE ERDBEEREN 45
Wilson, Woodrow 85
Wohlfart, Günter 77
Wollaeger, Mark 85
WONG FEI HUNG 66
WORT, DAS 151
Wu Yue Chunqiu (Schrift zur Xia-Kultur) 77

Y

YING XIONG 73, 74, 76

Z

Zeul, Mechthild 30
Zhang Shichuan 67
Zhang Yimou 66, 68, 73, 74
Zhuangzi 66, 67, 70, 74
Zinnemann, Fred 105
Zweig, Stefan 132

**Recherche
Film und Fernsehen**
Hg.: Rainer Rother /
Deutsche Kinemathek
– Museum für Film
und Fernsehen
Erscheinungsweise:
2 x jährlich, je ca. 68 Seiten
Einzelheft: € 8,- / Jahresabo: € 12,-
zzgl. Versandkosten
ISSN 1864-5046

Neben den thematischen Schwerpunkten gibt es in jeder Ausgabe weitere Essays, Veranstaltungshinweise, Festivalberichte sowie Buch- und DVD-Besprechungen.

Infos und Abos unter: www.bertz-fischer.de/rff.html

www.bertz-fischer.de
Bertz + Fischer, Wrangelstr. 67, 10997 Berlin
Tel. 030 / 6128 67 41, Fax 030 / 6128 67 51
mail@bertz-fischer.de

BERTZ + FISCHER

Filmgeschichte / Filmtheorie

Deutsche Kinemathek (Hg.)
70 MM
Bigger than Life
ISBN 978-3-86505-190-5

Ralph Eue / Gabriele Jatho (Hg.)
SCHAUPLÄTZE, DREHORTE, SPIELRÄUME
Production Design + Film
ISBN 978-3-86505-162-2

D. Sannwald / K. Jaspers / P. Mänz (Hg.)
HILDEGARD KNEF
Eine Künstlerin aus Deutschland
ISBN 978-3-86505-167-7

Enno Patalas
METROPOLIS IN/AUS TRÜMMERN
Eine Filmgeschichte
ISBN 978-3-929470-19-2

Barbara Steinbauer-Grötsch
DIE LANGE NACHT DER SCHATTEN
Film noir und Filmexil
ISBN 978-3-86505-158-5

Deutsche Kinemathek (Hg.)
LUIS BUÑUEL
Essays, Daten, Dokumente
ISBN 978-3-86505-183-7

Peter Zander
THOMAS MANN IM KINO
ISBN 978-3-929470-69-7

Thomas Meder
PRODUZENT IST DER ZUSCHAUER
Prolegomena zu einer historischen Bildwissenschaft des Films (E-Book)
ISBN 978-3-86505-201-8

Alfred Holighaus (Hg.)
DER FILMKANON
35 Filme, die Sie kennen müssen
ISBN 978-3-86505-160-8

S. Nessel u.a. (Hg.)
WORT UND FLEISCH
Kino zwischen Text und Körper
ISBN 978-3-86505-182-0

H.H. Prinzler / G. Jatho (Hg.)
NEW HOLLYWOOD 1967–1976
Trouble in Wonderland
ISBN 978-3-86505-154-7

F.W. Murnau
SÜDSEEBILDER
Texte, Fotos und der Film *Tabu*
ISBN 978-3-929479-26-0

Helmut G. Asper
FILMEXILANTEN
im Universal Studio
ISBN 978-3-86505-163-9

Gabriele Jatho / Rainer Rother (Hg.)
CITY GIRLS
Frauenbilder im Stummfilm
ISBN 978-3-86505-177-6

Irmbert Schenk u.a. (Hg.)
EXPERIMENT MAINSTREAM?
ISBN 978-3-86505-166-0

Thomas Elsaesser
HOLLYWOOD HEUTE
Geschichte, Gender und Nation im postklassischen Kino
ISBN 978-3-86505-301-5

www.bertz-fischer.de
Bertz + Fischer, Wrangelstr. 67, 10997 Berlin
Tel. 030 / 6128 67 41, Fax 030 / 6128 67 51
mail@bertz-fischer.de

BERTZ+FISCHER

Reihe *film* : »Die derzeit beste deutsche Filmbuchreihe« (FAZ)

Fischer / Körte / Seeßlen
QUENTIN TARANTINO. f i l m : 1
17 x 22 cm, ca. 320 S., 400 Fotos
5. Auflage in Vorbereitung (ca. 2010)

»Bestes Filmbuch« epd Film, 2005

Peter Körte / Georg Seeßlen (Hg.)
JOEL & ETHAN COEN. f i l m : 2
17 x 22 cm, 320 S., 617 Fotos
vergriffen!

»Bestes Filmbuch« epd Film, 1999

Lars-Olav Beier / Robert Müller (Hg.)
ARTHUR PENN. f i l m : 3
17 x 22 cm, 320 S., 580 Fotos
vergriffen!

Lars-Olav Beier / Georg Seeßlen (Hg.)
ALFRED HITCHCOCK. f i l m : 7
17 x 22 cm, 480 S., 1678 Fotos
ISBN 978-3-929470-76-5

Thomas Elsaesser
R. W. FASSBINDER. f i l m : 9
17 x 22 cm, 536 S., 282 Fotos
2. Auflage in Vorbereitung (2009)

Rolf Aurich / Stefan Reinecke (Hg.)
JIM JARMUSCH. f i l m : 10
17 x 22 cm, 304 S., 511 Fotos
ISBN 978-3-929470-80-2

Georg Seeßlen
MARTIN SCORSESE. f i l m : 6
17 x 22 cm, 576 S., 1063 Fotos
ISBN 978-3-929470-72-7

»Bestes Filmbuch« epd Film, 2004

Frank Schnelle (Hg.)
DAVID FINCHER. f i l m : 11
vergriffen!

Sabine Horst (Hg.)
ROBERT DE NIRO. f i l m : 12
17 x 22 cm, 280 S., 498 Fotos
ISBN 978-3-929470-82-6

Ralph Eue / Linda Söffker (Hg.)
AKI KAURISMÄKI. f i l m : 13
17 x 22 cm, 224 S., 207 Fotos
ISBN 978-3-929470-89-5

»Bestes Filmbuch« epd Film, 2006

G. Landsgesell / A. Ungerböck (Hg.)
SPIKE LEE. f i l m : 14
17 x 22 cm, 304 S., 242 Fotos
ISBN 978-3-929470-87-1

Marli Feldvoß, Marion Löhndorf u.a.
MARLON BRANDO. f i l m : 15
17 x 22 cm, 336 S., 588 Fotos
ISBN 978-3-929470-86-4

---

www.bertz-fischer.de
Bertz + Fischer, Wrangelstr. 67, 10997 Berlin
Tel. 030 / 6128 67 41, Fax 030 / 6128 67 51
mail@bertz-fischer.de

BERTZ + FISCHER